Gary Inrig

Herz aus Eisen Füße aus Ton

DAS BUCH DER RICHTER IM SPIEGEL HEUTIGER ZEIT

Inrig, Gary:
Herz aus Eisen – Füße aus Ton
Das Buch der Richter

ISBN 3-89436-307-X

Titel des englischen Originals:
Hearts of iron, feet of clay

Übersetzung: Peter Arhelger, Mettmann
Satz: Friedrich Tröps, Siegen
Umschlaggestaltung: Diethard Kerkmann, Wuppertal
Druck: Wiener Verlag

Printed in Austria

Inhalt

Vorwort des Autors

Die Maul- und Klauenseuche ist die Geißel der Rindviehzucht. Eine Epidemie kann ganze Herden rasch dezimieren. Als vor einigen Jahren ein Bezirk von der Seuche befallen wurde, riefen die Behörden sofort eine strenge Quarantäne aus, um den Krankheitsherd zu isolieren und das Problem in den Griff zu bekommen. Ein Viehzüchter war ganz besonders entschlossen, seine Tiere zu schützen. Er desinfizierte sorgfältig alle Gebäude seines Hofs, jedes Zimmer seines Hauses, ja sogar alle Fahrzeuge. Sein Vieh kam in einen noch sorgfältiger gereinigten und desinfizierten Stall, der abgeschlossen wurde. Keinem Außenstehenden war der Zutritt erlaubt. Der Bauer ging sogar so weit, seine Tageszeitung nur mit Gummihandschuhen am Tor abzuholen und sie vor dem Lesen im Backofen zu erhitzen, damit alle Bakterien getötet würden. Doch trotz all seiner verzweifelten Bemühungen wurden innerhalb von drei Wochen einige seiner Kühe krank, und die ganze Herde musste abgeschlachtet werden. – Ein Tierarzt bemerkte dazu: »Der Virus wird auch durch die Luft übertragen, und man kann den Wind nicht unter Quarantäne stellen.«

In unserer Zeit trägt der Wind unserer selbstsüchtigen Generation auch einen tödlichen Virus. Das Wort »Man lebt nur für sich selbst« ist zum allgemeinen Lebensmotto erhoben worden, und der Virus des Relativismus[1] hat jeden Bereich unseres Lebens infiziert, besonders unser Konzept geistlicher Wahrheit und moralischer Absolutheit. Unsere Gesellschaft ist zunehmend weltlicher, heidnischer und entschieden anti-christlich. Wenn je ein Bibelvers für das 20. Jahrhundert geschrieben wurde, ist es das Motto der Zeit der Richter: »Ein jeder tat, was recht war in seinen Augen.«

---

1. Philosophie. Denkweise, die sagt, dass Gut und Böse, Richtig und Falsch, keine absoluten Begriffe sind, variabel und relativ, abhängig von Personen, Umständen, sozialen Situationen.

Was das für uns, die wir an den Herrn Jesus glauben, bedeutet, ist offensichtlich. Wir Christen können uns nicht hermetisch vor dem Geist unserer Zeit verriegeln, so dass wir in einer Art von Isolation leben. Zunächst einmal ruft der Herr Jesus uns zu, dass wir in der Welt leben zu seiner Verherrlichung. Klösterliche Lebensweise ist nirgendwo von der Bibel vorgezeichnet. Die Aufgabe, die wir vom auferstandenen Christus bekommen haben, verbietet Isolation. Ebenso bezeichnend ist die Tatsache, dass Isolation schlicht unrealistisch ist. Jeder Bereich unserer modernen Gesellschaft, angefangen beim Schulsystem, über die Unterhaltungsmedien, bis hin zur Geschäftswelt, ist vom Weltlichen durchdrungen, und es tritt uns auch an völlig unerwarteten Stellen entgegen.

Tatsächlich sehen wir es in seiner gefährlichsten Form innerhalb des christlichen Lebensraumes. Sehr oft leben, handeln und entscheiden Gläubige, als ob Gottes Wort nie geschrieben worden wäre.

Wie sollen wir in einer Gesellschaft leben, die keine festen Anhaltspunkte mehr hat, die immer weltlicher, immer heidnischer wird? Gottes Ruf ist klar: »... damit ihr tadellos und lauter seid, unbescholtene Kinder Gottes inmitten eines verdrehten und verkehrten Geschlechts, unter dem ihr leuchtet wie Himmelslichter in der Welt, indem ihr das Wort des Lebens festhaltet« (Philipper 2,15-16). Diese Verse sind sehr wichtig. Sie erinnern uns daran, dass wir nicht einfach die moralische Verwirrung und geistliche Anarchie um uns her nur überleben sollen, irgendwie unbefleckt von der Welt. Wir sollen selbst scheinen, die Herrlichkeit des Herrn Jesus ausstrahlen in eine Welt, die ihn ganz verzweifelt braucht. Anders ausgedrückt: Wir sollen nicht einfach nur gut sein inmitten des Bösen. Wir sollen nicht einmal nur Gutes tun, indem wir unseren Mitmenschen dienen. Wir sollen leben für den Einen, den Herrn Jesus Christus, indem wir in der Welt von ihm Zeugnis ablegen.

Doch die Frage bleibt bestehen: Wenn jedermann um uns her das tut, was in seinen eigenen Augen richtig ist, wie sollen wir Christen den richtigen Weg sehen, das zu tun, was in den Augen des Herrn richtig ist? Dazu finden wir verlässliche Antworten in einem Buch, das über eine ähnliche Zeit der moralischen und geistlichen Anarchie geschrieben wurde. Es findet sich – eigentlich etwas vernachlässigt – im Alten Testament, aber ich bin überzeugt, dass Gott uns im Buch der Richter etwas Praktisches und Zeitgemäßes zu sagen hat.

Es gibt wenige Zeitabschnitte in der Geschichte, die unserem Jahrhundert mehr ähneln. Augenblicke großer Leistungen, technologische

Großtaten auf der einen Seite, auf der anderen ein immer schnelleres Abgleiten in die Niederungen des moralischen Sumpfes.

Ebenso lesen wir im Buch der Richter von den erregendsten Ereignissen der biblischen Geschichte genauso wie von traurigen Berichten sündigen Versagens und Ungehorsams. Doch in all dem spürt man das Wirken der Hand Gottes durch sein Volk trotz dessen Widerstand.

Im Buch der Richter wimmelt es geradezu von Menschen, wie wir es sind, Menschen mit einem gottgeschenkten Potential für Größe und einer Veranlagung für Katastrophen. Wenn sie es wagten, Gott zu vertrauen und sich auf ihn zu verlassen, waren es Menschen mit Herzen aus Stahl, die ihrer Zeit einen göttlichen Stempel aufdrückten. Wenn jedoch auch die größten Helden auf ihre eigene Kraft vertrauten, wurden sie bloßgestellt als Menschen, die tönerne Füße haben, die nicht nur geistliche Katastrophen erlebten, sondern sie sogar verursachten.

Während wir ihr Leben studieren und die großartigen Grundsätze entdecken, die Gott in seinem Volk über sein Wirken offenbart, können wir lernen, was es bedeutet, ein kraftvolles, produktives Leben zu führen in einer Gesellschaft, die den Jüngern des Herrn Jesus zunehmend feindlich gegenübersteht.

Ich benutze diese Gelegenheit, den Gläubigen in Bethany Chapel, Calgary, für ihre Ermutigung und Unterstützung in meinem Leben und Dienst zu danken. Ein besonderes Wort des Dankes geht an Miss Pat Johnson für ihre mühevolle Arbeit mit meinem Manuskript. Mit Liebe denke ich an Elizabeth, Janice, Stephen und Heather und ihre Geduld und liebevolle Unterstützung.

Gary Inrig

Vorwort zur Neuauflage

Gary *Inrigs praktische Auslegung zum Buch der Richter* wurde zum ersten Mal 1979, also vor mehr als 20 Jahren veröffentlicht. In Deutschland erschien sie 3 Jahre später. Es scheint uns, dass seine Gedanken sich seitdem nicht überholt, sondern im Gegenteil eher an Aktualität gewonnen haben. Deshalb ist eine Neuauflage dieses wertvollen Buches gerechtfertigt, zumal es nach einem so langen Zeitraum kaum noch irgendwo verfügbar sein wird und einer neuen Generation von Lesern zur Verfügung stehen sollte. Wenn auch an manchen Stellen deutlich wird, dass das Entstehen des Buches eine lange Zeit zurückliegt, so hat doch das geistliche Gedankengut einen solchen Wert, dass der Abstand zu unserer Gegenwart dadurch mehrfach ausgeglichen wird. Wir wünschen uns, dass Gary Inrigs Ausführungen von all denen entdeckt werden und zu entsprechenden Konsequenzen im Glaubensleben führen, die nach Orientierung für ihr Leben auf der Grundlage des Wortes Gottes suchen. In diesem Sinne wünschen wir allen Lesern Gottes Segen.

Der Herausgeber

1

Die Folgen des Kompromisses

Es war eine sehr vielsagende Karikatur: Ein Student sprach mit einem Missionar, der unschwer am sprichwörtlichen Tropenhelm und den Khakishorts zu erkennen war. Leicht verwirrt fragte der Student: »Aber was tun Sie, wenn Sie den Aberglauben, die Gewalttätigkeit und Unmoral nicht länger aushalten können?« – »Ganz einfach!« kam die Antwort. »Ich steige ins Flugzeug und fliege zurück auf's Missionsfeld!«

Jeden Tag schreien die Medien es geradezu heraus, was wir lieber nicht hören möchten. Die Stromversorgung einer Großstadt bricht zusammen und das Ergebnis ist eine Orgie von Gesetzlosigkeit. Die Betonschluchten unserer Städte sind gefüllt mit Menschen, die sich vor Furcht sozusagen in ihren Wohnungen verbarrikadieren. Eine große Zeitschrift berichtet über die furchterregende Macht organisierten Verbrechertums, und einige Wochen später folgt eine bestürzende Chronik jugendlicher Verbrecher und Gewalttäter, die kaltblütig handelten. Eine große kanadische Kirche gibt eine – vorläufige – Untersuchung heraus, in der allen Ernstes diskutiert wird, ob schwer geistig behinderte Kinder getötet werden sollen, und einer der Autoren versteigt sich sogar zu der Behauptung, solche Kinder seien keine vollwertigen menschlichen Wesen.

Homosexualität ist bereits so weit verbreitet, dass man behauptet, ein Viertel der Bevölkerung einer – ungenannten – amerikanischen Großstadt praktiziere sie. Gleichzeitig wird der Maßstab biblischer Moral lächerlich gemacht oder als irrelevant abgetan, und das sogar in populären Fernsehprogrammen. Die Scheidungsraten steigen, während das »Miteinanderleben« unverheirateter Paare zur akzeptierten Lebensform geworden ist.

Man könnte diese Aufzählung beliebig erweitern, und keiner, der die Lage realistisch beurteilt, wird bezweifeln, dass die westliche Welt in einer ernsten moralischen Krise ist. Wir leben in einer »Schnittblumenzivilisation«, d. h. wir haben uns von unseren biblischen Wurzeln abgeschnitten, in den Wurzeln bleibt zwar eine Spur von Leben, während die Blüten schon zu welken beginnen. Es ist keine Übertreibung, zu behaupten, dass wir eine Gesellschaft ohne Grundsätze sind. Der junge Rockmusiker, der einem Interviewer sagte: »Ich glaube an absolut nichts!«, spricht für einen großen Teil seiner Generation.

Eins steht fest. Zu keiner Zeit ist das Volk Gottes von solch einer Flut von Unmoral und Amoral überschwemmt worden. Man könnte von einer Springflut sprechen, die alles vor sich her wegschwemmt und eine Spur der Zerstörung hinterlässt. Hat es all das nicht schon einmal gegeben? Wir verniedlichen die gegenwärtigen Probleme nicht, wenn wir sehen, dass die Vergangenheit bedeutungsvolle Parallelen zu unserer Zeit enthält und dass die für uns wichtigsten Beispiele in einem etwas vernachlässigten Buch des Alten Testamentes zu finden sind, im Buch der Richter. Es ist dies ein Teil der Heiligen Schrift, der eine Zeit geistlicher, moralischer und ethischer Anarchie beschreibt, eine Gesellschaft ohne Maßstab, deren Lebensstil mit einem unwahrscheinlich treffenden Ausdruck charakterisiert wird, den wir ganz am Ende des Buches der Richter finden: » … Jeder tat, was recht war in seinen Augen« (Richter 21,25).

Das Buch der Richter spricht in besonderer Weise in unsere Zeit, weil es uns lebendige Beispiele von Menschen vor Augen stellt, die Gott in einer solchen Zeit dienten, und die nicht nur geistlich gerade eben dahinvegetierten, sondern zu hoher Blüte kamen. Ebenso können wir das Gegenteil sehen: Menschen, die der Sünde nachgaben. Das Buch der »Richter« zeigt uns die Folgen geistlichen Kompromisses und Ungehorsams gegen Gott sehr deutlich, gerade heute, wo man erneut versucht, die Gläubigen dem allgemeinen Weltbild anzupassen. Kein anderes Buch der Schrift macht so klare Aussagen über die katastrophalen Folgen einer nur halbherzigen Hingabe an den Herrn Jesus.

Es ist gefährlich und aufregend, in unserer Zeit dem Herrn zu dienen. Er hat seinem »Leib«, der Gemeinde, im letzten Viertel des 20. Jahrhunderts einmalige, anregende Herausforderungen und Gelegenheiten gegeben. Doch Satan ist auch wach, und wenn wir uns nicht die großen Prinzipien eines geistlichen Lebens zu eigen machen, die im Buch der Richter dargestellt sind, könnten wir uns plötzlich als geistliche Außenseiter wiederfinden, als solche, die den Höhepunkt des unsichtbaren Krieges zwischen Gott und Satan nur als Zuschauer erleben.

Das Buch beginnt mit einer geradezu plastischen Darstellung der Folgen von Kompromiss und bedingtem Gehorsam in einer Zeit geistlicher Anarchie. Es ist ein biblisches Grundprinzip, dass der Heilige Geist zu uns spricht, um uns in einer Gesellschaft ohne Maßstab das geistliche Überleben zu ermöglichen. Eine halbherzige teilweise Verteidigung ist nichts wert. D. L. Moody sagte einmal: »Der Platz eines Schiffes ist in der See, aber Gnade Gottes dem Schiff, das die See in sich hinein lässt!« Wenn Gottes Volk anfängt, die Welt aufzunehmen, geht es schnell abwärts mit ihm, und in den ersten Versen des Buches Richter in Kapitel 1 sehen wir diesen Vorgang porträtiert.

Nach dem Tod Josuas
(Richter 1,1)

»Und es geschah nach dem Tod Josuas, da befragten die Söhne Israel den HERRN und sagten: Wer von uns soll zuerst gegen die Kanaaniter hinaufziehen, um gegen sie zu kämpfen?«

Diese ersten Worte in Kapitel 1 scheinen auf den ersten Blick nichts als eine hilfreiche historische Anmerkung zu sein. »Nach dem Tod Josuas ...« ist jedoch eine Feststellung drastischer Veränderung in der geistlichen Gesundheit des Volkes Israel. Zwar stehen die Bücher Josua und Richter Seite an Seite in der Heiligen Schrift, doch sind sie durch Welten voneinander getrennt, was ihre Aussage über den Gehorsam Israels gegenüber Gott betrifft. Josua berichtet von den Taten Israels, als es seinem Herrn vertraute und Gott gehorchte. Gott führte sein Volk nach Kanaan und gab ihm Sieg auf Sieg über seine Feinde. Josua ist ein Buch des Sieges, Richter ist eine lange, traurige Geschichte der Niederlagen. Josua ist das Buch des Glaubens, Richter das Buch des Unglaubens und Ungehorsams. Josua zeigt ein Volk, das vereint ist in der Gefolgschaft eines Gottesmannes, Richter schildert Teilung und Anarchie, da jeder das tat, »was in seinen Augen recht war«. In Josua hat Gottes Wort eine zentrale Stellung, und die Menschen unterwerfen sich seiner Autorität, während in Richter die Schrift vernachlässigt und abgelehnt wird.

Zwei Verse machen den Unterschied zwischen der Zeit von Josua und der der Richter deutlich. Als Josua starb, richtete er seine Aufforderung an das Volk, zu wählen, »wem ihr dienen wollt«. Einstimmig antwortete das Volk: »Fern von uns sei es, den HERRN zu verlassen, um anderen Göttern zu dienen« (Josua 24,16). Unter Josuas Führung hatte man sich ausdrücklich dem Führungsanspruch Gottes an das Volk unterworfen. »Und die Söhne Israel taten, was böse war in den Augen des HERRN, und vergaßen den HERRN, ihren Gott, und sie dienten den Baalim und den Ascherim« (Richter 3,7).

In Josua heißt es: »Wir wollen den Herrn nicht vergessen.« In Richter lesen wir: »Das Volk vergaß den Herrn.« Wieso geschah das? Wie konnte ein Volk, das ständigen Sieg durch Glauben kannte, zu einer Nation werden, die aufgrund von Kompromissen ständig Niederlagen erfuhr? Wie können wir uns vor der gleichen Erfahrung schützen?

Was zur Zeit der Richter geschah, ist traurig, aber nicht einzigartig. Wenn wir uns merken, wo die Kinder Israel fehlgingen, können wir heute davor bewahrt werden, die Quelle des Segens zu verlassen.

Dies ist eine der wichtigen Fragen, zu der das Buch der Richter die Antwort bereithält, doch es spricht auch noch auf anderer Ebene zu uns. Es ist nicht eine bloße Aneinanderreihung von Niederlagen. Wir treffen hier auch ebenso auf Glauben. Nur wenige Bücher der Bibel geben uns eine solche Einsicht in die Gnade und Langmut unseres Gottes. Neben den Berichten von Kompromissen und Abfall von Gott haben wir solche von Männern und Frauen, die wussten, was es bedeutete, in schweren Zeiten im Glauben für Gott zu leben. Viele der Glaubenshelden, die in Hebräer 11 erwähnt werden, finden wir hier. Während ihre Zeitgenossen den Versuchungen der Zeit erlagen, traten sie standhaft für ihren Herrn ein. Ihre Erfolge und Niederlagen, oder besser, das Wirken Gottes in ihrem Leben kann auch für uns eine Lehre und Hinweis sein für das Leben in einer ausrichtungslosen Gesellschaft. Es mag uns überraschen, dass das Buch der Richter etwa ein Viertel der historischen Periode des Alten Testaments beschreibt. Zwischen Richter 1 und 21 vergehen 300 – 350 Jahre. Trotzdem ist es eines der am wenigsten gelesenen Bücher der Bibel. Außer den Geschichten von Gideon und Simson ist sogar den meisten Christen das Buch Richter weitgehend unbekannt, und selbst die eben erwähnten Episoden nur sehr oberflächlich. Dabei berauben wir uns der bedeutendsten Wahrheiten, die der Heilige Geist uns lehren will. Der Aufbau des Buches ist sehr einfach. Es zerfällt in drei natürliche Abschnitte:

a) Die Vorschau auf die Richter, Kap. 1,1 – 3,6
   Der Zyklus der Sünde
b) Die Zeit der Richter, Kap. 3,7 – 16,31
   Der Weg nach unten
c) Das Bild der Richter, Kap. 17,1 – 21,25
   Geistliche Anarchie

Es wird uns nicht berichtet, wer das Buch der »Richter« schrieb. Jüdische Tradition, möglicherweise verlässlich, spricht dafür, dass Samuel der Autor war, und einige Fakten deuten darauf hin, dass die Entstehung zu Anfang der Königszeit war. Die Aussagekraft ist jedoch nicht von persönlichen oder historischen Daten abhängig, und wir können diese getrost in der Betrachtung beiseite lassen.

Der bündnistreue Gott
(Richter 2,1)

Die Gesamtaussage des Buches kann man eigentlich kaum missverstehen. Sie bewegt sich um zwei große Themen:

1. Die Treue Gottes, der zu seinem Bund steht.
2. Die Treulosigkeit Israels, das den Bund mit Gott immer wieder bricht.

Diese Aussage wird verkündet durch das direkte Eingreifen Gottes in einer Begegnung, die eine Vorschau auf die gesamte Zeit vermittelt. Wir lesen davon zu Anfang von Kapitel 2 in Verbindung mit einem Akt von hoher symbolischer Bedeutung:

> *»Und der Engel des HERRN kam von Gilgal herauf nach Bochim, und er sprach: Ich habe euch aus Ägypten heraufgeführt und euch in das Land gebracht, das ich euren Vätern zugeschworen habe. Und ich sagte: Ich werde meinen Bund mit euch nicht brechen in Ewigkeit.«*

Es heißt an dieser Stelle, dass »der Engel des HERRN« von Gilgal heraufkam. Es gibt keine exakte Beschreibung dieser Engelerscheinung, doch muss es sich um weit mehr als das Auftreten eines gewöhnlichen

Engels gehandelt haben, so bemerkenswert selbst dies schon gewesen wäre. Wir finden den Schlüssel zu einer Erklärung in den Worten des Engels, der nämlich in der ersten Person Singular zum Volk sprach: »Ich habe euch heraufgebracht ... Ich habe geschworen ... Ich sagte ... Ich werde nie meinen Bund mit euch brechen.« Anders ausgedrückt, der Engel des Herrn war Gott selbst, der seinem Volk in irdischer Gestalt erschien. Noch genauer gesagt, der Engel des Herrn ist der Herr Jesus. Es handelt sich hier nicht um seine erste derartige Erscheinung, noch wird es seine letzte sein.

Jedes Ereignis, bei dem der Herr Jesus zeitweilig menschliche Gestalt annimmt, ist von hoher Bedeutung, und das trifft auch hier zu. Bevor die traurigen Ereignisse ihren Anfang nahmen, warnte der Gott der Gnade die Menschen persönlich vor den Folgen ihrer Handlungen. Er tat das zunächst, indem er von Gilgal nach Bochim kam, ein Ereignis von großer Symbolik.

Gilgal hat im Buch Josua große Bedeutung. Als das Volk auf wunderbare Art den Jordan durchquert hatte, kam es nach Gilgal. Dort bewies es Gott seinen Gehorsam durch die Erneuerung der Beschneidung und der Einhaltung des Passafestes. In Gilgal erschien Gott dem Josua, machte ihn zum Befehlshaber der Armee des Herrn und gab ihm große Siegesverheißungen. Gilgal war der Ort des Sieges und des Segens. Bochim dagegen heißt »Weinen«, und als der Herr von Gilgal nach Bochim heraufkam, deckte er die Folgen der Fleischeslust auf. »In Gilgal vertrautet ihr mir; wusstet, was Sieg war. Nun habt ihr euch von mir abgewendet. Euer Heim wird Bochim sein, der Ort des Weinens und des Gerichts.«

Das Tragische an diesem Ortswechsel ist, dass Gott einen bedingungslosen Bund mit seinem Volk gemacht hatte, und dass die Niederlage Israels vollkommen unnötig war. »Ich werde nie meinen Bund mit euch brechen.« Das war ein Versprechen auf der Basis des ewigen Bundes zwischen Gott und Abraham. Als Gott Abraham rief, verhieß er ihm drei Dinge: Er solle Nachkommen, »Samen«, haben, sein »Same« solle ein Land besitzen, das Gott ihm geben werde und von Abraham solle Segen für die Welt ausströmen, denn »in dir sollen gesegnet werden alle Geschlechter der Erde« (1. Mose 12,3). Diese Verheißung bekräftigte Gott wieder gegenüber Abraham, Isaak und Jakob, und der mit Abraham geschlossene Bund wurde die Grundlage aller Vorhaben, die Gott im Lauf der Geschichte mit Israel, durch Israel und vor allem in dem Herrn Jesus plante.

Auf der Basis dieses Bundes griff Gott in Ägypten ein und befreite sein Volk aus der Sklaverei. Unter Josua brachte er die Israeliten in das gelobte Land. Gott hält sich an seine Versprechen. Er hatte den Erzvätern im Land geholfen; 400 Jahre lang hatte er das Volk Israel in Ägypten beschützt, hatte ein rebellisches Volk 40 lange Jahre in der Wüste genährt und geführt und ihm schließlich im verheißenen Land den Sieg über seine Feinde geschenkt. »Ich werde nie meinen Bund brechen.« Er hatte den Bund nie gebrochen, er wollte und konnte ihn nicht brechen, denn Gott ist ein treuer Gott, der sich nicht verleugnen kann.

Gottes Bund mit Abraham ist von ungeheurer Bedeutung. Zuerst einmal ist er der Schlüssel zu Gottes Plan in der Geschichte. Er muss seine Verheißungen an Abraham einlösen, sein Plan mit dem Volk Israel ist noch nicht abgeschlossen. Die Zeit wird kommen, wenn der Herr Jesus, der »Same« Abrahams, zurück zur Erde kommen wird, um sein Königreich aufzurichten, damit der Bund mit Abraham erfüllt wird. Zweitens gibt er uns große Gewissheit. Gott hält seine Verheißungen. Da gibt es nichts Kleingedrucktes und kein »wenn und aber«. Er tut, was er sagt. »Ich werde nie meinen Bund, meine Versprechungen brechen.« Woher wissen wir, dass unsere Sünden vergeben sind? Gott hat es gesagt. Woher wissen wir, dass wir ewiges Leben haben? Ebenso aus den Verheißungen des Herrn. Wie können wir wissen, dass wir Teil seiner Familie sind? Gott sagt es in seinem Wort, und sein Wort ändert sich nicht. Das ist das Fundament unseres Lebens. Wir können dem Wort Gottes vertrauen, weil Gott der Herr dahinter steht.

Israels Untreue
(Richter 2,2)

Doch Gott fuhr fort mit dem Volk zu sprechen:

> *»Ihr aber, ihr sollt keinen Bund mit den Bewohnern dieses Landes schließen, ihre Altäre sollt ihr niederreißen. Aber ihr habt meiner Stimme nicht gehorcht. Was habt ihr da getan!«*

Zunächst nennt Gott dem Volk seine bedingungslose Verheißung, um sie dann an die Verantwortung zu erinnern, in die er sie gestellt hatte. Am Sinai hatte sich das Volk dem einen, souveränen Gott verpflichtet. Ihm allein zu dienen, bedeutete vor allem, dass sie keinen Bund, keinen Vertrag mit den Kanaanitern eingehen sollten. Ihre einzige Bündnismöglichkeit war mit Gott. Die Väter Kanaans waren und blieben Feinde, und ein Kompromiss war unmöglich. »Ihr sollt keinen Bund mit den Bewohnern dieses Landes machen.«

Die zweite Forderung folgte aus der ersten. Das Verbot der Partnerschaft besagte nicht etwa, dass ein Zustand der Koexistenz gestattet sei. »Ihr sollt ihre Altäre niederreißen.« Die Sünde der Kanaaniter war wie ein tödliches Krebsgeschwür, und die Israeliten bekamen von dem Herrn den Auftrag, dieses Geschwür radikal auszurotten, bevor sie selbst infiziert würden. Die Götzen und Altäre sollten zerstört und die Kanaaniter außer Landes gejagt werden.

Der Herr wiederholte seinen Befehl vom Berg Sinai:

> *»Du sollst mit ihnen und mit ihren Göttern keinen Bund schließen. Sie sollen nicht in deinem Land wohnen bleiben, damit sie dich nicht zur Sünde gegen mich verführen; denn dann würdest du ihren Göttern dienen, und es würde dir zu einer Falle sein« (2. Mose 23,32-33).*

Die Wahrheit dieser Prophezeiung wird auf jeder Seite des Buches der Richter deutlich.

Wir dürfen diesen Befehl jedoch nicht missverstehen. Gott hatte nicht den Israeliten einen Auftrag gegeben, um sie dann sich selbst zu überlassen. Das war noch nie seine Methode. Wenn er Verantwortung überträgt, gibt er auch die nötige Kraft dazu. Er hatte sich dazu verpflichtet, seinem Volk Sieg zu geben.

> *»Alle diese Segnungen werden über dich kommen und werden dich erreichen, wenn du der Stimme des HERRN, deines Gottes, gehorchst. Der HERR wird deine Feinde, die sich gegen dich erheben, geschlagen vor dir dahingeben. Auf einem Wege werden sie gegen dich ausziehen und auf sieben Wegen werden sie vor dir fliehen. Der Herr wird dir den Segen entbieten in deine Speicher und zu allem Geschäft in deiner Hand, und er wird dich segnen in dem Land, das der HERR, dein Gott, dir gibt« (5. Mose 28,2.7-8).*

So enthielt die Verantwortung des bedingungslosen Gehorsams einen unbegrenzten Vorrat an Kraft durch den Herrn.

Israels Versagen
(Richter 1)

Was geschah? Der Engel des Herrn drückt das sehr einfach aus. »Ihr habt meiner Stimme nicht gehorcht. Warum habt ihr dieses getan?«

Richter 1 zeigt uns die Folge des Ungehorsams. Anfangs lesen wir nur eine etwas langweilige Aufzählung von Namen und Orten, einen Katalog von Schlachten, die wir kaum als bedeutsam für die Gegenwart empfinden können. Tatsächlich? Oder stellt nicht das erste Kapitel die Diagnose für das Schlüsselproblem der ganzen Periode und richtet einen langen Zeigefinger auf uns?

Das Kapitel beginnt mit einer beeindruckenden Aufzählung der Siege des Stammes Juda. In den Versen 4, 8, 9, 17, 18 sehen wir Juda gegen alle möglichen kanaanitischen Befestigungen heraufziehen. Trotzdem lesen wir von zwei beunruhigenden Ereignissen. In Vers 6 erobert Juda Besek und nimmt den König gefangen. Man schneidet ihm seine Daumen und großen Zehen ab und beendet so seine militärische Karriere. Wie hätte er jemals wieder Schwert oder Bogen handhaben können? – Doch Verstümmelung war heidnischer Brauch. Juda richtete sich nach den heidnischen Einwohnern. Sein Gehorsam war bedingt; Gott wollte diese Feinde tot sehen, nicht verstümmelt. Später in Vers 19 sehen wir eine ähnliche Begebenheit. Juda vertrieb die Kanaaniter nicht aus dem Tal, weil sie eiserne Wagen hatten. Das scheint logisch, sie waren überlegen. Doch das kann nicht der wahre Grund gewesen sein; denn Gott hatte versprochen, den Feind zu vertreiben. Im 4. Kapitel führt nämlich Debora das Volk zum Sieg gegen einen Feind mit 900 eisernen Wagen. David, der die größten Siege erstritt, gebrauchte ebenfalls nie solche Kampfwagen. Was eigentlich Juda den Sieg vorenthielt, war sein mangelndes Vertrauen auf Gott. Fehlende Kraft ist immer ein Zeichen schwachen Glaubens.

Im weiteren Verlauf des ersten Kapitels wird die Halbherzigkeit der anderen Stämme beschrieben. Benjamin konnte die Jebusiter nicht vertreiben (V. 21), ebenso wie Manasse bei den heidnischen Bewohnern seines Gebietes versagte. Selbst wenn sie stark genug gewesen wären, behielten sie die Feinde lieber als billige Arbeitskräfte, als Energiequelle (V. 27-28). Das Problem war also nicht einmal kräftemäßig bedingt, sondern lag allein im Gehorsam. Das gilt auch für Ephraim (V. 29), Sebulon (V. 30) und Asser (V. 31). Mit monotoner Regelmäßigkeit wiederholt sich der Satz: »Sie trieben die Einwohner des Landes nicht aus.« In zwei Fällen werden die Folgen eines nur teilweisen Gehorsams offensichtlich. Naftali vertrieb die Kanaaniter seines Gebietes nicht, sondern schloss eine Art von Kompromiss mit ihnen (V. 33). Dan erfuhr die Folgen des Ungehorsams ganz bitter am eigenen Leibe. Der Stamm wurde ins Bergland gedrängt, und die Amoriter wollten ihm nicht mehr gestatten, ins Tal herabzukommen. Sie mussten Frondienste tun und untertänig sein, obwohl Gott ihnen den Sieg versprochen hatte. Die Moral des ersten Kapitels ist klar und deutlich: Das Volk Israel entschied sich bewusst dafür, Gott nur teilweise zu gehorchen. Anstatt mit ganzem Herzen dem Herrn zu folgen, schlossen sie faule Kompromisse. Dies hatte katastrophale Folgen, die der Engel des Herrn ausspricht.

Die Folgen der Kompromissbereitschaft
(Richter 2,3-5)

»So habe ich auch gesagt: Ich werde sie nicht vor euch vertreiben! Sie werden euch zu Geißeln für eure Seiten werden, und ihre Götter werden euch zur Falle werden. Und es geschah, als der Engel des HERRN diese Worte zu allen Söhnen Israel geredet hatte, da erhob das Volk seine Stimme und weinte. Und sie gaben jenem Ort den Namen Bochim. Und sie opferten dort dem HERRN.«

Trotz Sünde und Unglauben wandte sich der Herr nicht von seinem Volk ab. Der Engel verkündete nicht das Ende seines Bundes. Der Zweck seines Kommens war Gnade, die das Volk zu einer radikalen Umkehr und Buße führen sollte.

Der Herr nennt die Folgen des verhängnisvollen Kompromisses. »Nun gut! Ihr wolltet nicht gehorchen und die Kanaaniter vertreiben. Das war eure eigene Entscheidung, und ihr müsst damit leben. Ich werde sie nicht austreiben. Ich werde sie im Land lassen, und ihr werdet die Folgen eures Kompromisses zu tragen haben. Diese Menschen werden euch niederziehen und werden eine ständige Versuchung für euch sein.«

Als das Volk Gottes Worte verstand, begann es zu weinen. Es ist eine häufig gemachte geistliche Erfahrung, dass der Weg teilweisen Gehorsams nach »Bochim« führt. Halbherzige geistliche Erfahrung bringt keine Freude. Die elendesten Menschen in dieser Welt sind

Gläubige, die sich dem Herrn Jesus nur halb hingeben. Sie wollen von allem das Beste haben, bekommen aber nur das schlechteste. Das gilt für die Zeit der Richter, wie auch für uns. Wenn wir als Christen Kompromisse schließen, lassen wir uns auf einen Drahtseilakt ein. Geistlichen Sieg und Gottes Segen werden wir dabei nicht erfahren, sondern nur die Bitterkeit von Niederlagen und Frustration in unserem Glaubensleben.

Doch selbst dann ist uns die Gnade Gottes nah. Er überlässt uns nicht einfach den Folgen unserer Sünde. In seiner Gnade ruft er uns zurück zu vollem Gehorsam, zu ganzer Hingabe an ihn.

Das Buch der Richter ist nicht einfach eine Chronik der Sünde des Menschen und Gottes Urteil. Es zeigt uns Gottes Liebe, die die Menschen sogar in ihrer Sünde sucht.

Kennst du geistlichen Sieg in deinem Leben? Kennst du den Segen Gottes? Wenn nicht, solltest du einmal deine Auffassung von Gehorsam revidieren. Denke daran: Halber Gehorsam führt ins Elend!

2

Das Syndrom der zweiten Generation

E*in Syndrom ist ein Begriff aus dem Gebiet der Medizin und bezeichnet das Krankheitsbild.* Es beschreibt eine Gruppe ursächlich zusammengehöriger Symptome, die für eine bestimmte Krankheit charakteristisch sind.

> »Vor langer Zeit lebte in Nordchina ein törichter alter Mann. Hinter seinem Garten, der nach Süden lag, erhoben sich zwei hohe Berge, Taihang und Wangwu. Diese beiden Berge störten ihn so sehr, dass er sich mit Hacke und Schaufel und viel Entschlusskraft daranmachte, sie abzutragen. Eines Tages, als er und seine Söhne gerade wieder an der Arbeit waren, kam ein weiser alter Mann vorbei und schaute ihnen eine Zeitlang zu. Endlich sagte er: ›Wie töricht ihr seid, zu versuchen, diese beiden riesigen Berge mit eurer Hände Arbeit abtragen zu wollen! Seht ihr nicht, dass das unmöglich ist?‹ Der törichte alte Mann schaute ihn an und erwiderte: ›Wenn ich sterbe, werden meine Söhne weitermachen und ihre Söhne nach ihnen und so weiter. Obwohl diese Berge sehr hoch sind, können sie nicht mehr wachsen und mit jedem Tag, den wir arbeiten, werden sie niedriger. Warum sollten wir sie nicht abtragen können?‹ Und so fuhr der törichte alte Mann fort mit seiner Arbeit und ließ sich nicht von der Skepsis des weisen Mannes abhalten. Als Gott seine Entschlossenheit sah, sandte er zwei Engel, die die Berge wegtrugen.«

Dieses Märchen illustriert die revolutionärste politische Philosophie des 20. Jahrhunderts. Im Jahr 1945 wurde diese Geschichte von Mao Tse-Tung gebraucht, um zu zeigen, wie China sich von zwei Bergen befreien werde: dem Feudalismus und dem Imperialismus. Als er im Jahr 1949 an die Macht kam, griff er diese Berge mit der gleichen Entschlossenheit des törichten alten Mannes rücksichtslos an. Er ignorierte nicht die »weisen alten Männer« wie der Törichte, sondern ließ sie zu Tausenden abschlachten. Seine Hände waren auch mit dem Blut zahlloser Christen befleckt.

Im Laufe der Zeit wuchsen seine Sorgen. Die Arbeit würde nur dann erfolgreich sein, wenn auch die Söhne weitergrüben. Was wäre, wenn die nächste Generation, die die Revolution nicht miterlebt hatte, die Triebkraft verlöre? Er sah die Gefahr, dass China bürgerlich und träge würde und entwickelte aus diesem Grund 1960 die maoistische Revolutionstheorie. Um jede anti-revolutionäre, reaktionäre und revisionistische Tendenz auszuschließen, musste China in ständigen revolutionären Gärprozessen gehalten werden. Dann würde jede Generation eine Revolutionserfahrung aus erster Hand bekommen.

Ich bin kein Bewunderer Mao Tse-Tungs. Seine satanische Philosophie hat Millionen von Menschen davon abgehalten, die frohe Botschaft der Erlösung zu hören. Gleichzeitig sehe ich jedoch Maos tiefe Einsicht in die menschliche Natur, in eine Eigenart, die ich das »Syndrom der zweiten Generation« nennen möchte.

Die zweite Generation hat eine natürliche Tendenz, den Status quo anzunehmen und die Weitsicht und Einsicht der ersten Generation zu verlieren. Allzu oft nur ist die Erfahrung der zweiten Generation ein zweiter Aufguss, eine Erfahrung aus zweiter Hand. Dieses Syndrom tritt im geistlichen Bereich genauso wie in der Politik auf. Die Kirchengeschichte ist voller Beispiele und auch viele Gemeinden. Der Eifer der Eltern für Jesus wird zu Formalismus bei den Kindern und zu Gleichgültigkeit bei den Enkeln. Besonders eindrucksvoll sehen wir diese Entwicklung im Buch der Richter. Vielleicht werden wir besser in der Lage sein, uns und die nächste Generation davor zu bewähren, wenn wir die Schrift studieren und die bösen Auswirkungen dieses Syndroms erfahren.

> *»Und Josua entließ das Volk, und die Söhne Israel gingen hin, jeder in sein Erbteil, um das Land in Besitz zu nehmen. Und das Volk diente dem HERRN alle Tage Josuas und alle Tage der Ältesten, die nach Josua noch länger lebten, die das ganze große Werk des HERRN gesehen hatten, das er für Israel getan hatte. Dann starb Josua, der Sohn Nuns, der Knecht des HERRN, 110 Jahre alt.*

Und sie begruben ihn im Gebiet seines Erbteils, zu Timnat-Heres auf dem Gebirge Ephraim, nördlich vom Berg Gaasch. Und auch jene ganze Generation wurde zu ihren Vätern versammelt. Und eine andere Generation kam nach ihnen auf, die den HERRN nicht kannte und auch nicht das Werk, das er für Israel getan hatte. Da taten die Söhne Israel, was böse war in den Augen des HERRN, und dienten den Baalim. Und sie verließen den HERRN, den Gott ihrer Väter, der sie aus dem Land Ägypten herausgeführt hatte; und liefen anderen Göttern nach, von den Göttern der Völker, die rings um sie her lebten, und sie warfen sich vor ihnen nieder und reizten den HERRN zum Zorn« (Richter 2,6-12).

»Das sind die Nationen, die der HERR bleiben ließ, um durch sie Israel zu prüfen, alle jene, die all die Kriege um Kanaan nicht kannten – nur damit er die Generationen der Söhne Israel erkenne, indem er sie den Krieg lehrte, und zwar nur die Kriege von damals, die sie nicht kannten - die fünf Fürsten der Philister und alle Kanaaniter und Sidonier und Hewiter, die das Gebirge Libanon bewohnten, vom Berg Baal-Hermon an, bis man nach Hamat kommt. Und sie dienten dazu, Israel durch sie zu prüfen, damit man erkenne, ob sie den Geboten des HERRN gehorchten, die er ihren Vätern durch Mose geboten hatte.

Und die Söhne Israel wohnten mitten unter den Kanaanitern, den Hetitern und den Amoritern und den Perisitern und den Hewitern und den Jebusitern. Und sie nahmen sich deren Töchter als Frauen und gaben ihre Töchter deren Söhnen, und dienten ihren Göttern« (Richter 3,1-6).

In meiner Studentenzeit hatte ich einige Freunde, die ihre Bewunderung für eine bestimmte Comic-Serie fast zu einem Kult werden ließen. Ich muss zugeben, dass es mir dafür an Verständnis mangelte, doch an eine Episode daran kann ich mich gut erinnern: Pogo und seine Freunde waren zu einem Kampf in den Sumpf ausgezogen, und Pogo kam zurück mit der ironischen Bemerkung: »Wir haben den Feind getroffen. Der Feind – das sind wir selbst.«

Wie wahr ist das! Den schwersten Kampf müssen wir mit uns selbst austragen. Diese Einsicht, obwohl nicht schmeichelhaft, ist sehr wichtig. Das illustrieren die oben zitierten Verse. Israel gelang es nicht, seine niedrigsten Instinkte zu besiegen. Doch bevor wir Israels Versagen untersuchen, wollen wir zunächst Josua und seine Generation betrachten. Diese erste Generation setzt den Maßstab, mit dem wir den Zustand der zweiten Generation beurteilen können.

Der Einfluss Josuas

(Richter 2,6-9)

Josua war einer der großen Männer des Alten Testamentes, ein glänzender Soldat, brillanter Organisator, ein begabter Führer und Politiker. Doch es wäre oberflächlich, nur diese Eigenschaften aufzuzählen, da keine etwas über den inneren Menschen aussagt. Zwei weitere Eigenschaften überragen alle anderen in seinem Leben und erklären, warum Gott durch ihn wirken konnte. Die erste Eigenschaft ist Josuas Gehorsam dem Wort Gottes gegenüber. Am Anfang seiner Führungstätigkeit, als er vor der bedrückenden Aufgabe stand Mose zu ersetzen, kam Gott zu ihm mit einer Verheißung und einer Herausforderung:

> *»Nur sei sehr stark und mutig, dass du darauf achtest, nach dem ganzen Gesetz zu handeln, das mein Knecht Mose dir geboten hat! Weiche nicht davon ab, weder zur Rechten noch zur Linken, damit du überall Erfolg hast, wo immer du gehst! Dieses Buch des Gesetzes soll nicht von deinem Mund weichen, und du sollst Tag und Nacht darüber nachsinnen, damit du darauf achtest, nach alledem zu handeln, was darin geschrieben ist; denn dann wirst du auf deinen Wegen zum Ziel gelangen, und dann wirst du Erfolg haben« (Josua 1,7-8).*

Gott verhieß Josua Wohlstand und Weisheit, wenn er gehorsam sei, Gottes Wort lese und verkündige. Während seines ganzen Lebens handelte Josua nach dieser Verheißung und Gott belohnte seinen Gehorsam.

Die zweite hervorragende Eigenschaft war sein aktiver Glaube.

> *»Wie ich mit Mose gewesen bin, werde ich mit dir sein; ich werde dich nicht versäumen und dich nicht verlassen« (Josua 1,5).*

Im Vertrauen auf diese Verheißung führte Josua zwei Millionen Menschen zu einem überfluteten Fluss, und Gott hielt die Wasser an, so dass sie trockenen Fußes den Fluss durchqueren konnten. Im Gehorsam gegen Gottes Befehl ließ er das Volk um die Stadt Jericho marschieren, und die Stadtmauern zerbrachen. Im Glauben befahl er Sonne und Mond im Tal Ajalon stillzustehen und sie gehorchten (Josua 10,12-13). Im Vertrauen auf Gottes Siegesversprechen griff er bei Merom eine überwältigende Streitmacht an und führte sein Volk zu einem großen Sieg über die Feinde.

Josua war bestimmt nicht ohne Fehler, und die Schrift berichtet wahrheitsgetreu von seinen Schwächen. Trotzdem gebrauchte ihn Gott – nicht wegen seiner großen Fähigkeiten, sondern weil er Gott vertraute und sein Leben nach dem Wort Gottes ausrichtete. Deshalb konnte Gott durch Josua solch große Dinge für sein Volk tun. Das ist die Aussage von Richter 2,7. Josua hielt das Volk an dem Ort des göttlichen Segens. »Und das Volk diente dem HERRN alle Tage Josuas und alle Tage der Ältesten, die nach Josua noch länger lebten, die das ganze große Werk des HERRN gesehen hatten, das er für Israel getan hatte.« (Richter 2,7).

Dieser Vers sagt uns sehr viel: Ein Mann, der sich vorbehaltlos Gott und seinem Wort hingibt, kann einen ungeheuren Einfluss auf das Leben des Volkes Gottes haben. Eine Frau, die für Jesus Christus lebt, kann einer großen Zahl von Menschen Segen bringen.

Wenn du Gott vertraust und dein Leben auf seinem Wort aufbaust, kannst auch du einen göttlichen Einfluss auf deine Familie, deine Studentengruppe oder deine örtliche Gemeinde ausüben. Diese Wahrheit kann man viele Male auf den Blättern der Bibel nachlesen.

Jedoch Josua starb, wie der 8. Vers uns erinnert. Und kurz danach war die ganze Generation »zu den Vätern versammelt«. Es war eine Generation gewesen, die Sieg, Segen und Aufschwung kannte. Ganz plötzlich dann, in Vers 10, treffen wir auf die zweite Generation, und mit ihr ändert sich die Situation völlig.

Das Versagen der zweiten Generation
(Richter 2,10)

»Und eine andere Generation kam nach ihnen auf, die den HERRN nicht kannte und auch nicht das Werk, das er für Israel getan hatte.«

Diese dürren Worte fordern zu Fragen heraus: Wie konnten sie versagen? Warum versagten sie? Wie konnte das geschehen, wenn ihre Eltern die segnende Hand Gottes erfahren hatten?

Die Natur ihres Versagens

Die erste Frage muss lauten: Auf welche Art versagten sie? Die Aussage in Vers 10: »... die den HERRN nicht kannte und auch nicht das Werk, welches er für Israel getan hatte«, weist nicht etwa auf intellektuelle Unwissenheit der Israeliten hin. Sie waren informiert über die Geschehnisse in Ägypten und während der Landnahme. Theologisch gesehen hatten sie sehr viel Wissen über Gott. Was sie nicht selbst gesehen hatten – manche hatten die Überquerung des Jordan und den Fall Jerichos als Kinder miterlebt – war ihnen von den Erwachsenen berichtet worden. Es waren nicht etwa Tatsachen, die sie nicht wussten.

Sie wussten Bescheid über den Herrn und über seine Taten, aber sie kannten ihn nicht und erkannten ihn nicht als ihren Herrn. Das Volk Israel war dem lebendigen Gott gegenüber gleichgültig geworden und hatte vergessen, wie man mit ihm in Gemeinschaft lebt. Jede Berührung mit Gott war verlorengegangen. Anstatt über Gottes Wirken in Ägypten, in der Wüste, am Sinai oder bei Jericho mit Lob und Anbetung erfüllt zu sein, gähnten sie nur vor Langeweile: »Das kennen wir längst!«

Hier kommen wir zum Kern des »Syndroms der zweiten Generation«. Es ist diese Lauheit und Gleichgültigkeit gegenüber den wunderbaren biblischen Wahrheiten, die wir seit unserer Kindheit kennen. Ob wir es wahrhaben wollen oder nicht, es steht fest, dass wir es hier mit einer Erscheinungsform zu tun haben, die leider einen festen Platz in der christlichen Erfahrung des 20. Jahrhunderts hat. Wir finden sie im persönlichen Bereich, wenn wir anfangen, unsere erste Liebe zu dem Herrn Jesus zu verlassen. Ebenso müssen sich Gemeinden und ganze Völker damit auseinander setzen, und nirgendwo sonst zeigen sich die verheerenden Folgen des »Syndroms der zweiten Generation« so sehr wie in Bibelschulen und theologischen Seminaren, wo man täglich mit Gottes Wahrheit in Kontakt ist. Wenn man sich nicht vorsieht, wird der Keim zu diesem Syndrom mitten in einer Phase geistlichen Lebens und der Siegeszuversicht gelegt. Die Geschichte lehrt uns, dass nicht einmal die umgestaltende Macht des Heiligen Geistes dieses Problem verhindern konnte.

Warum ist das so? Warum geschah und geschieht es immer noch? Viele von uns sind in gläubigen Familien groß geworden; wir wissen um die großartigsten Tatsachen des Wortes Gottes, und doch ist da eine Gleichgültigkeit in unserem Leben, die uns geistlich verkrüppelt. Zwei Tatsachen müssen wir über diese Gleichgültigkeit wissen: Über die erste sagte Erich Fromm einmal: »Das Gegenteil von Liebe ist nicht Hass – es ist Gleichgültigkeit.« Angesichts Golgathas gleichgültig zu sein, ist die schlimmste Art von Zurückweisung Gottes. Die zweite Tatsache ist, dass Gleichgültigkeit wie Krebs wächst. Ein Gähnen ist eine der wirksamsten Waffen Satans, und was mich an dem »Syndrom der zweiten Generation« am meisten erschreckt ist die Wirkung, die sie auf Neubekehrte hat. Ich bin davon überzeugt, dass nicht die Opposition der so genannten Welt, sondern die Teilnahmslosigkeit der »etablierten« Christen einer der größten Stolpersteine für Jungbekehrte ist. Deshalb wollen wir die Ursache dieser Erscheinungsform im Leben des Volkes Israel erforschen, um so vielleicht für unser eigenes Leben besser dagegen gewappnet zu sein. Möglicherweise trug die erste Generation einen Teil der Schuld. Doch im Buch Richter sind dafür keine Anzeichen vorhanden. Die zweite Generation wird voll für ihr Versagen verantwortlich gemacht, und Gott erlaubte ihr nicht, sich vor dieser Verantwortung zu drücken.

Der Grund ihres Versagens

Drei Fakten fallen besonders ins Auge, wenn wir untersuchen, was mit der zweiten Generation geschah.

1. *Sie waren mit ihrem Zustand zufrieden.* Nachdem Josua das Volk in einigen erfolgreichen Eroberungsversuchen geführt hatte, sagte Gott zu ihm: »Josua, du bist alt und an Jahren fortgeschritten, und ein Großteil des Landes muss noch eingenommen werden.« Dann gab Gott durch Josua jedem Stamm den Auftrag, Gebiete zu erobern. Die erste Generation hatte Kanaan teilweise eingenommen, aber große Teile des Landes waren noch in Feindeshand. Dann kam die zweite Generation. Ihre Reaktion war: »Warum sollten wir uns bemühen? Wir haben alles, was wir brauchen. So übel sind die Kanaaniter gar nicht. Wir kommen mit ihnen aus.« Gott hatte ihnen den Befehl gegeben, auszuziehen und

das Land einzunehmen. Doch sie weigerten sich. Sie waren mit dem Status quo zufrieden. Es hat noch nie eine erste Generation gegeben, die all das geschafft hat, was in Gottes Auftrag war. Die Erfahrung der vorhergehenden Generation soll nicht der Maßstab für die nachfolgende sein, noch sollen wir vor Ehrfurcht erschauern und uns von vornherein mit weniger zufrieden geben. Das ist grundfalsch. Vielmehr sollen wir diese Erfahrung als ein Fundament ansehen, auf dem wir aufbauen können. Satan lügt, wenn er uns glauben machen will, dass es nicht mehr als den momentanen Zustand gäbe. Er versucht uns einzureden, dass es nichts ausmache, wenn die Kanaaniter die Täler besitzen, solange wir die Berge haben.

Ich bin dankbar, dass ich gläubige Eltern habe, und ich nehme in Anspruch, was sie mir mitgegeben haben und baue darauf auf, um eine noch reichere Erfahrung zu gewinnen. Das gleiche erhoffe ich für meine Kinder und deren Kinder. Alles Geistliche, was in der Vergangenheit in Kirchen und Gemeinden geschah, soll uns mit Dankbarkeit erfüllen; aber ich will und darf nicht damit zufrieden sein, dieses zu reproduzieren. Gott hält Neuland für die heutigen Christen bereit, und ich will für ihn ausziehen. Achten wir auf diese Gleichgültigkeit.

Der zweite Grund für das Syndrom ist in gleicher Weise gefährlich, und Gott warnte bereits Jahre, bevor er eintrat, davor.

2. *Sie nahmen Gottes Segen als selbstverständlich hin und erkannten ihn nicht an.* In 5. Mose 6,10-12 sprach Gott eine Warnung an sein Volk aus, die heute noch zu uns spricht, besonders hier im reichen Westen:

> *»Und es soll geschehen, wenn der HERR, dein Gott, dich in das Land bringt, das er deinen Vätern, Abraham, Isaak und Jakob, geschworen hat, dir zu geben: große und gute Städte, die du nicht gebaut hast, und Häuser, voll von allem Guten, die du nicht gefüllt hast, und ausgehauene Zisternen, die du nicht ausgehauen hast, Weinberge und Olivenbäume, die du nicht gepflanzt hast, und wenn du dann essen und satt werden wirst, so hüte dich, dass du den HERRN ja nicht vergisst, der dich herausgeführt hat aus dem Land Ägypten, aus dem Sklavenhaus« (5. Mose 6,10-12).*

Der Heilige Geist hielt diese Botschaft für so wichtig, dass er sie durch Mose in 5. Mose 8, 11-18 wiederholte und bekräftigte. Wenn Gott uns mit irdischen Gütern segnet, laufen wir Gefahr, dass wir nicht mehr Gott-orientiert bleiben, sondern Segen-orientiert werden und uns mehr auf die »Beigaben« eines Christenlebens konzentrieren.

Gott gab uns nicht den Auftrag, ihm zu danken, weil es *ihm* gut tut, sondern weil es *uns* gut tut. Preis, Dank, Anbetung und die Anerkennung des göttlichen Segens sind der beste Schutz gegen das »Syndrom der zweiten Generation«. Die Lösung für das Problem ist nicht eine freudlose Askese, die Gottes Segnungen ablehnt. Paulus sagt uns: »Denn jedes Geschöpf Gottes ist gut und nichts verwerflich, wenn es mit Danksagung genommen wird« (1. Timotheus 4,4).

Unsere Haltung zu unseren Segnungen und unserem Besitz ist einer der am meisten bestimmenden Faktoren für unsere geistliche Gesundheit. Undankbarkeit ist nicht nur töricht, sie ist gefährlich.

Wir müssen die Durchtriebenheit unseres sündigen Herzens erkennen. Wenn wir verzweifelt sind, rufen wir zu Gott, und er, in seiner unendlichen Gnade, erhört uns. Dann halten wir uns mit charakteristischer Vergesslichkeit den Segen Gottes selbst zugute. Das tat auch Israel: Es sah das Land an, das es besaß, und sagte: »Schau, was wir vollbracht haben! « Sie sahen nur sich selbst und, indem sie sich selbst beglückwünschten, wurde der Same der Selbstzerstörung gesät. Deshalb befiehlt uns das Wort Gottes, für alles zu danken (1. Thessalonicher 5,18). Das ist Gottes ausdrücklicher Wille für jeden Gläubigen. Als Gläubige und Priester sollen wir »stets ein Opfer des Lobes darbringen. Das ist: Frucht der Lippen, die seinen Namen bekennen« (Hebräer 13,15). Es ist deshalb notwendig, dass wir in unserem persönlichen Leben, in unseren Familien, in unserer Gemeinschaft den Geist des Lobes und der Dankbarkeit pflegen und nähren. Gleichgültigkeit stirbt, wo die Dankbarkeit blüht.

3. *Sie vernachlässigten Gottes Wort.* Dieser dritte Grund wird geradezu schmerzlich offenbar im Buch Richter. Es ist erstaunlich, aber wahr, dass es kaum Hinweise auf das Schriftstudium gibt. Was bei Josua zentral war, ist hier nur am Rande erwähnt. Das Volk besaß die Schrift, ignorierte sie jedoch. Selbstverständlich wurden viele der Dinge befolgt, die das Gesetz verlangte. Der Gehorsam des Volkes beruhte aber nur auf Tradition und nicht auf persönlicher, biblisch begründeter Überzeugung. Es ist ein weiter Unterschied zwischen einer direkten und indirekten Beziehung zur Schrift. Zwei Menschen können die gleiche Antwort auf eine Frage geben. Doch auf den Lip-

pen des einen klingt die Antwort hohl und nichtssagend. Er gibt Erfahrungen aus zweiter Hand wieder, etwas, das er von Eltern oder Freunden gehört hat. Der andere gibt die gleiche Antwort, doch mit dem Ausdruck der Autorität, der persönlichen Überzeugung. Er hat im Wort gelesen, darüber gebetet und die Antwort des Hirten auf diese Frage bekommen. Dieser Gläubige kennt die dynamische Erfahrung eines Lebens mit Jesus. Hüten wir uns vor Erfahrungen und Überzeugungen aus zweiter Hand und vernachlässigen wir nicht das Wort Gottes.

Gottes Strategie gegen Gleichgültigkeit
(Richter 3,1-6)

Es ist eine wichtige Erkenntnis, dass der Herr die zweite Generation des Volkes Israel nicht in ihrer Apathie allein ließ. Sein Plan mit ihr wird in den ersten beiden Versen ausgedrückt. Er ließ es zu, dass unbesiegte Nationen, Widerstandsnester übrigblieben, um Israel durch sie zu versuchen ... »Um sie (die Geschlechter der Kinder Israel) den Krieg zu lehren.« Wollte Gott den Israeliten eine Lektion in Militärstrategie erteilen? Bestimmt nicht. Was er wollte, war eine Anzahl von Menschen, die ihm im Kampf vertrauen konnten. Josua hatte am Anfang seiner Laufbahn gelernt, dass der Herr das Panier seines Volkes ist, der Eine, der in die Schlacht führt und den Sieg bringt (2. Mose 17,8-16).

Sieg kommt nicht durch den Mut des Menschen oder aus seiner Weisheit, seiner Geschicklichkeit; Sieg kommt von dem treuen Gott. Dieses war die Erfahrung, die Gott den unerfahrenen Kämpfern geben wollte.

Hast du dich jemals gefragt, warum Gott nicht deine sündige Natur wegnahm, als du dich ihm übergabst? Warum hast du noch so viele schwache Punkte? Warum sind da so viele Probleme und Hindernisse, mit denen du fertig werden musst? Warum gibt es so viel Not um uns her? Machst du dir auch Gedanken, warum es keine vollkommenen Gemeinden gibt, und warum sogar in ganz bibeltreuen Gemeinschaften ungelöste Probleme Sorge bereiten?

Eine Teilantwort finden wir in Richter 3,2. Der Herr benutzt diese Schwierigkeiten, um uns im geistlichen Kampf zu schulen. Er will uns aus unserer Teilnahmslosigkeit aufrütteln und uns lehren, ihm zu vertrauen. Oft nehmen wir erst dann etwas auf, wenn der Feind uns überrannt hat und alle eigenen Kräfte erschöpft sind. Es ist meistens so, dass Gott uns erst dann gebrauchen kann, wenn wir ganz am Boden liegen, in Zeiten des Versagens und der Krisen. Erst dann kann der Herr uns im Kampf unterweisen, uns zeigen, wie man ihm vertraut.

Was diese Strategie in unserem Leben bedeutet, ist klar. Wir können in unserer Glaubenserfahrung nicht stillstehen. Feinde stehen uns gegenüber. Boden muss gewonnen werden. Selbst wenn wir stehen bleiben, die Mächte, gegen die wir kämpfen, rücken weiter vor. Entweder wir rücken auch vor, oder wir gehen verloren. In allen Lebensbereichen, in unseren Familien und Gemeinden sind solche Kämpfe zu bestehen. Solange wir in dieser Welt leben mit mehr als vier Milliarden Menschen, von denen über die Hälfte noch nie von Jesus gehört haben, dürfen wir nicht stehen bleiben, während Männer und Frauen der Hölle zueilen.

Ein alter Mann war auf einer Reise auf einem Ozeanriesen, als plötzlich und ohne Warnung ein schlimmer Sturm aufkam. Eine Frau verlor ihr Gleichgewicht und fiel über Bord. Alle standen da, starr vor Schrecken. Plötzlich stürzte sich ein Mann in die Wogen, ergriff sie und hielt sie über Wasser bis ein Rettungsboot kam und sie beide aufnahm. Wie groß war das Erstaunen und die Verlegenheit aller, als man feststellte, dass der Held ein alter Mann war, der Älteste an Bord mit über 80 Jahren. Am Abend gab es eine Feier zu seinen Ehren. Man bat den alten Herrn eine Rede zu halten. Er stand langsam auf, schaute in die Runde und sagte schließlich: »Eins hätte ich noch gern gewusst. Wer hat mich heute morgen über Bord gestoßen?«

Manchmal verhält es sich ähnlich mit uns. Wir kommen erst in Bewegung, wenn wir gestoßen werden. Deshalb wird Gott uns auch immer wieder anstoßen, um uns aus unserer Teilnahmslosigkeit, aus dem »Syndrom der zweiten Generation« heraus in eine vitale, frische Erfahrung des Lebens mit Christus zu bringen.

Bist du auch schon in Bewegung oder brauchst du noch einen Stoß?

Im Jahr 1963 schrieb John Gardner ein Buch mit dem Titel »Selbsterneuerung«. Das Buch war als Motivation für die Erneuerung von Institutionen und Organisationen gedacht, und Gardner schreibt nicht als Gläubiger. Aber auch er macht sich Gedanken über das »Syndrom der zweiten Generation«, und seine Worte verdienen Beachtung:

»Die Erneuerung von Institutionen und Organisationen kann nur dann geschehen, wenn jemand sich verantwortlich fühlt. Teilnahmslosigkeit und Antriebslosigkeit sind die am weitesten bekannten Eigenschaften einer absteigenden Zivilisation. Solche Menschen vollbringen nichts; Menschen, die an nichts glauben, können keine Änderung zum Besseren bewirken. Sie erneuern nichts und heilen keinen, am wenigsten sich selbst. Jeder, der unsere Situation versteht, weiß, dass wir nicht in Gefahr sind, durch Mangel an Material oder Kraft zu versagen. Wenn wir straucheln, wird es ein Versagen des Herzens und des Geistes sein.«[2]

Diese Worte von J. Gardner treffen in noch größerem Maße auf den geistlichen Bereich zu. Die Herausforderung der zweiten Generation ist dynamische Erneuerung und Wachstum. Die Gefahr ist Teilnahmslosigkeit und Leichenstarre. Welchen Weg gehst du? Bist du ein Zuschauer oder ein Kämpfer?

---

2. John W. Gardner, Self-Renewal (New York, Harper & Row, 1964).

3

Der Weg ins Verderben

Im Jahre 1745 tauchte Charles Edward Stuart plötzlich in Gleufinnan im schottischen Hochland auf. Er war ein großer, gut aussehender junger Mann und ein dynamischer Führer. Als Erbe der schottischen Könige war Stuart nach Schottland zurückgekehrt, um den Thron zurückzuerobern.[3] Georg der Zweite, der britische König, war ein arroganter, grausamer Mann, der nur deutsch sprach und den die Schotten hassten. Die Hochländer liebten ihren Prinz Charles und gaben sich ihm und seiner Sache ganz hin, um den Ausländer vom Thron zu jagen. Zunächst waren die Aufständischen erfolgreich. Doch dann, bei der Schlacht von Culloden, kam die Wende. Die Schotten wurden vernichtend geschlagen. Seine Truppen wurden fast vollständig getötet, während Charles nach Frankreich entkam. Dort träumte er von seiner Rückkehr auf den schottischen Thron. Dieser Traum wurde nie Wirklichkeit. Wer 20 Jahre später Charles traf, war erschüttert. Er war ein hoffnungsloser Alkoholiker geworden, sein Körper war von Krankheit gezeichnet. Sein Leben war ein einziger Skandal geworden durch seine Ehescheidungen und Liebesaffären. Die Freunde vergangener Tage wollten nichts mehr mit ihm zu tun haben. Die Schotten singen zwar heute noch im Volkslied von ihrem »Bonnie[4] Prince Charlie«, doch da war nichts Bewundernswertes mehr an ihm am Ende seines Lebens.

Das Leben des Charles Stuart ist die Geschichte eines großen vielversprechenden Anfangs, der aber dann gefolgt wird vom tragischen Weg nach unten in die Sklaverei der Sünde. Stuarts Leben glich einer

3. Seit 1707 war das schottische Königreich mit dem englischen unter dem englischen König vereinigt.
4. bonnie = hübsch, gut aussehend.

Spirale bei der jede Windung eine neue Sünde bedeutet, die ihn tiefer in den Sumpf führte.

Sünde in unserem Leben, die nicht unter Kontrolle gebracht wird, hat diese Eigenschaft. Es ist sehr gut möglich, brillant zu beginnen, so wie Charles Stuart, und schmählich zu enden. Viele Gläubige sind wie der russische Satellit, der mit einer Rakete schnell aufstieg, zu höchsten Höhen gelangte und dann, am Ende seiner Laufbahn, abstürzte und in Nordkanada in Tausende von Teilen zerbarst. Ein guter Anfang sagt noch nichts über ein gutes Ende aus.

Solch eine Abwärtsentwicklung gibt es nicht nur im Leben von einzelnen. Wie wir am Beispiel des Volkes Israel zur Zeit der Richter sehen, kann eine derartige Entwicklung ein ganzes Volk betreffen. Da war ein Volk, das einen großen Anfang erfahren hatte. Gott wirkte auf mächtige Weise in seiner Mitte, doch im Lauf der Zeit entfernte es sich immer weiter von dem lebendigen Gott und geriet in den Treibsand der Sünde. Schließlich war kaum noch eine Ähnlichkeit zu erkennen mit dem Volk, das Gott aus der Gefangenschaft befreit, in der Wüste erhalten und im Triumph durch Kanaan geführt hatte.

Am Anfang des Buches der Richter gibt Gott uns eine Vorschau auf diesen Zeitabschnitt. In diesen 350 Jahren wiederholt sich ein bestimmtes Muster siebenmal. Dieses Muster gibt uns den Schlüssel zum Verständnis für das Handeln Gottes mit seinem Volk. Es wird in Kapitel 2,11-23 dargelegt und beweist, dass das Sprichwort: »Was man sät, das wird man ernten« auch hier zutrifft.

»Da taten die Söhne Israel, was böse war in den Augen des HERRN und dienten den Baalim. Und sie verließen den HERRN, den Gott ihrer Väter, der sie aus dem Land Ägypten herausgeführt hatte; und sie liefen anderen Göttern nach, von den Göttern der Völker, die rings um sie her lebten, und sie warfen sich vor ihnen nieder und reizten den HERRN zum Zorn. So verließen sie den HERRN und dienten dem Baal und den Astarot. Da entbrannte der Zorn des HERRN gegen Israel, und er gab sie in die Hand von Plünderern, die sie ausplünderten. Und er verkaufte sie in die Hand ihrer Feinde ringsum; so dass sie vor ihren Feinden nicht mehr standhalten konnten. Überall, wohin sie auszogen, war die Hand des HERRN gegen sie zum Bösen, ganz wie der HERR geredet und wie der HERR ihnen geschworen hatte; so waren sie sehr bedrängt. Da ließ der HERR Richter aufstehen; die retteten sie aus

der Hand ihrer Plünderer. Aber auch auf ihre Richter hörten sie nicht, sondern hurten anderen Göttern nach und warfen sich vor ihnen nieder. Sie wichen schnell ab von dem Weg, den ihre Väter, um den Geboten des HERRN zu gehorchen, gegangen waren; sie handelten nicht also. Und wenn der HERR ihnen Richter erstehen ließ, war der HERR mit dem Richter, und er rettete sie aus der Hand ihrer Feinde alle Tage des Richters. Denn der HERR hatte Mitleid wegen ihres Ächzens über die, die sie quälten und sie bedrängten. Und es geschah, sobald der Richter gestorben war, kehrten sie um und trieben es schlimmer als ihre Väter darin, anderen Göttern nachzulaufen, ihnen zu dienen und sich vor ihnen niederzuwerfen. Sie ließen nichts fallen von ihren Taten und von ihrem halsstarrigen Wandel. Da entbrannte der Zorn des HERRN gegen Israel, und er sprach: Weil diese Nation meinen Bund übertreten hat, den ich ihren Vätern geboten habe, und sie meiner Stimme nicht gehorcht haben, so werde auch ich nicht länger irgendeinen vor ihnen vertreiben aus den Nationen, die Josua übriggelassen hat, als er starb; damit ich Israel durch sie prüfe, ob sie den Weg des HERRN bewahren werden, darauf zu gehen, wie ihre Väter ihn bewahrt haben, oder nicht. So ließ der HERR diese Nationen bleiben, ohne sie schnell zu vertreiben, und gab sie nicht in die Hand Josuas« (Richter 2,11-23).

Fünf Ausdrücke, einfach und knapp, geben die Aussage dieser Verse wieder und fassen auch die Zeit der Richter zusammen, weil sie das siebenfach wiederholte Muster beschrieben: Sünde, Knechtschaft, Flehen, Errettung und Weg ins Verderben. Es sieht so aus, als ob die Kinder Israel sich weigerten, Gottes Wahrheit anzuerkennen. Da sie sich dagegen sträubten, aus der Vergangenheit zu lernen, wurden sie gezwungen, diese Vergangenheit noch einmal zu durchleben.

Die Sünde Israels
(Richter 2,11-13)

Die überströmende Gnade Gottes

In den Versen 11-13 haben wir den ersten Teil des oben erwähnten Musters. Um es voll zu verstehen, müssen wir uns an all das erinnern, was Gott für Israel getan hatte. Wie schwerwiegend Israels Sünde war, kann man erst richtig sehen im Licht der Fülle der Gnade, die Gott dem Volk erwiesen hat. Vers 12 erinnert an den Auszug aus Ägypten, an die wunderbare Befreiung aus der hoffnungslosen Sklaverei. Gottes Gnade ist aber nicht nur eine rettende Gnade, sie hat auch erhaltenden Charakter. Trotz Israels Widerstand hatte der Herr das Volk erhalten und versorgt, durch die Wildnis geführt und vor seinen Feinden geschützt bis zum Tod Moses. Dann hatte er in seiner Gnade dem Volk in Josua einen neuen Führer ausgesucht, es nach Kanaan geführt, seine Feinde vertrieben und ihm das Land gegeben.

In allen Kämpfen – außer dem bei Ai – hatten die Israeliten ihre Feinde besiegt, »denn der HERR, euer Gott, er ist es, der für euch gekämpft hat« (Josua 23,3). Das Buch Josua fasst die Gnade Gottes in einer einfachen Feststellung zusammen: »Es fiel kein Wort dahin von all den guten Worten, die der Herr zu dem Hause Israel geredet hatte; alles traf ein« (Josua 21,45).

Israel hatte aber auch noch eine andere Seite der Gnade des Herrn kennen gelernt. Am Berg Sinai hatte das Volk einen feierlichen Bund mit Gott geschlossen. Es hatte ihn als seinen großen König anerkannt und die klaren Bedingungen des Vertrages akzeptiert. Es sollte ihm treu sein, seinen Gesetzen gehorchen und alle Bündnisse mit den falschen Göttern Kanaans zurückweisen. Gott hatte in Schriftstellen wie 5. Mose 7,1-5 und 20,16-18 ganz klar die Außenpolitik Israels festgelegt. Eine friedliche Koexistenz mit den Völkern Kanaans war unmöglich, ebenso keine Friedensverträge, keine Heiraten und keine Religionsvermischung. Israels Auftrag beinhaltete die Vernichtung der Kanaaniter und ihres heidnischen Glaubens. Am Berg Sinai unterwarf sich das Volk mit Begeisterung Gottes Forderungen.

Israels Abfall

Die Sache sah ganz anders aus, als Israel das Land Kanaan besaß. Mit dem Tod Josuas und dem Aussterben seiner Generation waren alle Verbindungen zum Geschehen am Sinai verloren. Die unmittelbare Folge war grobe Sünde. In Richter 2,11 heißt es: »Da taten die Söhne Israel, was böse war in den Augen des HERRN.« Der hebräische Text drückt das noch eindringlicher aus, wenn er sagt: »Die Söhne Israels taten das Böse in den Augen des HERRN.«

Das Volk sündigte nicht einfach, indem es einige Gebote Gottes brach. Es stürzte sich in die Sünde aller Sünden, »sie verließen den Herrn und dienten dem Baal« (Richter 2,13). Die schlimmste Sünde, die ein Mensch je begehen kann, ist nicht etwa Mord oder Vergewaltigung oder andere fürchterliche Gewalttaten. Die schlimmste Sünde ist es, dem lebendigen Gott den Rücken zuzukehren, um Götzen, von Menschen gemacht, zu dienen. Vers 12 drückt die Verworfenheit der Sünde Israels aus: »Sie verließen den HERRN ... liefen anderen Göttern nach ... warfen sich vor ihnen nieder und reizten den HERRN zum Zorn.«

Es war schon schlimm genug, sich vom Herrn abzuwenden. Was das Volk aber dann an die Stelle Gottes setzte, ist jenseits allen Verständnisses. Man wandte sich von der Schönheit und Vollkommenheit des lebendigen Gottes ab und erwählte sich den Sündenpfuhl des Baal. Die Kanaaniter glaubten nicht an einen wahren Gott. Statt dessen dienten sie einer Anzahl von Göttern. Der oberste Gott war El, aber ein jüngerer namens Baal war aufgestiegen und hatte seinen Platz eingenommen. Baal war der Gott des Sturms und Regens, der Gott der Fruchtbarkeit, der alle Formen von Vermehrung kontrollierte. Astarot war eine Göttin, die Göttin der sinnlichen Liebe, der Fruchtbarkeit und Mutterschaft. In ihr vereinigten sich Gewalt und sexuelle Verderbtheit, und sie wurde zur Schutzpatronin des Sex und des Krieges. Der Baalsdienst beruhte auf dem Prinzip, dass man Gott am besten dient, wenn man sich so verhält wie er das tut. So kam es, dass der Baalsdienst die vielleicht degenerierteste und erniedrigendste Form von Gottesdienst war, die es je auf der Erde gegeben hat. Die Kanaaniter kannten Tempelsprostitution, Fruchtbarkeitsriten, sexuelle Orgien, Schlangenanbetung, Homosexualität und sogar Menschenopfer. Baalsdienst war schlimm, wo immer er praktiziert wurde; aber in Kanaan existierte er in seiner niedrigsten Form. Alles an ihm, sein Gottesbild, seine moralischen Grundsätze, seine ethischen Werte standen im absoluten Gegensatz zu den Offenbarungen, die Gott über sich und sein Volk gemacht hatte.

Trotzdem taten die Israeliten das Unglaubliche. Zwar sprachen sie noch immer von dem Herrn, sie vergaßen ihn nicht. Vielmehr entliehen sie die Riten, Praktiken und Götzen des kanaanitischen Heidentums und pfropften sie ihrem eigenen Glauben ein und bildeten so eine Mischreligion. Sie tolerierten, was sie nach Gottes Befehl zerstören sollten, sie akzeptierten, was sie hassen sollten und schlossen Kompromisse, wo Gott ihnen vollkommenen Gehorsam aufgetragen hatte.

Warum das? Wie konnte ein Volk, das so viel von der Macht Gottes erfahren hatte, in solcher Weise von ihm abfallen?

Es geschah nicht plötzlich und unvorhersehbar:

1. *Sie verloren die Gemeinschaft mit Gott durch ihren Teilgehorsam.* Als die Israeliten die Völker Kanaans nicht vollständig vertrieben, legten sie den Keim für ihr eigenes geistliches Versagen.
2. *Sie erinnerten sich nicht bewusst an die Gnade Gottes.* Sie verließen Gott, als sie vergaßen, was er für sie getan hatte. Das ist der Grund für das Mahl des Herrn im Neuen Testament. »Tut dies zu meinem Gedächtnis«, sagte der Herr, und jedesmal, wenn wir zum Tisch des Herrn kommen, stehen wir von neuem vor der großen Tat, die er für uns vollbracht hat.
3. *Sie lehnten das Wort Gottes ab.* Die Kinder Israel fingen an, das Leben mit den Augen der Kanaaniter zu sehen. Anstatt sich von den Wahrheiten der Schrift in Zucht nehmen zu lassen, wurden sie von den Meinungen und Impulsen ihrer eigenen sündigen Natur getrieben. Auch wir werden keinen anderen Weg als die Israeliten gehen, wenn wir ihrer geistlichen Nachlässigkeit folgen. Das Ende dieses Weges ist aber nicht nur Sünde. In Galater 6,8 lesen wir: »Denn wer für sein Fleisch sät, wird vom Fleisch Verderben ernten.« Für Israel bedeutete diese Ernte politische Knechtschaft.

Die Knechtschaft Israels
(Richter 2,14-15)

Vor einiger Zeit hörte ich von einer jungen Frau, die vor einer brillanten akademischen Karriere stand. Sie lernte einen jungen Mann kennen, der Mediziner werden wollte, und verliebte sich in ihn. Sie entschlossen sich zu heiraten. Die junge Frau gab alle eigenen Hoffnungen und Pläne auf, um ihm das Studium zu ermöglichen. Jahr um Jahr arbeitete sie selbstlos in untergeordneten Stellungen und fand sich mit all den Unannehmlichkeiten ab, die seine Ausbildung mit sich brachte. Schließlich hatte er sein Studium abgeschlossen. Und noch an demselben Tag überraschte der junge Arzt seine Frau mit der Nachricht, dass er sie verlassen werde, weil er eine andere gefunden habe. Es fällt einem leicht, sich vorzustellen, wie missbraucht und ausgenutzt die junge Frau sich vorkam.

Man kann einem Menschen keine schlimmere Beschimpfung zufügen, als all seine Liebesbeweise anzunehmen, sich dann abzuwenden, um sich mit einem billigen Ersatz zufriedenzugeben. Genau das tat Israel mit der Gnade Gottes. Es erwählte die billigen, unmoralischen Götter Kanaans und wies den ewigen Gott der Liebe zurück. Deshalb lesen wir in Vers 14: »Da entbrannte der Zorn des HERRN gegen Israel.« Es ist dies nicht der kleinliche Ärger als Folge verletzter Gefühle, sondern der heilige Zorn eines gerechten Gottes gegen die Sünde, die Reaktion des vollkommenen Gottes gegen das Böse, gegen sündige Rebellion. Als Gläubige müssen wir wissen, dass Gott und das Böse nicht nebeneinander existieren können. Durch den Herrn Jesus wissen wir, dass Gottes Zorn wegen Golgatha nie mehr über Glaubende kommt. Christus hat uns von diesem Zorn errettet. Aber es ist unmöglich, dass wir in Sünde leben und gleichzeitig Gemeinschaft mit Gott haben. Gott wird mit züchtigender Hand in unser Leben hineinwirken, wenn wir bewusst ungehorsam sind. Nicht bekannte Sünde bringt Knechtschaft und Gebundenheit in unser Leben. Die Freude vergeht, die Frustration feiert Triumphe.

Eines meiner Lieblingslieder ist: »Komm, du Quelle ewiger Segnung.«[5] Es ist ein großes Lied des Preises, und doch ist eine traurige Geschichte damit verknüpft:

Zwei einander Unbekannte reisten in einer Postkutsche über Land. Der eine war ein traurig aussehender Mann, die andere eine Frau mit fröhlichem Gesicht, die gerade ein geistliches Lied las. Sie zeigte ihrem Reisegefährten das Lied und erzählte ihm, wie viel ihr die Worte bedeuteten. Kaum hatte der Mann einen Blick darauf geworfen, als er in Weinen ausbrach und unter Schluchzen sagte: »Liebe Frau, ich bin der unglückliche Mann, der vor Jahren diese Worte schrieb. Was würde ich nicht alles geben, um das Gefühl wieder zu haben, das ich damals kannte.« Robert Robinson hatte die Gemeinschaft mit Gott verlassen und kannte die schreckliche Knechtschaft der Sünde.

Gott hatte Israel Sieg versprochen, wenn es ihm vertraue. Als es sich von ihm abwandte, verdammte es sich selbst zur Niederlage und Gebundenheit. Es wurde ausgeplündert, versklavt und unterdrückt. Möglicherweise sagten die Israeliten, als sie zum erstenmal mit der kanaanitischen Sünde in Berührung kamen: »Wir sind befreit; wir leben nicht mehr unter den Gesetzen Moses.« Doch diese neue Freiheit

5. »Come, Thou Fount of Every Blessing«.

führte sie geradewegs in die Sklaverei. Sechsmal, insgesamt 114 Jahre lang, waren sie unter der Knechtschaft der Ausländer. Zu der Unterdrückung von außen kam der innere Zerfall. Sünde versklavt. Das zeigt uns das Buch der Richter.

Das Flehen Israels

Im 2. Kapitel gibt es keine direkten Hinweise dafür, dass Israel in seiner Drangsal zu Gott rief. Zwar sagt Vers 18: »Der HERR hatte Mitleid wegen ihres Ächzens über die, die sie quälten und sie bedrängten«, doch dies ist keine ausdrückliche Erwähnung eines Gebetes. Immerhin schreit das Volk doch fünfmal aus seiner Knechtschaft zu Gott, und jedesmal ist dieses Flehen der Anfang der Beendigung der Sklaverei.

Wie oft leben wir so dahin in unserer Schwäche und schließen Gott aus unserem Leben aus, bis wir vor Schwierigkeiten nicht mehr ein noch aus wissen. Dann rufen wir in unserer Verzweiflung zu Gott. Nicht, dass unsere Not in dem Augenblick größer wäre. Wir spüren sie nur mehr. Deshalb beten wir und bitten den Herrn, unser Leben wieder in Ordnung zu bringen. Diese Art von Gebet kann eine lebensverändernde Erfahrung sein, sie kann aber auch ein seichter, oberflächlicher Hilfeschrei sein, den wir vergessen, sobald es uns besser geht. Dabei ist es eine wunderbare Tatsache, dass Gott uns hört, gleichgültig wie groß unsere Sünde und wie oberflächlich unser Gebet ist. Im Buch der Richter sehen wir, dass Gott jedesmal interveniert, wenn sein Volk ruft. Nicht ein einziges Mal verweigert er seine Hilfe oder wendet sich ab. Er hilft bedingungslos. Der Thron, dem wir uns nähern ist ein Gnadenthron, an dem wir all das bekommen, dessen wir in Zeiten der Not bedürfen (Hebräer 4,16).

Die Errettung Israels

Gott hört unsere Gebete und, was noch wichtiger ist, er erhört sie auch. Als Israel aus seiner Knechtschaft zu ihm schrie, schritt er ein, um sein Volk zu befreien, zu erretten. Zu diesem Zweck berief er zwölf Männer und eine Frau in seinen Dienst, die wir heute Richter nennen. Der Ausdruck »Richter« erweckt sogleich die Vorstellung von sehr würdigen Beamten in schwarzen Roben in einem feierlichen Gerichtssaal. Dieses Bild ist völlig falsch. Die Richter, die nacheinander zur Führung Israels berufen wurden, hatten keinen Gerichtssaal, keine Richterroben, kein

Gehalt. Sie waren einfach Menschen mit starken Charakteren, die das Volk führten und die Einhaltung des Gesetzes überwachten. In Vers 16 werden sie Befreier genannt, und das war tatsächlich oft ihre Aufgabe. Sie führten das Volk gegen seine Feinde, sprachen Recht, schlichteten Auseinandersetzungen und vertrauten Gott in allen Problemen. In Gottes Augen sollten sie auch die geistlichen Führer der Nation sein.

Vers 18 nennt drei bedeutende Punkte:

1. *Gott berief die Richter.* Sie waren nicht von Menschen ernannt oder gewählt.
2. *Gott war mit ihnen.* Das Wirken des Heiligen Geistes im Leben der Richter ist eines der Hauptmerkmale des gesamten Buches.
3. *Gott wirkte durch die Richter.* Sie waren Kanäle seiner Gegenwart. Solange ein Richter lebte, gab Gott seinem Volk Freiheit und Sieg. Israel war während dieser Zeit eine Theokratie. Es gab nur minimalen Verwaltungsaufwand, die Führer des Volkes wurden von Gott berufen und ermächtigt und waren ihm nur verantwortlich. Er war König in Israel.

Es gab zwei Gruppen von Richtern: die großen und bekannten, wie Otniel, Ehud, Debora, Barak, Gideon, Jeftah und Simson, die sowohl als politische Befreier wie auch als Führer des Volkes auftraten und die weniger bekannten, Schamgar, Tola, Jair, Ibzan, Elon und Abdon, die hauptsächlich lokale Bedeutung hatten und nur flüchtig erwähnt werden. Nicht alle Richter waren Führer der ganzen Nation. Oft wurden sie nur berufen, um einen bestimmten Feind zu vernichten, der einen Teil des Volkes bedrohte. So kam es, dass Jeftah und Simson wahrscheinlich zur gleichen Zeit Dienst taten. Mit diesem Punkt ergeben sich interessante geographische und chronologische Fragen, die jedoch die zentrale Aussage des Buches der Richter nicht berühren.

Warum berief Gott die Richter? Wäre es nicht einfacher gewesen, das Volk mit einer solch langen Liste ständiger Verfehlungen einfach links liegenzulassen? Gott ist kein Mensch. Er bricht weder seinen Bund noch verlässt er sein Volk. Wenn das Volk unter seiner wohlverdienten Strafe stöhnte, lesen wir: »... der HERR hatte Mitleid wegen ihres Ächzens ...« Welch wunderbarer Blick in das Herz Gottes! Sein Volk sündigt gegen ihn. Es rebelliert, weist ihn zurück, verschmäht seine Liebe. Und doch wird Gottes Herz von Mitleid und Liebe bewegt, als er Israel in seinen Banden, den Folgen der Sünde, sieht.

Das Buch der Richter zeigt diese Liebe und Gnade Gottes immer wieder, dieselbe Liebe, die letztlich den Herrn Jesus ans Kreuz schickte. Selbst wenn Gott es zuließe, dass der Mensch in seiner Sünde zugrunde ginge, würden die Engel ihr ewiges Lied weitersingen: »Heilig, heilig, heilig ist der HERR der Heerscharen.« Doch Gott streckt weiterhin seine liebende Hand aus bis hin nach Golgatha.

Immer tiefer ins Verderben

(Richter 2,19-23)

Es ist traurig, aber wahr: Gottes Liebe hält den Kreis des Verderbens nicht an. Sie wird angenommen, benutzt und dann abgelegt wie ein abgetragener Schuh. Der Richter stirbt, doch das Volk hat seine Lektion nicht gelernt.

> *»... kehrten sie um, und trieben es schlimmer als ihre Väter darin, anderen Göttern nachzulaufen, ihnen zu dienen und sich vor ihnen niederzuwerfen. Sie ließen nichts fallen von ihren Taten und von ihrem halsstarrigen Wandel« (V. 19).*

Wieder einmal wiederholt sich das nichtendenwollende Muster, das das ganze Buch der Richter durchzieht: Sünde, Knechtschaft, Flehen, Errettung, erneuter Weg ins Verderben.

Was können wir eigentlich hieraus lernen? Wir werden sehr eindrücklich daran erinnert, dass Sünde für Gottes Kinder immer eine ernstzunehmende Sache ist. Wenn wir nicht ganz entschlossen in unserem Leben gegen sie angehen, werden wir nie die Fülle des göttlichen Segens erfahren. Ein Kompromiss oder ein friedliches Nebeneinander mit der Sünde ist unmöglich. Wenn wir uns nicht ganz dem Herrn Jesus hingeben, finden wir uns auf einmal in diesem Kreis gefangen, der uns immer wieder abwärts zieht.

Was können wir dagegen tun? In 1. Johannes 1,9 wird es uns gesagt: »Wenn wir unsere Sünden bekennen, ist er treu und gerecht, dass er uns die Sünden vergibt und uns reinigt von jeder Ungerechtigkeit.« Das ist Gottes Vorsorge dafür, dass wir mit ihm in Gemeinschaft bleiben können und unsere Chance für ein volles, siegreiches Leben.

4

Gottes Platz für dich

M*it Tränen in den Augen sah sie mich an und sagte:* »Ich möchte so gern etwas für den Herrn Jesus tun. Als Sie davon sprachen, was er für mich getan hat und wie wir vor ihm stehen, wurde mir das so richtig klar. Aber wie kann Gott einen Menschen wie mich gebrauchen?« Dann sprach sie davon, wie sehr sie manche Gläubige bewundere, ja beneide, wegen ihrer Gaben und Qualifikationen. Es war unwahrscheinlich, dass Gott eine Aufgabe für sie habe.

Solche Unterhaltungen habe ich immer wieder mit Gläubigen, die verzweifelt darüber sind, dass sie selbst nicht in ihre Vorstellung von einem echten Christen passen. Einige haben Schuldgefühle, andere fühlen sich minderwertig wegen fehlender Bildung, wieder andere haben körperliche Gebrechen, und dann gibt es Menschen, die sich ihrer Vergangenheit oder ihrer Familie schämen. Wir könnten diese Liste beliebig verlängern, denn es gibt ungezählte Christen, die dadurch gelähmt sind, dass sie glauben, nicht in Gottes Bild eines Gläubigen zu passen. Die Schlussfolgerung ist unweigerlich: Ich bin nicht der Mensch, den Gott haben will, also kann er mich nicht gebrauchen. Das eigentliche Problem hier ist, wie so oft, dass unsere Gedanken nicht schriftgeleitet sind. Denn wenn wir uns an Gottes Wort wenden, machen wir eine erstaunliche Entdeckung. Gott klebt nicht an einem bestimmten Menschenbild. Er hat keine bestimmte göttliche Form, nach der alle gebildet sind. Die Welt produziert Uniformität – Gott liebt Individualität. Er ist ein Gott der unendlichen Vielfalt, der Menschen der verschiedensten Arten, Größen und Farben gebraucht und der für jeden einen einzigartigen Plan hat. Zum Beweis dieser Behauptung brauchen wir uns nur die ersten drei Richter anzusehen. Unter allen Richtern, die Gott berief, sind die Unterschiede in Persönlichkeit und Dienst kaum wieder derart auffällig, wie bei Otniel, Ehud und Schamgar.

Otniel, der erste Richter

(Richter 3,7-11)

»Und die Söhne Israel taten, was böse war in den Augen des HERRN, und vergaßen den HERRN, ihren Gott, und sie dienten den Baalim und den Ascherim. Da entbrannte der Zorn des HERRN gegen Israel, und er verkaufte sie in die Hand Kuschan-Rischatajims, des Königs von Mesopotamien; und die Söhne Israel dienten dem Kuschan-Rischatajim acht Jahre. Und die Söhne Israel schrieen zu dem HERRN um Hilfe. Da ließ der HERR den Söhnen Israel einen Retter erstehen, der rettete sie: Otniel, der Sohn des Kenas, den Bruder Kalebs, der jünger war als er. Und der Geist des HERRN kam über ihn, und er richtete Israel. Und er zog aus zum Kampf, und der HERR gab Kuschan-Rischatajim, den König von Aram, in seine Hand, und seine Hand wurde stark über Kuschan-Rischatajim. Und das Land hatte vierzig Jahre Ruhe. Und Otniel, der Sohn Kenas, starb.«

Wenn wir mit unserer Betrachtung des Buches der Richter am Ende sind, wird uns der Teufelskreis der Sünde gründlich anwidern. In den Versen 7-9 sehen wir ihn zum ersten Mal. Das Volk Israel wandte sich von Gott ab und stürzte sich in den heidnischen, sinnlichen Glauben der Kanaaniter. In der Folge ließ Gott es zu, dass es von Kuschan-Rischatajim, dem König von Mesopotamien, unterjocht wurde. Man weiß nicht viel von ihm. Rischatajim bedeutet »doppelte Bosheit«, was bedeutet, dass er ein grausamer und mächtiger Mann war. Höchstwahrscheinlich war er der Anführer des Volkes der Habiru, die von Osten einfielen und eine Zeitlang den Mittleren Osten beherrschten. Die Israeliten blieben acht Jahre lang unter der Knute Kuschans, bis sie sich schließlich auf Gott besannen und in Reue zu ihm riefen. Gott erhörte ihr Gebet und berief als ersten Richter und Befreier Otniel. Otniel wird zum ersten Mal in Josua 15 erwähnt, in einer Begebenheit, die in Richter 1,11-15 wiederholt wird. Kaleb, der große Glaubensmann, hatte trotz seiner 85 Jahre Kirjat-Arba oder Hebron – damals eines der Machtzentren der Kanaaniter – angegriffen und besiegt. Ein weiteres Machtzentrum war in Kirjat-Sefer oder Debir. Kaleb versprach demjenigen, der Kirjat-Sefer einnahm, seine Tochter Achsa zur Frau. Otniel befolgte diese Aufforderung und besiegte die Stadt. Nun, Jahre später, wählte Gott ihn aus, um das Volk gegen Kuschan zu führen.

Otniels Eigenschaften

Otniel war in mancher Weise ein außergewöhnlicher Mann. Zunächst einmal stammte er aus guter Familie. In Kapitel 1,13 wird er als »Otniel, der Sohn des Kenas, der Bruder Kalebs – jünger als er« bezeichnet. Als Kalebs Bruder oder Neffe – das genaue Verwandtschaftsverhältnis bleibt unklar – hatte er das Vorrecht, einer Familie anzugehören, die einen Mann von außerordentlichen Glaubensqualitäten zum Oberhaupt hatte. Kaleb war neben Josua einer der zwei größten Männer seiner Generation (vgl, 4. Mose 14,24; 5. Mose 1,36) gewesen. Nehmen wir an, dass Kaleb Otniels älterer Bruder war. Wegen des göttlichen Urteils über das Volk in der Wüste, kann man davon ausgehen, dass Otniel etwa 30 Jahre jünger war als Kaleb, und dass seine Eltern starben, als er noch jung war. Kaleb mag Vaterstelle an ihm vertreten haben. Otniel hatte Grund, Gott dankbar zu sein, dass er in eine Familie geboren worden war, in der man Gott liebte und ihm vertraute. So wichtig solcher Hintergrund für die Entwicklung eines jungen Menschen sein mag, wird dadurch nicht dem Menschen die Entscheidung über sein Verhältnis zu Gott abgenommen. Gott wusste, dass er Otniel gebrauchen konnte, denn er war ein Mann mit außerordentlichen Eigenschaften; drei davon sind besonders herausragend:

1. *Er war ein Mann von bewährten Fähigkeiten.* Sein Sieg über gefürchtete und mächtige Feinde zeugte von seinem militärischen Können. Otniel hatte sich als geschickter Führer erwiesen.
2. *Er war ein Mann von außergewöhnlichem Mut.* Kirjat-Sefer war ein befestigter Ort, seine Bewohner von ungewöhnlicher Körpergröße, und doch zog Otniel gegen sie aus. Den gleichen Mut würde er gegen Kuschan gebrauchen.
3. *Er war ein Mann mit starkem persönlichem Glauben.* Otniel wusste, was es heißt, von Gott geführt und geleitet zu werden.

Kurz, er hatte viele Eigenschaften, die zu seinen Gunsten sprachen, und die jüdischen Rabbiner waren so von ihm beeindruckt, dass sie ihn an die erste Stelle unter den Richtern setzten und auf ihn die Worte aus Hohelied 4,7 bezogen: »Alles an dir ist schön, meine Freundin, und kein Makel ist an dir.«

Allein diese Eigenschaften erklären nicht, warum Gott Otniel zu seinem Werkzeug machte. Der Schlüssel liegt viel mehr in der Feststellung, dass »der Geist des Herrn auf ihn kam«. Otniel bezog seine Stärke nicht von seiner frommen Herkunft oder von seinem hervorragenden Charakter, sondern nur von seiner Befähigung durch den Heiligen Geist. Er wirkte durch Otniel und verschaffte dem Volke Gottes 40 Jahre lang Freiheit. 40 Jahre dauerte der Einfluss dieses begnadeten Mannes, der, solange er lebte, das Volk im Gehorsam zu Gott führte. Zwar konnte Otniel seine Generation prägen, doch die Zeit nach seinem Tod brachte erneuten Abfall, und Gott berief einen neuen Richter, dessen Charakter ganz verschieden von dem Otniels war.

Ehud, der zweite Richter

(Kapitel 3,12-30)

»Und die Söhne Israel taten weiter, was böse war in den Augen des HERRN. Da machte der HERR Eglon, den König von Moab, stark gegen Israel, weil sie taten, was böse war in den Augen des HERRN. Und er sammelte die Söhne Ammon und Amalek um sich, zog hin und schlug Israel, und sie nahmen die Palmenstadt in Besitz. Und die Söhne Israel dienten Eglon, dem König von Moab, achtzehn Jahre. Da schrieen die Söhne Israel zu dem HERRN um Hilfe, und der HERR ließ ihnen einen Retter erstehen: Ehud, den Sohn des Gera, einen Benjaminiter, einen Mann, der Linkshänder war. Und die Söhne Israel sandten durch seine Hand ihren Tribut an Eglon, den König von Moab. Und Ehud machte sich ein Schwert, das zwei Schneiden hatte, eine Elle seine Länge; das gürtete er unter seinem Gewand an seine rechte Hüfte. Und er überreichte Eglon, dem König von Moab, den Tribut. Eglon war aber ein sehr fetter Mann. Und es geschah, als er mit der Überreichung des Tributs fertig war, da entließ er das Volk, das den Tribut getragen hatte. Er selbst aber kehrte bei den Götterbildern, die bei Gilgal sind, um und sagte: Ein geheimes Wort habe ich an dich, o König! Und er sprach: Still! Da gingen alle, die bei ihm standen, von ihm hinaus. Und Ehud kam zu ihm herein, als er gerade in dem

kühlen Obergemach saß, das für ihn allein bestimmt war. Und Ehud sagte: Ein Wort Gottes habe ich an dich! Und er stand auf vom Sitz. Da streckte Ehud seine linke Hand aus und nahm das Schwert von seiner rechten Hüfte und stieß es ihm in den Bauch. Und es drang sogar der Griff hinein nach der Klinge, und das Fett schloss sich um die Klinge; denn er zog das Schwert nicht aus seinem Bauch heraus, und es fuhr hinaus zwischen den Beinen. Und Ehud ging in die Vorhalle hinaus, aber die Tür des Obergemachs hatte er hinter sich verschlossen und verriegelt. Als er hinausgegangen war, kamen seine Knechte und sahen, und siehe, die Tür des Obergemachs war verriegelt. Da sagten sie: Er bedeckt gewiss nur seine Füße in der kühlen Kammer. Und sie warteten übermäßig lange, aber siehe, er öffnete die Tür des Obergemachs nicht. Da nahmen sie den Schlüssel und schlossen auf, und siehe, ihr Herr lag tot am Boden. – Ehud aber war entkommen, während sie zögerten: er war über die Götterbilder hinausgelangt und entkam nach Seira. Und es geschah, sobald er heimgekommen war, stieß er ins Horn auf dem Gebirge Ephraim, und die Söhne Israel zogen mit ihm vom Gebirge hinab, und er ihnen voran. Und er sagte zu ihnen: Jagt mir nach, denn der HERR hat eure Feinde, die Moabiter, in eure Hand gegeben! So zogen sie hinab, ihm nach, und nahmen den Moabitern die Furten des Jordan, und ließen niemanden hinübergehen. Und sie schlugen Moab in dieser Zeit, an die zehntausend Mann, alles kräftige und kriegstüchtige Männer, nicht einer entkam. So musste sich Moab an jenem Tag unter die Hand Israels beugen. Und das Land hatte achtzig Jahre Ruhe.«

Dieses Mal war Israel unter der Herrschaft Eglons, des Königs von Moab. Wie unter Otniel war auch hier die Knechtschaft von Gott bewirkt worden (V. 12). Wir erfahren hier nichts von zufälligen geschichtlichen Ereignissen, sondern sehen die strafende Hand Gottes, der die Sünde seines Volkes aburteilt.

König Eglon, der allem Anschein nach ein ungeschliffener Grobklotz war, sammelte sein Volk, verband sich mit den Ammonitern und Amalekitern und zog durch Transjordanien, wo die Stämme Ruben und Gad und eine Hälfte von Manasse sich angesiedelt hatten. Dann überquerte er den Jordan und errichtete sein Hauptquartier in Jericho, von wo aus er seinen Einfluss auf die Gebiete von Benjamin und Ephraim ausdehnte. Mit einer Streitmacht von ungefähr 10 000 Kriegern unterdrückte Eglon die Israeliten 18 Jahre lang.

Endlich flehten die Israeliten in ihrer Not zum Herrn, und er gab ihnen Ehud als Befreier. Wir wollen hier nicht in die Einzelheiten der Befreiungsaktion gehen, sondern nur einige von Ehuds Eigenschaften genauer betrachten:

1. *Ehud war ein bekannter Mann.* Seine Aufgabe war es, Eglon den Tribut des Volkes zu überbringen. Der Überbringer einer solch großen Geldsumme war üblicherweise ein bekannter, vertrauenswürdiger Mann, einer der Führer des Volkes.
2. *Ehud hatte eine körperliche Behinderung.* Auf den ersten Blick scheint es nicht sehr wichtig zu sein, dass er Linkshänder war. Der Urtext sagt eigentlich ganz genau: »... er war an der rechten Hand behindert«, was für einen Angehörigen des Stammes Benjamin zumindest eine ironische Situation darstellt, denn »Benjamin« bedeutet »Sohn meiner rechten Hand«.
   Linkshänder zu sein ist auch heute noch relativ unangenehm in einer Welt, die sich in allen Arbeitsprozessen auf Rechtshänder eingestellt hat. Zu Ehuds Zeiten wurde Linkshändigkeit als ein echter körperlicher Mangel angesehen. Ehud hätte mit dem Schicksal hadern können: »Warum muss gerade ich Linkshänder sein?«
   Viele von uns leiden an ähnlichen Behinderungen in unserem Leben, die vielleicht gar nicht bemerkenswerter sind als Linkshändigkeit. Wenn wir uns nicht mit diesen Beschränkungen abfinden, sie nicht für unser Leben akzeptieren, wird Gott uns nie gebrauchen können, werden wir immer nutzlos für ihn sein.
   Ganz anders Ehud. Was andere für eine Behinderung hielten, benutzte er als Werkzeug für Gott. Diese Haltung gilt auch für uns. Wenn wir uns so akzeptieren, wie wir sind, so wird Gott uns eine Aufgabe geben, die genau für uns zugeschnitten ist.
   Kürzlich wurde ich sehr von der Lebensgeschichte der Joni Eareckson bewegt. Als Mädchen wurde sie durch einen Unfall beim Schwimmen querschnittgelähmt. Jahrelang konnte sie sich nicht mit der Tatsache abfinden, dass sie nie mehr ihre Arme und Beine gebrauchen können würde. Schließlich begann Gott an ihr zu arbeiten, und sie fing an, die Fähigkeiten weiterzuentwickeln, die sie noch besaß, und Gott gebrauchte sie in wunderbarer Weise. Als Joni sich selbst so akzeptierte, wie sie war, konnte der Herr sie gebrauchen und vielen Menschen seine Liebe mitteilen.
3. *Ehud war ein mutiger Mann.* Offensichtlich war es ihm unmöglich,

eine Armee aufzustellen. Deshalb versuchte er, sein eigenes Leben aufs Spiel setzend, allein mit Eglon fertigzuwerden.

4. *Ehud plante und überlegte sorgfältig.* Sein Vorgehen, sowohl im Palast des Eglon wie auch später, als er die strategisch wichtigen Furten und Fluchtwege besetzen ließ, beweist, dass er nichts dem Zufall überließ.
5. *Ehud gab sich ganz in Gottes Hand.* Der Herr hatte ihn berufen und, wie Vers 28 zeigt, war sich Ehud ganz der Tatsache bewusst, dass er Gottes Kampf kämpfte. »Der Herr hat eure Feinde, die Moabiter, in eure Hand gegeben.«

Wie Otniel erkannte auch Ehud, dass der Sieg nicht durch eigene Klugheit oder Stärke, sondern durch Gottes Macht zustande gekommen war.

Was wir über den dritten Richter wissen, ist nur in einem einzigen Vers gesagt. Trotzdem erfahren wir einige bezeichnende Tatsachen über einen ganz einzigartigen Mann.

Schamgar
(Richter 3,31)

»Und nach ihm war Schamgar, der Sohn Anats; und er schlug die Philister, sechshundert Mann, mit einem Viehtreiberstock. Und auch er rettete Israel.«

Schamgar lebte zu einer Zeit, als die Philister anfingen, ihren Machtbereich in der Südwestecke des Landes auszuweiten. In späteren Jahren wurden sie zu einer Großmacht, und schon jetzt machten sie Schwierigkeiten. Um sie in Schach zu halten, berief der Herr Schamgar in das Richteramt. Er war kein Otniel oder Ehud, aber er war ein Mann, der sich Gott zur Verfügung stellte.

Schamgar kam nicht wie die beiden ersten Richter aus alten israelitischen Familien. Man kann das daraus schließen, dass »Schamgar« kein hebräischer Name war. Außerdem war der Name Anats, seines Vaters, die Bezeichnung für den kanaanitischen Gott der Geschlechtlichkeit und des Krieges. Das führt zu der Vermutung, dass Schamgar gar kein Israelit war. Zumindest muss man aufgrund der Namensgebung davon ausgehen, dass seine Familie sich ganz und gar dem Heidentum Kanaans hingegeben hatte und sicherlich nicht Schamgar auf seine Aufgabe als Richter vorbereitet hatte.

Schamgar war ein Bauer. Wir schließen das aus seiner Waffe, einem Viehtreiberstock. Es war dies ein langer Stab, der an einem Ende einen eisernen Stachel und am anderen eine kleine spatenartige Klinge hatte, die man benutzte, um den Pflug zu säubern. Außerdem diente das Werkzeug zum Antreiben der Pflugochsen. Schamgar besaß eine gehörige Portion Mut. Wie sonst hätte er es mit solch bescheidener Waffe mit mindestens 600 Männern aufnehmen können? Sein Mut kam aus seinem festen Glauben an Gott.

Wenn wir an dieser Stelle auf Richter Kapitel 3 zurückblicken, fallen uns drei wichtige Punkte auf:

1. *Gott benutzt für sein Werk grundverschiedene Menschen.* Wer in diesem Kapitel einen ganz bestimmten Menschentyp gesucht hat, wird jetzt ganz verwirrt sein.
   Bei Otniel ließ sich Gottes Wahl noch verstehen. Ein Mensch, verlässlich, bewährt, von edlem Charakter, starkem Glauben und guter Familie. Doch Gott wirkte auch durch Ehud. Zwar war auch er mutig, fähig, von gutem Hause, doch er hatte eine Behinderung. Gerade diese Behinderung nutzte Gott zu seiner Verherrlichung. Für diejenigen unter uns, die sich auch mit Ehud noch nicht identifizieren können, wählte Gott Schamgar aus – einen Bauer, aus heidnisch gesonnener Familie, einen ganz einfachen Mann – und wirkte durch ihn.
   Natürlich weiß ich nicht, wen du siehst, wenn du dich selbst anschaust. Siehst du einen Schamgar, einen Ehud? Ganz sicher bist du kein Otniel. Aber Gott will Menschen wie Ehud und Schamgar in seinen Dienst nehmen, er will dich benutzen, wenn du ihm vertraust.
2. *Gott gebraucht Menschen, die ihre Kraft von ihm beziehen.* Sogar Otniel mit all seinen Begabungen war nur deshalb so erfolgreich, weil der Heilige Geist durch ihn wirkte. Ich möchte dich an Jesaja 40,29-31 erinnern:

> *»Er gibt dem Müden Kraft und dem Ohnmächtigen mehrt er die Stärke. Jünglinge ermüden und ermatten, und junge Männer straucheln und stürzen. Aber die auf den HERRN hoffen, gewinnen neue Kraft: Sie heben die Schwingen empor wie die*

Adler, sie laufen und ermatten nicht, sie gehen und ermüden nicht.«

Vers 31 hat im Originaltext einen wunderbaren Ausdruck. Da heißt es: »Die auf den Herrn harren, *tauschen* ihre Kraft *aus*.«
Gott will, dass wir zu ihm kommen und unsere Schwäche gegen seine Stärke eintauschen.

3. *Gott gebraucht Menschen, die im Glauben hingehen und ihm vertrauen.* Schamgar, Ehud und Otniel waren nach menschlichen Maßstäben so grundverschieden, wie Menschen nur irgend sein können, und doch hatten sie eine große Gemeinsamkeit. Sie hatten den Mut, Gott im Glauben zu vertrauen. Sie besaßen die Kühnheit, Gott bei seinem Wort zu nehmen und dem Feind gegenüberzutreten.

Wer und wie du auch immer sein magst, Gott hat eine Aufgabe für dich. Deine Schwächen sind für ihn kein Problem. Er hat Möglichkeiten, damit fertig zu werden. Akzeptiere dich so wie du bist – nicht deine Sünden, aber deine Schwächen. Dann wirst du erleben, dass Gott durch dich zu seiner Verherrlichung wirken wird.

Hudson Taylor, dessen Ruf nach China in mehr als drei Jahrzehnten über 600 Missionare gefolgt waren, drückte seine Erfahrungen in der China-Inland-Mission folgendermaßen aus:

»Gott wählte mich aus, weil ich schwach genug war. Gott delegiert seine Arbeit nicht an große Komitees. Er erzieht Menschen dazu, ganz klein und still zu sein, und dann gebraucht er sie.«

Diesem Maßstab – Gottes Maßstab – können wir alle standhalten. Die Frage ist nicht, ob er uns gebrauchen will oder kann, sondern ob wir genug Glauben haben, uns von ihm benutzen zu lassen.

5

Debora – eine außergewöhnliche Führerin

Man sagt, dass es in der Welt drei verschiedene Arten von Menschen gibt: 1. Solche, die zusehen, was geschieht. 2. Solche, die aktiv ins Geschehen eingreifen. 3. Solche, die verwundert die Augen reiben und fragen: Was ist hier eigentlich los?

Die Gabe der Menschenführung ist eine der kostbarsten Fähigkeiten in unserer heutigen Welt. In den letzten 10 Jahren haben viele Menschen, besonders im Westen, das Vertrauen zu ihren Führungen verloren. Arnold Toynbee[6] machte die Beobachtung, dass Aufstieg und Niedergang von Zivilisation in direktem Zusammenhang mit der Qualität der Führer stand. Eine Vorstellung, die nicht gerade ermutigend ist für unsere westliche Gesellschaft. Der deutsche Philosoph Karl Jaspers schrieb einmal: »Führungsqualität scheint überall im Niedergang begriffen zu sein. Immer mehr Männer in Führungspositionen lassen sich anscheinend treiben, anstatt selbst zu führen. Das Ergebnis dieser Entwicklung ist Hilflosigkeit in der Menschenführung.«

Nicht nur in der Politik macht sich dieser Mangel an Führungspersönlichkeiten bemerkbar. Unser Gemeindeleben hängt direkt von der Führungsqualität der Mitarbeiter ab. Eine Gruppe von Gemeinden im Nordwesten der Vereinigten Staaten fertigte vor kurzem eine Studie über das geistliche Leben in 60 verschiedenen Gemeinden an. Man untersuchte Statistiken über die Zahl der Gottesdienstbesucher, Alter und Einkommen der Gemeindeglieder und befragte die Führer und Ältesten der Gemeinden bezüglich ihrer Haltung und Denkweise. Ein

6. Englischer Historiker

Ergebnis dieser Untersuchung war die Feststellung, dass Stillstand oder Wachstum in einer Gemeinde im direkten Zusammenhang mit der Einstellung der Gemeindeführer stand. Wo diese positiv, wendig, voll Vertrauen, fröhlich und zielorientiert waren, konnte man Wachstum feststellen. Das Gegenteil war in Gemeinden der Fall, deren Leiter wenig Weitblick, Kreativität und keine klaren Ziele hatten.

Noch näher an der Basis, nämlich in der Familie, bedarf es auch einer klaren Führung. In zu vielen Familien, auch in gläubigen, gibt es keine ausgesprochene Führerpersönlichkeit. Dieses Vakuum wird schnell von den Kindern gefüllt, und das Ergebnis ist eine anarchieartige Entwicklung in Familie, Schule und Gesellschaft. Wenn Eltern ihre ihnen von Gott übertragene Verantwortung nicht übernehmen, ist das Unheil unausbleiblich.

Wenn ich das Wort Gottes lese, gewinne ich die Überzeugung, dass Gott Gläubige mit Führungsaufgaben betrauen will. Bei einigen Gruppen ist das selbstverständlich, wie zum Beispiel den Gemeindeältesten, Diakonen, Mitarbeitern in christlichen Gruppen und Organisationen. Doch vergessen wir nicht die Verantwortung gegenüber unserer eigenen Familie. Jeder Gläubige ist vom Herrn Jesus dazu aufgerufen, ein Jünger zu sein, und das bedeutet für mich, dass ich in das Leben eines anderen hineinwirke. Führerschaft ist ein wichtiges Prinzip, und deshalb müssen wir uns von der Bibel her darüber klar werden, was Gottes Anforderungen an Führerpersönlichkeiten sind.

Wir werden das tun, indem wir uns mit einer ganz außergewöhnlichen Führerpersönlichkeit beschäftigen. Sie ist die einzige Frau in der biblischen Geschichte, die von Gott solche Führungsaufgaben bekam. Das bezeichnet sie von vornherein als Führerin von großen Qualitäten, von der wir sehr viel lernen können. Wir sprechen selbstverständlich von Debora, die wir in Richter 4 treffen. Um Debora völlig zu verstehen, müssen wir die Zeit kennen, in der sie Gott diente. Wir haben bereits erfahren, dass sich im Buch der Richter Dinge immer und immer wiederholen, so auch zur Zeit Deboras.

Die Situation des Volkes
(Richter 4,1-3)

»Und die Söhne Israel taten weiter, was böse war in den Augen des HERRN, nachdem Ehud gestorben war. Da verkaufte sie der HERR

in die Hand Jabins, des Königs von Kanaan, der in Hazor König war. Sein Heeroberster war Sisera, der wohnte in Haroschet-Gojim. Da schrieen die Söhne Israel zu dem HERRN; denn er hatte neunhundert eiserne Wagen, und er quälte die Söhne Israel mit Gewalt zwanzig Jahre.«

Als das Volk Gottes zum ersten Mal sündigte, sandte Gott Otniel, der Israel von der Knute Kuschan-Rischatajims befreite. 40 Jahre lang herrschte danach Ruhe. Doch als Otniel starb, wandte sich das Volk wieder dem Heidentum und der Götzenverehrung zu und Gott schickte Eglon, den König von Moab, um den Ungehorsam zu bestrafen. Nach 18 Jahren moabitischer Herrschaft erhörte der Herr das Schreien Israels und berief Ehud als Befreier und Richter. Man sollte meinen, dass diese beiden Ereignisse dem Volk Israel einen Aha-Effekt vermittelt hätten: »Habt ihr gemerkt? Jedesmal, wenn wir den Baal anbeten und uns mit Kanaanitern einlassen und auf andere Weise sündigen, kommt ein ausländischer König und unterwirft uns. Doch wenn wir dann bereuen und zu Gott beten, befreit er uns. Vielleicht sollten wir von vornherein beim Herrn bleiben!«

Gott, der große Lehrer, hatte dem Volk eine schmerzliche Lehre erteilt. Doch die Menschen lassen sich nicht gern etwas sagen. Das ist der Grund, warum der ganze Kreislauf in Richter 4,1 von vorn beginnt. »Und die Söhne Israel taten weiter, was böse war in den Augen des HERRN.« Wieder gaben sie sich der heidnischen Religion hin, dem korrupten, lüsternen Götzendienst der Kanaaniter.

Israels Knechtschaft

Das Volk Israel musste erfahren, was der Heiland in Johannes 8,34 sagt: »Jeder, der die Sünde tut, ist der Sünde Sklave.« Satan lügt, wenn er behauptet, Sünde mache frei. »Los, versuch es doch mal! Es wird dir gefallen! Immer diese altmodischen Moralbegriffe! Du willst doch richtig leben, oder nicht? Willst etwas erleben! Sei doch endlich richtig frei!« Das Gegenteil ist wahr: Die Sünde versklavt.

Als Israel sich dem Baalsdienst zuwandte, »verkaufte« der Herr es in die Knechtschaft eines ebenfalls dem Baal dienenden Königs. Dieses Mal handelte es sich um Jabin, den Führer einer Allianz von Königen aus dem Norden, aus der Gegend um das galiläische Meer. Dieser Jabin hatte mit seinem sehr fähigen Befehlshaber Sisera die nördlichen

Stämme Israels unterjocht. Von Hazor aus war er durch Galiläa in die strategisch wichtige Ebene von Esdralon vorgestoßen und kontrollierte das ganze Gebiet bis hinein nach Ephraim. 20 Jahre lang dauerte die Herrschaft Jabins, der von Haroschet-Gojim aus regierte. Militärisch gesehen war Israels Lage hoffnungslos. Jabin hatte 900 eiserne Wagen, dazu eine schlagkräftige Infanterietruppe. Die Anzahl von 900 eisernen Wagen klingt nicht sehr eindrucksvoll heute in einer Welt, in der jährlich 400 Milliarden Dollar für Rüstung ausgegeben werden. Doch damals stellten diese Wagen den Höchststand militärischer Technologie dar. Sie machten es Israel unmöglich, die Täler und Ebenen zu verteidigen. In jeder Beziehung war es dem Feind unterlegen, denn außer Kampfwagen fehlten fast jede Art eiserner Waffen, wie Debora in Richter 5,8 beschreibt:

»Da war Kampf an den Toren! Wurden wohl Schild und Lanze gesehen unter 40 000 in Israel?«

Welche Chance hatte Israel gegenüber diesem bis an die Zähne bewaffneten Feind? Dennoch war das eigentliche Problem nicht militärischer, sondern geistlicher Natur. Es war in erster Linie nicht eine Waffenschmiede vonnöten, sondern ein lebendiger Glaube an Gott. Unter der Voraussetzung unbedingten Vertrauens, so hatte Gott versprochen, wollte er das Volk aus den unmöglichsten Situationen erretten. Diese Erfahrung wollte Gott dem Volk noch einmal vermitteln und ging deshalb einen sehr ungewöhnlichen Weg. Er berief als Richter keinen großen Krieger, keinen Otniel oder Schamgar. In dieser militärisch so hoffnungslosen Situation erwählte er eine Frau als Befreierin seines Volkes.

Debora, die Richterin

(Richter 4,4-9)

»Und Debora, eine Prophetin, die Frau des Lappidot, war Richterin in Israel zu jener Zeit. Sie hatte ihren Sitz unter der Debora-Palme, zwischen Rama und Bethel, im Gebirge Ephraim. Und die Söhne Israel gingen zu ihr hinauf zum Gericht. Und sie sandte hin und ließ Barak, den Sohn Abinoams, aus Kedesch in Naftali rufen. Und sie sagte zu ihm: Hat der HERR, der Gott Israels, nicht gebo-

ten: Geh hin und zieh auf den Berg Tabor und nimm mit dir zehntausend Mann von den Söhnen Naftali und von den Söhnen Sebulon? Ich aber ziehe Sisera, den Heerobersten Jabins, zu dir heran an den Bach Kischon mit seinen Wagen und seiner Menge, und ich gebe ihn in deine Hand! Da sagte Barak zu ihr: Wenn du mit mir gehst, gehe ich; wenn du aber nicht mit mir gehst, gehe ich nicht. Da sagte sie: Ich will gerne mit dir gehen – nur dass dann die Ehre nicht dir zufällt auf dem Weg, den du gehst, denn in die Hand einer Frau wird der HERR den Sisera verkaufen. Und Debora machte sich auf und ging mit Barak nach Kedesch.«

Ihre Position

Es ist nicht viel über Debora bekannt. Ihre Familie, ihre Abstammung, ja sogar ihr Stamm bleiben unerwähnt, ebenso wie Lappidot nur als ihr Mann genannt wird.

Zwei Dinge werden uns jedoch von Debora berichtet:

1. Sie war eine Prophetin.
2. Sie war Richterin.

Ein Prophet weissagte auf der Grundlage göttlicher Offenbarung. Dabei konnte es sich um zukünftige Dinge handeln, manchmal aber offenbarte Gott seinen Willen auch bezüglich der Gegenwart. Diese Offenbarungen geschahen durch den heiligen Geist, und nur durch göttlichen Auftrag konnte man weissagen.

Im ganzen Alten Testament kennen wir nur drei Frauen, die diese prophetische Gabe hatten: Da war Mirjam, die Schwester des Mose (2. Mose 15,20), dann lesen wir von Hulda, die zur Zeit des Königs Josia weissagte (2. Könige 22,14-20) und natürlich Debora. Auch im Neuen Testament werden einige Prophetinnen erwähnt: Hanna, die alte Frau, die mit dem Jesuskind im Tempel zusammentrifft (Lukas 2,36) und die vier Töchter des Philippus (Apg. 21,8-9).

Richter 4,5 erwähnt Deboras Richtertätigkeit, und man gewinnt den Eindruck, als sei sie der politische und juristische Mittelpunkt ihrer Nation gewesen.

Debora wird durch diese beiden Aufgaben zu einer einzigartigen Persönlichkeit. Zu keinem anderen Zeitpunkt in der Geschichte Israels erwählte Gott eine Frau als Führerin der Nation. Natürlich könnte man in diesem Zusammenhang die böse Königin Atalja nennen, die ihre Familie ermordete, um in den Besitz des Thrones zu kommen, doch beide Frauen sind in keiner Weise vergleichbar. Debora wurde von Gott erwählt, berufen und ermächtigt. Deshalb ist es nicht überraschend, dass diese ungewöhnliche Frau auch außergewöhnliche Führerqualitäten hatte. In ihrem Leben verwirklichen sich einige bezeichnende Führungsprinzipien.

Deboras Führungsprinzipien

1. *Sie sah eine Not und ließ sich gebrauchen, diese zu beseitigen* (Richter 5,6-7). Debora weigerte sich, die vorhandenen Verhältnisse zu akzeptieren. Sie erkannte die verzweifelte Lage ihres Volkes und war bereit, etwas dagegen zu tun. Bestimmt war sie nicht allein in der Einschätzung der Situation; doch offensichtlich war Debora die einzige, die entschlossen war, eine Veränderung zu bewirken. Diese Entschlossenheit bringt sie in Kapitel 5,6-7 zum Ausdruck: »In den Tagen Schamgars, des Sohnes Anats, in den Tagen Jaels ruhten die Pfade; und die auf festen Straßen zogen, mussten gewundene Pfade gehen. Es ruhten die Landbewohner; sie ruhten in Israel, bis ich, Debora, aufstand, bis ich aufstand, eine Mutter in Israel.«
   Debora geht nicht unüberlegt zur Tat. Zunächst lotet sie die Situation mit kritischem Realismus aus. Dann geht sie über den Punkt kritischer Auswertung hinaus und setzt sich ein klares Ziel. An diesem Punkt können wir auch für uns heute eine Scheibe abschneiden. John Gardner, Kabinettsmitglied unter John F. Kennedy sagte einmal: »Wir haben zu viele unkritische Liebende und zu viele lieblose Kritiker.« Er wies darauf hin, dass Liebe ohne Kritik zum Stillstand führt und lieblose Kritik zerstörend wirkt. Was wir heute brauchen, ist liebevolle Kritik an unserer Gesellschaft und ihren Institutionen. Das trifft in ganz besonderer Weise auch auf uns Christen zu. Haben wir diesen liebevollen Realismus, sind wir wie Debora zukunfts- und zielorientiert?
2. *Debora suchte sich Hilfe* (Richter 4,6a). Wie wir gesehen haben, war Israels Hauptproblem mit seinem Gegner ein militärisches. Deshalb suchte sich Debora einen Helfer, der auf diesem Gebiet ein Fachmann war. Es ist unerheblich zu wissen, woher sie von Barak

wusste und was sie von ihm wusste. Wichtig ist, dass er sich offensichtlich als Soldat bewährt hatte, un deshalb schickte sie nach ihm. Debora wusste um die Stärke eines guten Teams, kannte ihre eigenen Schwächen und Baraks Stärken. Das ist die wahre Größe eines guten Führers, dass er es versteht, sich der Talente und Fähigkeiten anderer zu bedienen und sich seiner eigenen Fehler dabei völlig bewusst zu sein.

3. *Debora motiviert ihren Helfer* (Richter 4,6b-9). Offensichtlich war Barak, obwohl ein guter Soldat, furchtsam und unsicher. Ganz bewusst und methodisch geht sie daran, ihn zu ermutigen. Zuerst konfrontiert sie ihn mit Gottes Befehl: »Hat nicht der HERR, der Gott Israels, geboten ...?« Sie sagt: »Barak, dies ist Gottes Wille, nicht der meine. Es ist unsere Pflicht, das zu tun.« Dann macht sie Barak Mut mit Gottes Verheißung in Vers 7: »Ich werde Sisera ... in deine Hand geben.« Schließlich erzwingt Debora Baraks Entscheidung durch ihre Gegenwart. Barak sagt in Vers 8: »Wenn du mit mir gehst, gehe ich; wenn du aber nicht mit mir gehst, gehe ich nicht.«
   Man kann Vermutungen darüber anstellen, warum Barak diese Worte spricht. War sein Glaube nicht stark genug? War er furchtsam? Was auch immer der Grund gewesen sein mag, Debora sagt ohne Zögern: »Ich will gerne mit dir gehen.«
4. *Debora entwickelte einen Plan* (Richter 4,6b-7). Es ist relativ einfach, eine Not zu erkennen, doch dann auch noch einen Plan zur Abhilfe dieser Not zu schaffen, ist eine ganz andere Sache. Beachten wir, wie genau Debora vorging. Barak sollte 10 000 Männer aus den Stämmen Sebulon und Naftali zusammenstellen und mit ihnen zum Berg Tabor marschieren. Tabor war auf der Ebene von Esdralon, nicht weit von Siseras Hauptquartier. Dort, wo der Feind am stärksten schien, sollte Barak ihm am Bach Kischon entgegentreten. Während der Regenzeit war der Kischon ein größerer Fluss, doch während des Sommers trocknete er aus, und es war gerade Trockenzeit. In der Planung all dieser Einzelheiten konnte Debora ihr Führertalent beweisen, und trotzdem, bei allem, was gesagt wurde, haben wir diese bemerkenswerte Frau noch nicht ganz verstanden.

Deboras Glaube

Was wären die Fähigkeiten gewesen ohne den Glauben? Nur im Glauben konnte sie den Plan durchführen und erreichen, was sie sich vorgenommen hatte. Ihr Glaube war es, der Barak in den Versen 6-7 herausforderte, der ihn motivierte (V. 14). »Mach dich auf! Denn dies ist der Tag, da der HERR den Sisera in deine Hand gegeben hat!« Wie tief Deboras Glaube war, zeigte sie im 5. Kapitel, in ihrem Lied.

Die wichtigste Eigenschaft eines Arbeiters im Werk Gottes ist ein dynamischer, mutiger Glaube. Ich kann alle Führungsqualitäten haben, ein exzellenter Manager sein, Organisationstalent haben, wenn ich Gott nicht vertraue, nicht in persönlicher Gemeinschaft mit Jesus lebe, werde ich als Ältester, Lehrer, Evangelist, als Vater oder Mutter, ganz gleich auf welchem Gebiet, ein Versager sein. Die Menschen, die nach Führung suchen, brauchen weniger ein System oder eine Organisation, als vielmehr jemanden, der seinen Gott kennt.

Gottes Sieg über Jabin und Sisera
(Richter 4,10-24)

»Und Barak rief Sebulon und Naftali nach Kedesch zusammen. Und zehntausend Mann zogen in seinem Gefolge hinauf; auch Debora zog mit ihm hinauf. Heber aber, der Keniter, hatte sich von den Kenitern getrennt, von den Söhnen Hobabs, des Schwiegervaters des Mose. Und er hatte sein Zelt aufgeschlagen bis zur Terebinthe in Zaanannim, das bei Kedesch liegt. Und man berichtete dem Sisera, dass Barak, der Sohn Abinoams, auf den Berg Tabor hinaufgezogen sei. Da rief Sisera alle seine Wagen zusammen, neunhundert eiserne Wagen, und das ganze Kriegsvolk, das bei ihm war, von Haroschet-Gojim an den Bach Kischon. Debora aber sagte zu Barak: Mach dich auf! Denn dies ist der Tag, da der HERR den Sisera in deine Hand gegeben hat. Ist nicht der HERR selbst vor dir her ausgezogen? Und Barak stieg vom Berg Tabor hinab und zehntausend Mann ihm nach. Und der HERR brachte Sisera und alle seine Wagen und das ganze Heerlager in Verwirrung durch die Schärfe des Schwertes vor Barak. Und Sisera stieg vom Wagen herab und floh zu Fuß. Barak aber jagte den Wagen und dem Heer nach bis Haroschet-Gojim. So fiel das ganze Heer

Siseras durch die Schärfe des Schwertes; kein einziger blieb übrig. Sisera aber floh zu Fuß zu dem Zelt Jaels, der Frau Hebers, des Keniters; denn es war Friede zwischen ihm und Jabin, dem König von Hazor, und dem Haus Hebers, des Keniters. Da ging Jael hinaus, dem Sisera entgegen. Und sie sagte zu ihm: Kehre ein, mein Herr, kehre ein zu mir, fürchte dich nicht! Und er kehrte zu ihr ein in das Zelt, und sie bedeckte ihn mit einer Decke. Und er sagte zu ihr: Gib mir ein wenig Wasser zu trinken, denn ich bin durstig! Da öffnete sie den Milchschlauch, gab ihm zu trinken und deckte ihn wieder zu. Und er sagte zu ihr: Stell dich an den Eingang des Zeltes! Und es sei so: Wenn jemand kommt und dich fragt und sagt: Ist jemand hier? – dann sage: Niemand! Jael aber, die Frau Hebers, ergriff einen Zeltpflock und nahm den Hammer in ihre Hand, und sie ging leise zu ihm herein und schlug den Pflock durch seine Schläfe, dass er in die Erde drang – er war nämlich in tiefen Schlaf gefallen -; da wurde er ohnmächtig und starb. Und siehe, als Barak Sisera nachjagte, da ging Jael hinaus, ihm entgegen, und sagte zu ihm: Komm, ich will dir den Mann zeigen, den du suchst! Und er ging zu ihr hinein, und siehe, Sisera lag tot da, den Pflock in seiner Schläfe. So demütigte Gott an jenem Tag Jabin, den König von Kanaan, vor den Söhnen Israel. Und die Hand der Söhne Israel legte sich immer härter auf Jabin, den König von Kanaan, bis sie Jabin, den König von Kanaan, vernichtet hatten.«

Gott gebrauchte Debora, um Barak vorzubereiten. Sie konnte dann in den Hintergrund treten, während Barak handelte. Der schließliche Sieg vollzog sich in drei Phasen.

Die militärische Situation
(Richter 4,10-14)

Zuerst lesen wir von dem Aufmarsch der Truppen. Barak rekrutierte wie befohlen seine 10 000 Mann und marschierte zum Berg Tabor. Im Gegenzug mobilisierte Sisera seine 900 eisernen Wagen und außerdem eine große Armee. Es wird nicht erwähnt, wie viele Männer Sisera hatte, doch es müssen wesentlich mehr als 10 000 gewesen sein, denn gewöhnlich war nur ein ganz geringer Teil der Truppe mit Kampfwagen ausgerüstet. Sisera war wesentlich besser gerüstet. Israel hatte den eisernen Wagen nicht einmal Speere und Schilde entgegen zu setzen. Dazu kam, dass die israelitische Armee eine denkbar ungünstige strategische Position hatte; denn schlecht bewaffnetes Fußvolk in einer Ebene gegen Siseras Armee mit Kampfwagen antreten zu lassen, grenzte an Selbstmord. (Im Jahr 67 nach Christi Geburt versuchten die Juden das gleiche mit den Römern an der selben Stelle und wurden vernichtend geschlagen.)

Dennoch befahl Gott Israel diesen Schlachtplan. Es war nicht Deboras oder Baraks Strategie, sondern die Gottes. Er wollte seinem Volk zeigen, dass es nicht darauf ankam, Kampfwagen und gut ausgerüstete Armeen, sondern einen Gott zu haben. Barak hatte gelernt, Gott zu vertrauen. Deshalb führte er seine 10 000 Mann in die Schlacht, und deshalb wird er in Hebräer 11 als ein Mann des Glaubens erwähnt.

Gottes Eingreifen
(Richter 4,15-16)

Was geschah? In Vers 15 finden wir nur Andeutungen. Da war Sisera, der sich schon auf den Sieg freute, als die 10 000 Israeliten auf ihn zukamen. Seine Kampfwagen würden kurzen Prozess mit ihnen machen. Doch plötzlich geschah etwas Unglaubliches. Der Herr verwirrte Sisera, seine Wagen und die ganze Armee. Wie konnte das geschehen? Kapitel 5,21 gibt uns einen Hinweis: »Der Bach Kischon riss sie hinweg, der Bach der Urzeit, der Bach Kischon.« Wie konnte der Bach Kischon, zu dieser Jahreszeit ein ausgetrocknetes Bachbett, zu einem reißenden Strom werden?[7]

Gott sandte, genau zur rechten Zeit, einen heftigen Sturm, wodurch der Boden sehr schlammig wurde, so dass die Kampfwagen steckenblieben. Siseras Hauptwaffe wurde zu seinem Hindernis.

Das Ergebnis war eine Panik unter seinen Soldaten, die auf der Flucht von den Israeliten verfolgt und getötet wurden.

---

7. Anmerkung des Verfassers: Zwei Faktoren weisen darauf hin, dass Trockenzeit herrschte: 1. Sisera wäre nicht so töricht gewesen, in der Regenzeit seine Wagen einzusetzen. Regen war nicht zu erwarten. 2. Kapitel 5,20-21 deutet an, dass Gottes Eingreifen als ein übernatürliches Geschehen angesehen wurde.

Siseras Tod

(Richter 4,17-24)

Dann griff Gott ein weiteres Mal ein. Auf der Flucht vor Gottes Volk wollte Sisera im Zelt einer Nichtisraelitin Schutz suchen. Wir kennen Jaels Beweggründe nicht, und die Bibel verteidigt auch nicht ihre Handlungsweise. Es wirkt jedoch wie tragische Ironie, dass es kein tapferer Krieger wie Barak, sondern eine Frau war, die Sisera überwältigte. Wollte Gott sagen: »Ihr wurdet von Sisera geknechtet und hattet Angst vor ihm. Da ihr euch von mir abgewandt hattet, wart ihr kraftlos. Doch wenn ihr mir vertraut, werde ich mich um die ›Siseras‹, in eurem Leben kümmern. Ich brauche keinen starken Mann dazu, mir genügt eine Jael. Ich brauche euch nicht, aber ihr braucht mich!«

Als Israel Gott vertraute, wurde der Feind besiegt. Genaugenommen kam der Sieg durch das Gottvertrauen zweier Menschen. Deboras Führerqualitäten verdienen Beachtung und Nachahmung. Vor allem aber sollten unsere Augen auf den Gott Deboras gerichtet sein. Ein guter Führer kann nur sein, wer in völliger Hingabe an Gott lebt. Gute Führer sind treue, gläubige Gottesleute.

6

Kein Zaudern – keine Einwände

Ich erinnere mich lebhaft an das erste Fernsehprogramm, das ich sah. Es handelte sich um die Krönung von Königin Elisabeth von England im Jahr 1953. Ein paar Familien, darunter auch meine, hatten sich im Haus eines Freundes getroffen, der einen Fernseher hatte. Damals waren Fernsehgeräte noch sehr selten. Offen gestanden, es war der langweiligste Tag meines Lebens. All das Gepränge, die alten Traditionen, waren nicht gerade interessant für einen zehnjährigen Jungen, und nach einigen Stunden war ich nur noch von dem Gedanken besessen, ob wohl »Howdy Doody«[8] im anderen Programm liefe. Trotzdem wusste ich, dass sich da in Westminster Abbey etwas sehr Wichtiges abspielte, und dass eine persönliche Einladung zur Krönungszeremonie wohl eine unwahrscheinliche Ehre sei. Vor ihrer Krönung hatte die Königin Einladungen an Freunde und Würdenträger geschickt, in denen unter anderem folgendes zu lesen war: »... und deshalb befehlen Wir (die Königin), dass Ihr Uns zur angegebenen Zeit Eure persönliche Aufwartung macht ohne irgendwelche Einwände und Entschuldigungsgründe ...«

Eine Königin erbittet nicht etwa einen Besuch, sie befiehlt ihn. Auffallend ist dabei der Ausdruck »ohne Einwände«. Wenn ein Herrscher seinen Willen äußert und einen Befehl gibt, gehorchen die Untertanen ohne Zögern und ohne Widerrede.

Königin Elisabeth wird von allen Bürgern ihres Königreiches sehr verehrt. Doch sie ist nur eine konstitutionelle, keine regierende Monarchin. Als Christ dient man einem Herrn, der weitaus größer ist – dem

8. Amerikanische Kinderserie

Herrn Jesus Christus, dem König aller Könige, dem Herrn aller Herren. Verglichen mit ihm ist Königin Elisabeth ein Niemand. Falls wir von einem König oder dem Präsidenten eingeladen würden, wären wir nicht sofort zur Stelle? Unser König – Jesus – hat seinen Willen kundgetan, seine Befehle gegeben und es ist an uns, sofort zu gehorchen. Er hat unseren wichtigen, eifrigen und treuen Dienst ohne Zögern und Widerrede verdient.

Manchmal ist es gut, still zu stehen und Rückschau zu halten. Tun wir unseren Dienst noch mit der gleichen Freude wie anfangs, oder ist eine lästige Pflicht daraus geworden. Haben wir Misserfolgserlebnisse? Dann fassen wir Entschlüsse, geben Versprechungen, die aber nie Realität werden. Erneut nimmt man sich vor, dieses Mal ernst zu machen, mit ganzer Hingabe zu dienen, aber irgendwie ist der Ofen aus, man ist wie gelähmt und wird vollkommen teilnahmslos.

Richter 5 gibt eine Gelegenheit, diese Seite unseres geistlichen Lebens zu untersuchen. Das Lied der Debora, dieser Lobeshymnus, den sie Gott an dem Tag sang, als er ihr den wunderbaren Sieg über Jabin und Sisera schenkte, ist ein großes Beispiel hebräischer Poesie. Es ist aber ebenso ein Einblick in den Glaubenskrieg, in den wir als Gläubige mit einbezogen sind.

> *»Debora und Barak, der Sohn Abinoams, sangen an jenem Tag folgendes Lied: Weil Führer führten in Israel, weil freiwillig sich stellte das Volk, dankt dem HERRN! Hört, ihr Könige! Horcht auf, ihr Fürsten! Ich will dem HERRN, ich will ihm singen, will spielen dem HERRN, dem Gott Israels! HERR, als du auszogst von Seir, als du einherschrittest vom Gebiet Edoms, bebte die Erde, auch die Himmel trieften, ja, die Wolken trieften von Wasser. Die Berge erbebten vor dem HERRN, dem vom Sinai, vor dem HERRN, dem Gott Israels. In den Tagen Schamgars, des Sohnes Anats, in den Tagen Jaels ruhten die Pfade, und die auf festen Straßen zogen, mussten gewundene Pfade gehen. Es ruhten die Landbewohner, sie ruhten in Israel, bis ich, Debora, aufstand, bis ich aufstand, eine Mutter in Israel. Man erwählte neue Götter; da war Kampf an den Toren! Wurden wohl Schild und Lanze gesehen unter 40 000 in Israel? Mein Herz gehört den Gebietern Israels, denen, die sich freiwillig stellten im Volk. Dankt dem HERRN! Die ihr reitet auf weißen Eselinnen, die ihr sitzt auf Teppichen und die ihr geht auf dem Weg, singt! Lauter als die Wasserverteiler zwischen den Tränkrinnen sollen sie dort besingen die Heilstaten des HERRN,*

die Heilstaten an seinen Landbewohnern in Israel. Da zog das Volk des HERRN hinab zu den Toren. Wach auf, wach auf, Debora! Wach auf, wach auf, sing ein Lied! Mache dich auf, Barak, und führe gefangen deine Gefangenen, Sohn Abinoams! Da zog, was entronnen war, herab zu den Edlen des Volkes. HERR, ziehe herab zu mir mit den Helden! Von Ephraim, dessen Wurzeln sind wie die von Amalek, zogen sie herab. Hinter dir her, Ephraim, zog auch Benjamin unter deinen Kriegsscharen. Von Machir zogen herab die Gebieter und von Sebulon alle, die den Führerstab halten. Und die Obersten in Issaschar waren mit Debora. Und wie Issaschar so Barak – in seinem Gefolge mitgerissen ins Tal. An den Bächen Rubens waren großartige Beratungen des Herzens. Warum bliebst du zwischen den Hürden, das Flötenspiel bei den Herden zu hören? An den Bächen Rubens waren großartige Beratungen des Herzens. Gilead blieb untätig jenseits des Jordan. Und Dan, warum diente er auf fremden Schiffen? Asser saß an der Küste der Meere, und an seinen Buchten blieb er untätig. Aber Sebulon ist ein Volk, das seine Seele dem Tode preisgab, auch Naftali, auf den Höhen des Gefildes. Könige kamen, sie kämpften; ja da kämpften die Könige Kanaans in Taanach an den Wassern Megiddos. Beute an Silber holten sie nicht. Vom Himmel her kämpften die Sterne, von ihren Bahnen aus kämpften sie mit Sisera. Der Bach Kischon riss sie hinweg, der Bach der Urzeit, der Bach Kischon. Tritt auf, meine Seele, mit Kraft! Ja, da stampften die Hufe der Pferde vom Rennen, vom Rennen ihrer Hengste. Verfluchet Meros! sprach der Engel des HERRN. Verfluchet ja, verfluchet seine Bewohner! Denn sie sind dem HERRN nicht zu Hilfe gekommen, dem HERRN zu Hilfe unter den Helden. Gesegnet von allen Frauen sei Jael, die Frau Hebers, des Keniters, vor allen Frauen im Zelt sei sie gesegnet! Wasser verlangte er, Milch gab sie, in einer kostbaren Schale reichte sie Rahm. Ihre Hand streckte sie aus nach dem Pflock, und ihre Rechte nach dem Arbeitshammer. Und sie schlug Sisera mit dem Hammer, zerschmetterte sein Haupt, sie zerschlug und durchbohrte seine Schläfe. Zwischen ihren Füßen krümmte er sich, fiel, lag da; zwischen ihren Füßen krümmte er sich, fiel; da wo er sich krümmte, fiel er – vernichtet. Durchs Fenster schaute und jammerte Siseras Mutter – durchs Gitter: Warum zögert sein Wagen zu kommen? Warum säumen die Tritte seiner Gespanne? Die Klugen unter ihren Edelfrauen erwidern ihr, auch selbst beantwortet sie sich ihre Reden: Finden sie nicht, teilen sie nicht Beute? Ein Mädchen, zwei Mädchen auf den Kopf eines Mannes? Beute an bunten Gewändern für Sisera, Beute an bunten Gewändern; ein farbiges Tuch, bunt, zwei farbige Tücher als Beute für meinen Hals. – So sollen umkommen alle deine Feinde, HERR! Aber die, die ihn lieben, sollen sein, wie die Sonne aufgeht in ihrer Kraft!«

Wir sollten bemerken, dass Debora diesen Lobgesang am Tage des Sieges darbrachte. Sie befand sich dabei in guter Gesellschaft. Schon in 2. Mose 15 ist etwas Ähnliches erwähnt. Als das Volk sicher durch das Rote Meer entkommen war, sang Mose dem Herrn als erstes einen Psalm des Preises. Nachdem Gott die Israeliten durch den Jordan geführt hatte, errichtete Josua sofort zwei Mahnmale als Lob und Anerkennung dessen, was Gott getan hatte. Wenn wir das Leben all jener Menschen ansehen, müssten wir lernen, welchen Vorrang Lob und Preis Gottes im Leben eines Gläubigen einnehmen sollen. Wenn Gott etwas für uns tut, sollte das eigentlich eine selbstverständliche Reaktion sein, öffentlich anzuerkennen, was und wie viel er für uns getan hat. Genau das meinte David, als er im Psalm 40,2-3 sagte:

»Beharrlich habe ich auf den HERRN geharrt, und er hat sich zu mir geneigt und mein Schreien gehört. Er hat mich heraufgeholt aus der Grube des Verderbens, aus Schlick und Schlamm; und er hat meine Füße auf Felsen gestellt, meine Schritte fest gemacht« (Psalm 40,2-3).

Deboras »neues Lied« hat eine ganz natürliche Einteilung in fünf Teile. Die Verse 1-5 sind eine Einleitung, in der Gott dafür gepriesen wird, wie er seine Herrlichkeit in der Geschichte des Volkes Israel dargestellt hat. In den Versen 6-11 wird der Zustand Israels vor der Befreiung durch Debora dem jetzigen befreiten gegenübergestellt. Die Verse 12-18 schildern die Reaktion Israels auf Deboras und Baraks Schlachtruf. Die Verse 19-23 beschreiben Gottes Sieg, und in den Versen 24-31 wird der Tod des Mannes gefeiert, der Israel so lange unterdrückt hatte.

Wir finden zwei Themen in dem Lied, und beide sind schon im zweiten Vers anzutreffen: »Weil Führer führten in Israel, weil freiwillig sich stellte das Volk, danket dem HERRN.« Das erste Thema ist die Größe Gottes, die sich in dem Sieg zeigt. Was während der Schlacht geschah, war nicht Ergebnis militärischer Überlegenheit oder strategischer Kriegsführung, auch Deboras Führerqualitäten spielten eine untergeordnete Rolle. Der großartige Sieg war allein Gottes Triumph, und deshalb erinnert das Lied an die »gerechten Taten des Herrn« (V. 11).

Gott sucht sich jedoch seine Werkzeuge. Er gebraucht Männer und Frauen. Auch in diesem Fall fand er eine Gruppe von Menschen, die sich ihm willig und bedingungslos zur Verfügung stellte. Das ist das zweite Thema des Psalms: die Reaktion des Volkes Gottes auf seine Herausforderung. Auf dieses Thema wollen wir uns hier konzentrieren.

Israels verzweifelte Situation

Wir können Gott dankbar sein, weil wir in einem freien Land leben. Wir wissen nicht, was es bedeutet, im eigenen Land von einem feindlichen Volk unterdrückt zu werden. Genau das ist die Lage, in der sich Israel unter Jabin und Sisera befand.

- Die Hauptstraßen waren leer; wenn man Freunde besuchen oder Handel treiben wollte, musste man über Schleichpfade gehen.
- Die Menschen, die auf dem offenen Land in den Dörfern lebten, die Bauern mussten in befestigte Städte ziehen.
- Sogar die Städte waren nicht sicher. In Vers 8 heißt es: »Es war Streit in den Toren.« Die Städte wurden belagert, und dabei war das Volk völlig ohne Waffen. »Wurden wohl Schild oder Lanze gesehen unter 40 000 in Israel?« (V. 8).
- Für eine Armee standen nur noch etwa 40 000 Männer zur Verfügung.

Wie konnte Israel in diese Lage kommen? Wieder gibt Vers 8 die Antwort: »Man erwählte neue Götter.« Das Volk hatte sich von Gott abgewandt und diente den Baalim und anderen kanaanitischen Göttern und hatte so die Kraft Gottes verloren.

Glaubensmut

Obwohl Gott genug Gründe gehabt hätte, Israel sich selbst zu überlassen, tut er in seiner Gnade genau das Gegenteil. Er beugt sich tief hinunter zu dem Volk und beruft Debora. Sie beschreibt sich selbst als eine Mutter in Israel. Sie gibt dem Volk Liebe, Führung, eine neue Richtung. Unter Führung des Heiligen Geistes beruft sie Barak, motiviert ihn mit Gottes Verheißungen und gibt ihm dann Gottes Plan für die militärische Aktion. Der Kern dieses Planes sah vor, 10 000 Männer der Stämme Naftali und Sebulon zu rekrutieren und mit ihnen Sisera anzugreifen.

Das klingt einfacher als es war. Sisera hatte eine ungeheuer schlagkräftige Armee mit 900 Kampfwagen. Die Israeliten waren praktisch unbewaffnet und sollten Sisera in Frontalstellung auf der Ebene von Esdralon angreifen, dort wo Israel in der schwächsten, Sisera dagegen in der stärksten Position war. Vom menschlichen Standpunkt aus betrachtet waren die Voraussetzungen unmöglich. Die 10 000 Männer würden mit Barak in den sicheren Tod marschieren.

Die Reaktion auf die Herausforderung

Gerade deshalb ist es erstaunlich, dass es schon bei der Rekrutierung der 10 000 Männer keine Schwierigkeiten gab. Das Volk reagierte mit Begeisterung. Debora ist darüber so bewegt, dass sie davon singt.

Die Reaktion des Volkes zeigt drei Merkmale:

1. *Es war spontan* (Verse 2-9). Das Wort »freiwillig« ist sehr wichtig in diesem Zusammenhang. Barak musste keinen Zwang, keine Tricks anwenden. Es gab keine Wehrpflicht, und die Männer mussten nicht durch Werbefilme im Fernsehen davon überzeugt werden, wie wunderbar das Leben in der Armee war. Gott hatte das Volk gefordert, und hier war die Antwort – freiwillig, spontan, ohne Zögern. Debora war davon so beeindruckt, dass sie in Vers 9 wiederholt: »Mein Herz gehört den Gebietern Israels, denen, die sich freiwillig stellten im Volk. Dankt dem HERRN!
2. *Es zeigte Tatkraft* (V. 13). Das Volk war nicht nur gefühlsmäßig bewegt. Es handelte. Das ist die Aussage von Vers 13. Es ist ein Unterschied, zu Hause zu sitzen und zu sagen: »Schön, ich gehe« und tatsächlich seine Sachen zu packen und in die vorderste Schlachtlinie zu gehen. Die 10 000 Männer waren nur ein kläglich kleiner Haufen. Trotzdem sahen sie ihre Aufgabe als Kämpfer.
3. *Es war einmütig.* Die Führer blieben nicht im sicheren Hintergrund um zu sagen: »Lasst das Volk nur kämpfen. Wir bleiben hier und machen den Plan.« Ebenso sagte das Volk nicht: »Lasst die Führer nur machen«. Jeder einzelne sah seine Verantwortung vor Gott. Die Führer führten, das Volk gehorchte, aber auf freiwilliger, spontaner Basis.

Der Appell der Stämme
(Richter 5,13-18)

Es genügte Debora nicht, in ihrem Lied ganz allgemein die Reaktion des Volkes zu beschreiben. Ganz genau zählt sie die verschiedenen Stämme auf, die dem Ruf gefolgt sind und charakterisiert sie. Da war Ephraim, Benjamin, Machir (die Hälfte des Stammes Manasse, die westlich des Jordan lebte), Sebulon, Issaschar und Naftali. Drei Stämme verdienen besondere Erwähnung: In Vers 15 lesen wir, dass sich die Männer von Issaschar zusammen mit Barak in die Schlacht stürzten. Sebulon kämpfte mit Todesverachtung (V. 18), und Naftali stand auf den Höhen des Feldes, das heißt, sie wählten sich die Orte, wo die Schlacht am heißesten war. Ein plastisches Bild von Mut und Kampfestüchtigkeit.

Dies alles gibt mir als Gläubigem eine direkte Anwendungsmöglichkeit für mein Leben. Diese völlige, spontane, begeisterte, risikofreudige Hingabe, die dem Befehl Gottes gehorcht und dem Feind entgegengeht, um für Gott zu kämpfen, ist ein Maßstab auch für mein Leben.

Der Herr Jesus hat mich zu seinem Jünger berufen, mich damit beauftragt, für ihn zu kämpfen, nicht gegen Menschen, sondern gegen die Macht Satans. Ich soll in dieser Welt für ihn leben. Ich darf ihm auf verschiedene Weisen dienen. Ich kann Jesu Ruf auch auf die folgenden verschiedenen Weisen beantworten: »Nun gut, wenn's denn sein muss«, oder »Wenn ich mich früh genug melde, bekomme ich vielleicht einen Druckposten!« oder »Was ist für mich an Vorteilen darin?« oder »Wenn ich keinen führenden Posten bekomme, bin ich nicht interessiert!«

Ich kann aber auch die gleiche Hingabe wie Sebulon, Issaschar und Naftali haben und mich freiwillig von Gott dahin stellen lassen, wo ich am nötigsten gebraucht werde.

Als Israel das Heiligtum baute, half jeder, »den sein Herz trieb« (2. Mose 36,2) mit Werk und Gaben. Bis auf einmal ein Problem auftauchte. Es kamen weitaus mehr Gaben als gebraucht wurden. So musste man den Spendenfluss anhalten.

Es ist eine traurige Erscheinung innerhalb der evangelikalen Gemeinden, dass man so wenig freudige Reaktion auf Gottes Ruf sieht. In unserem Dienst ist zu viel Pflichtgefühl und zu wenig Liebe. Doch wie schön ist es zu erfahren, wie Menschen freudigen Herzens mit Jesus in den Kampf ziehen, um ihn zu verherrlichen.

Das Motiv für freudige Dienstbereitschaft

Wie waren jene Männer bereit, freudig ihr Leben für Gott auf's Spiel zu setzen. Wenn wir Debora glauben, gab es zwei Gründe:

Erstens: Ihre Liebe zu Gott (V. 31). Diese Männer waren der gerechte Teil der Nation, der wusste, was es bedeutet Gott zu lieben in einer Zeit, in der der Großteil des Volkes vom Glauben abgefallen war. Wenn Gott unser Herz in Besitz nimmt, fangen wir an, ihm freudig und freiwillig zu dienen. Das ist vielleicht überhaupt der Kern des ganzen Problems; es ist nicht eine Frage der Quantität als vielmehr der Qualität unseres Einsatzes für den Herrn. Deshalb kommt Jesus zu uns und fragt, wie er den Petrus fragte:

»Petrus, liebst du mich?«

»Herr, du weißt, dass ich dich liebe«

»Weide meine Schafe!«

Das ist der Befehl: »Liebst du mich? – Diene mir!«

Dann reagieren wir wie Petrus, schauen uns um und fragen:

»Und der da, was ist mit dem?«

Der Herr antwortet: »Was geht dich das an? Folge du mir nach!«

Liebe zu Jesus zieht einen deutlichen Lebenswandel nach sich. Wenn wir Jesus jedoch nicht lieben, wird unser Leben und Wandel ohne Maßstab sein.

Einen zweiten Grund für die freudige Motivation der Freiwilligen finden wir in Vers 23: Es war ihre Dienstauffassung. In Vers 23 wird die kleine Stadt Meros erwähnt. Ihre Bewohner hätten auch in den Kampf eingreifen können, zogen es aber vor, im Hintergrund zu bleiben. Deshalb werden sie im 23. Vers verflucht, nicht weil sie Debora oder Barak im Stich ließen, sondern weil sie sich weigerten, dem Herrn zu Hilfe zu kommen. Diese Tatsache war den freiwillig Dienenden im Bewusstsein: Sie dienten dem Herrn.

Schon oft, wenn ich in einem Dienst irgendwie unlustig oder enttäuscht war, wenn ich das Gefühl hatte, gleichgültig zu werden, half es mir sehr, mir klarzumachen, dass mein Dienst nicht um irgendwelcher Menschen willen, sondern um Jesu willen geschieht. Wir sollten immer unseren Dienst für den Herrn als einen Akt der Liebe ansehen. Solche Einstellung hat einen revolutionierenden Einfluss auf unser Leben. Es ist nämlich eine herrliche Sache, dass diese Einstellung des freudigen Einsatzes für den Herrn ein fröhliches Herz gibt. Debora sang und auch die Freiwilligen; auch sie kannten die Freude, die man bekommt, wenn man sich dem Herrn gibt. Diese Erkenntnis wird auch in 1. Chronik 29 weitergegeben, wo wir von den freiwilligen Gaben der Israeliten in Vorbereitung des Tempelbaus lesen (1. Chr. 29,9). Im Leben der Gläubigen ist Freude nie nur ein Ergebnis des Beschenktwerdens, sondern in erster Linie ein Ergebnis des Sich-Hingebens und der Erfahrung der Liebe Gottes im eigenen Leben.

Nicht alle Stämme Israels zeigten diese freudige Einsatzbereitschaft. Genau wie in unseren Gemeinden heute, gab es auch damals in Israel Widerwille, Ablehnung und Gleichgültigkeit.

Der Geist der Ablehnung

(Richter 5,15-17)

Viereinhalb Stämme haben sich vom Kampf ausgeschlossen. Juda und Simeon werden interessanterweise überhaupt nicht erwähnt; der Grund mag gewesen sein, dass sie so weit im Süden wohnten. Doch die erwähnten viereinhalb Stämme blieben aus eigener Entscheidung weg. Debora gibt uns einen interessanten Einblick in die Haltung dieser Stämme. Sie steht für vier verschiedene Arten der Ablehnung und des Unwillens, die auch heute unseren Dienst lähmen.

Ruben: der Stamm, der nicht handeln wollte (Richter 5,15b-16)
»An den Bächen Rubens waren großartige Beratungen des Herzens ...« Man kann in diesen Versteilen fast das Volk vor sich sehen: Beratungen, Debatten, Beschlüsse, militärische Übungen. Doch dabei blieb es. Die Herzen waren zwar bewegt, doch ihre Füße blieben stehen. Sie blieben zu Hause, lauschten den Flöten der Hirten und hörten deshalb nie die Kampfposaune. Sie waren bereit, mitzufühlen, aber nicht zu opfern.

Ist das nicht eine ständige Gefahr für die Gläubigen? Es ist so einfach, bewegt zu sein, sein Herz zu erforschen und dann doch zu Hause zu bleiben, anstatt in den Kampf zu ziehen.

Gilead: die Stämme, die keine Gemeinschaft hatten (Richter 5,17)
Gilead ist nicht der Name eines einzelnen Stammes, sondern steht für Gad und den halben Stamm Manasse. Beide hatten ebenso wie Ruben, nie den Jordan überquert. »Gilead ruhte jenseits des Jordan«. Es scheint mir, dass einer der Hauptgründe für diesen Selbstausschluss

diese Abgeschiedenheit von aktiver Gemeinschaft war. Es gibt viele Beweise dafür, dass fehlende Gemeinschaft mit Gläubigen mangelnde Einsatzbereitschaft für das Werk des Herrn verursacht.

Dan: der Stamm der kein Wachstum erfuhr (Richter 5,17)
Dans Problem war nicht Handlungsunfähigkeit oder fehlende Gemeinschaft. Dan war nicht im Glauben gewachsen. »Dan, warum diente er auf fremden Schiffen?«, fragt Debora. Dan hatte nie seine Möglichkeiten verwirklicht. In Kapitel 1,34-36 lasen wir, dass die Amoriter Dan ins Gebirge getrieben hatten. In ihrem Ungehorsam waren sie so schwach geworden, dass sie ihr eigenes Gebiet verlassen mussten und gezwungen wurden, nach Norden zu ziehen. Sie sahen immer nur ihre eigene Lage und blieben, wo sie waren. Auch im 18. Kapitel wird Dan in einem traurigen Zusammenhang erwähnt. Dan war der erste Stamm, der von Gott abfiel.

Wieder haben wir hier eine entscheidende Erkenntnis: Ein Christ, der nicht im Glauben wächst, hat keine dynamische Gotteserfahrung.

Asser: der Stamm, dem der Weitblick fehlte (Richter 5,17b)
Der Stamm Asser lebte an der phönizischen Küste. Er konzentrierte sich ausschließlich auf seine Schiffe, seine Häfen und seinen Handel. »Asser blieb am Gestade des Meeres, und an seinen Buchten ruhte er.« Asser hatte keinen Blick für das Werk Gottes, keinen Sinn für den Plan Gottes. Da war kein Verständnis für die Aufgabe, zu der Gott ihn gerufen hatte. Das war der Grund, warum sich keine Freiwilligen fanden.

Es ist so wichtig, das Leben im Licht der Bibel zu sehen. Wir müssen uns selbst so sehen, wie Gott uns sieht, und es ist nötig, dass wir unsere Aufgabe mit Gottes Augen sehen. Erst wenn das geschieht, bekommen wir diesen freudigen Einsatzwillen, der für Jesu Dienst notwendig ist.

Eine bezeichnende Tatsache sei noch erwähnt: Die viereinhalb Stämme, die Gottes Ruf nicht folgten, steuerten nie irgendetwas Positives für die Sache Gottes bei. Asser verschwand praktisch von der Bildfläche, Dan verlor sich im Abfall von Gott, und die zweieinhalb Stämme am Ostufer des Jordan wurden wiederholt von Feinden überrannt. Sie waren selbst die Opfer ihres widerspenstigen Geistes. Sie lebten für sich selbst, weigerten sich, das, was sie besaßen, auf's Spiel zu setzen und verloren alles.

Das ist aber immer so im Christenleben. Wenn ich widerspenstig und ablehnend bin, werden nicht nur meine Brüder und Schwestern im Glauben geschädigt, auch ich selbst trage den ärgsten Schaden davon, denn mein Glaube wird wie eine taube Nuss.

Die Kinder Israel hatten das unglaublichste Wehrpflichtgesetz, das man sich vorstellen kann. Wir können es in 5. Mose 20,8 nachlesen:

> *»Die Vorsteher sollen weiter zu dem Volk reden und sprechen: Wer ist der Mann, der sich fürchtet und verzagten Herzens ist? Er gehe und kehre nach seinem Hause zurück, damit nicht das Herz seiner Brüder verzagt werde wie sein Herz.«*

Wie würde sich dieses Gesetz bei uns auswirken? Wer keinen Wehrdienst leisten will, braucht das nicht zu tun. Wir hätten wahrscheinlich ein Heer, das in eine Telefonzelle passen würde. Gott wollte jedoch seinem Volk damit sagen: »Ich will Freiwillige in meiner Armee haben, Menschen, die mir freudig, willig und spontan dienen.« Das gleiche sagt er uns heute. Wir finden das Thema von Deboras Lied in den bekannten Worten in 2. Korinther 9,7 wieder:

> *»Jeder gebe, wie er sich in seinem Herzen vorgenommen hat: nicht mit Verdruss oder aus Zwang, denn einen fröhlichen Geber liebt Gott ...«*

Wird damit auch deine Einsatzbereitschaft für den Heiland beschrieben? Der Herr Jesus kennt keine Dienstpflicht, er lockt Menschen nicht mit Tricks in sein Werk. Er hält Ausschau nach Leuten mit bereitwilligen Herzen wie Issaschar, Sebulon und Naftali. Folgst du deinem Heiland in den Kampf?

7

Gottes umgestaltende Gegenwart

Es war im Mai des Jahres 1855, als ein achtzehnjähriger junger Mann zu einem Ältesten einer Gemeinde in Boston kam. Er war in fast völliger Unkenntnis biblischer Tatsachen in einer toten Gemeinde aufgewachsen. Erst als er nach Boston kam, um sein Glück zu machen, fand er Kontakt zu bibelgläubigen Christen. Im April dieses Jahres hatte er durch das Zeugnis eines Sonntagschullehrers sein Leben Jesus übergeben und suchte nun Aufnahme in die Gemeinde. Die Ältesten, die mit ihm sprachen, hatten noch nie einen Menschen getroffen, der so wenig über die bekannten Heilstatsachen wusste, und deshalb legten sie ihm eine einjährige Wartezeit nahe. In dieser Zeit sollte er durch ein intensives Lernprogramm seinen Erkenntnisrückstand aufholen. Selbst nach Ablauf dieses Jahres stand es nicht viel besser, denn der bedauernswerte junge Mann konnte nur sehr schlecht lesen und beherrschte seine Muttersprache unvollkommen. Da es jedoch offensichtlich war, dass er dem Herrn Jesus nachfolgte, wurde er als Gemeindeglied aufgenommen. Keiner, der den Jungen damals kennen lernte, ahnte, dass Gott einen Menschen wie ihn jemals würde gebrauchen können. Und doch geschah es. Durch Gottes unendliche Gnade und Liebe wurde Dwight L. Moody zu einem der bevollmächtigtesten Diener Gottes, dessen Einfluss wir heute noch spüren.

Es ist eine der bemerkenswertesten Tatsachen, dass Gott uns nicht so sieht, wie wir sind, sondern so, wie wir sein können. Durch seine Gegenwart kann er schwache, unbedeutende Menschen grundlegend umgestalten. Er nimmt uns so wie wir sind, mit unseren Schwächen,

Zweifeln und Unzulänglichkeiten. Doch er sagt nicht etwa: »Entledige dich erst einmal all deiner Fehler, dann kann ich dich gebrauchen.« Nein, er kommt in unsere Schwachheit mit der Verheißung seiner Gegenwart, die unsere Unzulänglichkeit in seine Stärke verwandelt. Das ist ganz klar im Leben eines der größten Helden des Alten Testaments zu sehen, im Leben Gideons.

Gideon war nicht immer so, wie wir ihn jetzt kennen. Es kann auch für uns ermutigend sein, zu sehen wie Gott in seinem Leben wirkte. Wir treffen in Richter 6 auf Gideon, und zu diesem Zeitpunkt war er so entmutigt und frustriert, dass ich immer an jenen Mann erinnert werde, der mit einem Problem zum Psychiater kam: »Doktor, Sie müssen mir helfen. Ich komme mir absolut überflüssig vor. Meine Freunde sagen, ich habe einen schrecklichen Minderwertigkeitskomplex. Bitte helfen Sie mir!« Der Psychiater machte einige Tests und sagte dem Mann, er solle in einer Woche wiederkommen. Nach einer Woche kam der Mann zurück, und der Psychiater sagte: »Lieber Freund, ich habe die Tests ausgewertet, und ich habe gute und schlechte Nachricht für Sie. Zuerst die gute: Es besteht kein Zweifel darüber, Sie haben keinen Minderwertigkeitskomplex. Nun die schlechte Nachricht: Sie sind minderwertig!«

Wenn wir in Ofra gewesen wären, kurz bevor der Engel zu Gideon kam, hätten wir einen ähnlich niedergeschlagenen Mann kennen gelernt. Israels Lage schien hoffnungslos, die Midianiter schienen übermächtig, und kein Ausweg war in Sicht.

Die Lage Israels
(Richter 6,1-10)

»Und die Söhne Israel taten, was böse war in den Augen des HERRN. Da gab sie der HERR in die Hand Midians, sieben Jahre. Und die Hand Midians wurde stark über Israel. Vor Midian machten sich die Söhne Israel die Felsenlöcher, die in den Bergen sind, und die Höhlen und die Bergfesten. Und es geschah, wenn Israel gesät hatte, dann zog Midian herauf und Amalek und die Söhne des Ostens, die zogen herauf gegen sie. Und sie lagerten sich gegen sie und verheerten den Ertrag des Landes bis dahin, wo man nach Gaza kommt. Und sie ließen keine Lebensmittel in Israel übrig, weder Schafe noch Rinder, noch Esel. Denn sie zogen herauf mit

ihren Herden und mit ihren Zelten, sie kamen so massenhaft wie Heuschrecken; zahllos waren sie und ihre Kamele. Und sie kamen ins Land, um es zu verheeren. So verarmte Israel sehr wegen Midian. Und die Söhne Israel schrieen zu dem HERRN um Hilfe.

Und es geschah, als die Söhne Israel wegen Midian zu dem HERRN um Hilfe schrieen, da sandte der HERR einen Propheten zu den Söhnen Israel. Dieser sagte zu ihnen: So spricht der HERR, der Gott Israels: Ich habe euch aus Ägypten heraufkommen lassen und habe euch herausgeführt aus dem Sklavenhaus. Und ich habe euch aus der Hand der Ägypter gerettet und aus der Hand all eurer Unterdrücker. Und ich habe sie vor euch vertrieben und euch ihr Land gegeben. Und ich sprach zu euch: Ich bin der HERR, euer Gott: Ihr sollt nicht die Götter der Amoriter fürchten, in deren Land ihr wohnt. Aber ihr habt meiner Stimme nicht gehorcht.«

Diese Verse zeichnen ein überdeutliches Bild der Lage des Volkes zur Zeit Gideons. Wir sehen eine neue Umdrehung des unguten Kreises aus Sünde, Knechtschaft, Flehen und Errettung, die dann wiederum von Sünde gefolgt wird. Durch Debora hatte das Volk eine wunderbare Errettung erfahren und 40 Jahre lang in Freiheit und Frieden gelebt. Dann wagte Israel sich erneut von dem Herrn ab, um Götzendienst und andere Übel zu betreiben, und wiederum überließ Gott das Volk den Folgen der Sünde: Gebundenheit und Knechtschaft unter einer fremden Nation. Dieses Mal bediente sich Gott der Midianiter. Diese waren ganz besonders schlagkräftig durch den Kriegseinsatz von Kamelen. Es ist für uns Menschen des 20. Jahrhunderts, die Neutronenbomben, Laserstrahlen, Satelliten und ähnliche hochentwickelte Kriegswerkzeuge kennen, schwer uns die militärische Bedeutung von Kamelen vorzustellen. Doch im 12. Jahrhundert vor Christi Geburt gaben Kamele den Midianitern unwahrscheinliche strategische Vorteile. Einmal konnten sie durch ihr ungewöhnliches Aussehen den Feinden Furcht einflößen, zum anderen versetzten sie die Midianiter in die Lage, in kurzer Zeit längere Wüstenstrecken zu durchqueren, den Feind anzugreifen und sich dann wieder in die Wüste zurückzuziehen. Das war gegenüber den Israeliten ein ungeheurer Vorteil, da diese ausschließlich auf Fußsoldaten zurückgreifen konnten. Ein Kamel kann drei bis vier Tage lang mit einer schweren Last laufen ohne Nahrung und Wasser aufnehmen zu müssen. Diese Fähigkeit machten sich die Midianiter bei ihren Kriegszügen nach Israel zunutze. Statt das Land auf Dauer zu besetzen, warteten sie einfach ab, bis die Erntezeit gekommen war. Dann kamen sie in großer Zahl aus der Wüste, überquerten den Jordan und überfielen Israel. Ihre militärische und zahlenmäßige Überlegenheit ließ den Israeliten keine Verteidigungsmöglichkeit. Wie ein riesiger Heuschreckenschwarm durchkämmten sie das Land, luden alles Essbare auf ihre Kamele und verschwanden bis zur nächsten Ernte in der Wüste. Möglicherweise blieb ein winziger Trupp als Besatzung im Land zurück; aber die Hauptstreitmacht kam nur während der jährlichen Ernte. Dies taten die Midianiter sieben Jahre lang und brachten Israel dadurch in eine verzweifelte Situation. Das Volk war gezwungen, Nahrungsvorräte in Berghöhlen und anderen Verstecken anzulegen. Ohne viel Erfolg, denn die Midianiter waren durch nichts aufzuhalten, und Israel war geschlagen und hilflos. Schließlich, als es seine Hilflosigkeit erkannte, schrie es zu Gott.

Reue – nicht Bedauern

Jedesmal wenn Israel – im Buch Richter – Gott um Hilfe anrief, sandte er sofort einen Richter. Nicht so dieses Mal. Gott schickte einen Propheten, durch den er seinem Volk etwas mitteilen wollte.

Es besteht ein großer Unterschied zwischen einem Hilferuf und einem Aufschrei aus Reue oder Sünde. Wohl schrie Israel zu Gott, doch es hatte noch nicht seine Sünde bereut. Deshalb lesen wir in den Versen 7-10 von Gottes Prophet. Er erinnerte die Israeliten an Gottes Treue und Gnade, an die Befreiung aus Ägypten, an die Führung bis ins verheißene Land und betonte noch einmal die Bedingungen seines Bundes: »Ich bin der Herr, dein Gott. Du sollst nicht den Göttern der Amoriter dienen, in deren Land du lebst.« Gott hatte so viel für Israel getan. Trotzdem hatte es sich in seinem Trotz von ihm abgewandt und den Bund gebrochen. Es wird dem Volk deutlich gemacht: Was es war, wo es war, hatte es selbst verschuldet, weil es seinen Gott verlassen hatte. Der Herr konnte Israel jedoch nicht in seiner schlimmen Lage verlassen. Er unternahm schon Schritte, das Volk seines Bundes zu befreien, und der erste Schritt war die Vorbereitung seines Werkzeuges.

Die Berufung des Gideon
(Richter 6,11-16)

»Und der Engel des HERRN kam und setzte sich unter die Terebinthe, die bei Ofra war, die Joasch, dem Abiesriter gehörte. Und sein Sohn Gideon schlug gerade Weizen aus in der Kelter, um ihn vor Midian in Sicherheit zu bringen. Da erschien ihm der Engel des HERRN und sprach zu ihm: Der HERR ist mit dir, du tapferer Held! Gideon aber sagte zu ihm: Bitte, mein Herr, wenn der HERR mit uns ist, warum hat uns denn das alles getroffen? Und wo sind alle seine Wunder, von denen uns unsere Väter erzählt haben, wenn sie sagten: Hat der HERR uns nicht aus Ägypten heraufkommen lassen? Jetzt aber hat uns der HERR verworfen und uns in die Hand Midians gegeben. Da wandte sich der HERR ihm zu und sprach: Geh hin in dieser deiner Kraft und rette Israel aus der Hand Midians! Habe ich dich nicht gesandt? Er aber sagte zu ihm: Bitte, mein Herr, womit soll ich Israel retten? Siehe, meine Tausendschaft ist die geringste in Manasse, und ich bin der Jüngste im Haus meines Vaters. Da sprach der HERR zu ihm: Ich werde mit dir sein, und du wirst Midian schlagen wie einen einzelnen Mann.«

Die achte Ernte unter der Knute der Midianiter näherte sich. Wenn man eine Umfrage veranstaltet hätte, wer wohl der geeignetste Befreier wäre, dann hätte Gideons Name bestimmt keine Erwähnung gefunden. Kaum einer in Israel war weniger geeignet für die große Aufgabe, als Gideon aus dem Stamm Manasse.

Der Name Gideon bedeutet so viel wie »der, der niederreißt«. Offensichtlich besaß er große Körperkraft. Doch Vers 11 beschreibt keinen starken Mann. Sein Vater besaß Land in Ofra, einer recht fruchtbaren Gegend. Wir treffen Gideon, als er gerade dabei ist, Getreide mit einem Stock in einer Kelter zu dreschen. Normalerweise pflegte man Getreide auf einer Tenne zu dreschen, wobei man Ochsen und einen Dreschschlitten benutzte. Die Tenne war gewöhnlich in der Nähe des Feldes an erhöhter Stelle, so dass der Wind die Spreu wegtragen konnte. Nur sehr arme Leute, die sehr wenig Getreide hatten, würden mit einem Dreschflegel gedroschen haben. Und doch tat Gideon genau das. In einer verborgenen Kelter versuchte er ein paar Ähren vor dem Zugriff der Midianiter zu retten. Es ist das Bild eines geschlagenen, resignierten Mannes, der voller Zweifel und Furcht ist. Der Mann unter der Eiche in Ofra war bestimmt kein Held.

Gottes umgestaltende Gegenwart

Während Gideon drosch, kam mit einem Mal ein Mann, setzte sich nieder und sah zu. Gideon wusste nicht, dass er ein Engel war. Deshalb dauerte es seine Zeit, bis Gideon merkte, mit wem er redete. Darüber hinaus war es nicht »ein Engel des HERRN«, sondern »*der* Engel des HERRN«. (1. Mose 22,11-19 und 2. Mose 3 bestätigen, dass im Alten Testament der Ausdruck »der Engel des HERRN « bedeutet, dass Gott selbst zugegen ist.) Gott selbst war zu Gideon gekommen, um mit ihm zu handeln.

Anfänglich scheint es, als mache der Herr sich über Gideon lustig: »Der Herr ist mit dir, du tapferer Held.« – Zu diesem Zeitpunkt war Gideon alles andere als ein tapferer Held. Hier war ein Mann, der furchtsam ein paar Hände voll Weizen vor den Midianitern verstecken wollte – aber Gideon sollte ein solch wackerer Kämpfer werden – weil der Herr mit ihm war.

Hast du auch bemerkt, wie oft Gott in der Bibel auf solche Weise mit Menschen handelt? – Er kommt zu dem 99jährigen Abram und sagt: »Abram, ich werde dich umbenennen. Du wirst Abraham sein, der Vater einer Menge.« Und durch Gottes Kraft bekommt Abraham einen Sohn, Isaak. Oder ein ungestümer, emotional labiler Mann wird von seinem Bruder zu Jesus geführt. Der Heiland schaut ihn an und sagt: »Du bist Simon, Jonas Sohn. Du sollst Petrus heißen, der Fels« und durch Gottes Kraft wird Petrus zu einer der Säulen der frühen Christenheit.

Genau das sagte der Engel des Herrn: »Gideon, ich weiß, wie du bist. Ich kenne deine Probleme. Mich interessiert aber viel mehr, was du sein wirst. Ich sehe dich so, wie ich dich haben möchte, denn ich bin mit dir.«

Andere Menschen schauen uns an und sehen unsere Schwächen und Fehler. Gott sieht durch unsere Fehler hindurch und sieht alles das, was durch seine umformende Kraft in uns steckt. Es ist ungeheuer wichtig, dass auch wir erkennen, welche Möglichkeiten durch Gottes Kraft in unserem Leben stecken.

Gideons Probleme

Über seine umgestaltende Kraft hinaus hat Gott eine unendliche Geduld und eine sensible Liebe. Gideons Furcht hatte zwei Hauptursachen. Er durfte sie äußern, und Gott gab ihm die passende Antwort darauf. Da war zunächst das Problem der Entmutigung. Wir lesen davon in Vers 13. Beachten wir Gideons Worte:

»Bitte ... wenn ... warum ... wo ... nun hat der Herr uns verlassen ...« Was wir bildlich in Vers 11 sahen, hören wir hier nun ausgesprochen. Gideon war entmutigt, geschlagen. Gideon dachte an die Wunder, die Gott in der Vergangenheit an Israel getan hatte. Wo waren die Wunder geblieben, wo war Gott? Von allen Arten der Entmutigung ist dies die schlimmste: das Gefühl zu haben, dass Gott nicht interessiert ist, dass Gott einem den Rücken zugewandt hat. Das ist eine kräftezehrende Verzweiflung, die dem Leben alle Hoffnung nimmt. An dieser Stelle stand Gideon, als Gott anfing mit ihm zu handeln.

Offensichtlich hatte Gideon die Situation nicht ganz verstanden. Nicht Gott hatte sein Volk verlassen, sondern sein Volk hatte sich von Gott abgewandt. Es ist so viel leichter, Gott für unsere Probleme die Schuld zu geben als die Verantwortung bei uns selbst zu suchen. Gleichzeitig müssen wir erkennen, dass Gideon nicht an einem Unterlegenheitskomplex litt; er und sein Volk waren geschlagen, doch so lange sie auf diese Niederlage mit Zweifeln reagierten, so lange würden sie auch in der Knechtschaft bleiben.

Als Gott in Vers 14 Gideons Probleme anspricht, bemerken wir plötzlich eine kleine, aber sehr wichtige Änderung der Erzählhaltung: »Und der *HERR* wandte sich zu ihm ... « An dieser Stelle wird der Schleier des Geheimnisses Gottes ein wenig gelüftet. Es wurde bereits gesagt, dass hier, wie an anderen Stellen des Alten Testaments der Engel des HERRN immer persönliches Auftreten Gottes bedeutet. Man kann sogar noch einen Schritt weitergehen: Auf der Basis von Johannes 1,18 kann man davon ausgehen, dass der Engel des HERRN der Herr Jesus Christus ist, der für kurze Zeit menschliche Gestalt annimmt. Der Herr Jesus wandte sich zu Gideon, schaute ihn fest an und sprach: »Gehe hin in dieser deiner Kraft und rette Israel aus der Hand Midians! Habe ich dich nicht gesandt?« Der Herr Jesus selbst gab Gideon die Verheißung seiner Gegenwart, um Niederlage und Mutlosigkeit zu überwinden. Als Jesus sagte: »Gehe in dieser deiner Kraft«, meinte er nicht: »Gideon, du schaffst das.« Gideons »Vertrauen« auf seine eigene Stärke hatte ihn zu der versteckten Kelter geführt. »Diese deine Kraft« ist die Kraft, die durch Gottes Verheißung gegeben wird. »Der Herr ist mit dir ... ich werde mit dir sein« (Verse 12-16). Gideon sollte in der Kraft wirken, die ihm von Gott verliehen wurde. Gideon hatte gelernt, dass das Vertrauen auf seine eigene Kraft Niederlage brachte. Wenn ich mir unsere heutige Welt anschaue mit all den Anstürmen antichristlicher Mächte gegen die biblischen Wahrheiten, habe ich etwa das gleiche Gefühl, das Gideon vor den Midianitern gehabt haben muss: Ich komme mir kümmerlich, hilflos und unbedeutend vor. Paulus hatte recht. Gläubige kämpfen nicht gegen Fleisch und Blut, sondern gegen satanische Mächte (Epheser 6,12). Die einzige Waffe, die ich dagegen weiß, ist der Anspruch auf die Verheißung der Gegenwart Gottes, und dass ich mich ganz darauf einstelle, dass Gottes heiliger Geist in mir wohnt.

Es gibt eine Parallele zwischen Richter 6,14 und Matthäus 28,18-20. Gideon wurde vom Herrn berufen mit der Verheißung seiner Kraft. Wenn der Herr uns in seinen Dienst ruft, ist seine ungleich größere Verheißung: »Siehe, ich bin bei euch alle Tage bis zur Vollendung des Zeitalters.« Hudson Taylor sagte einmal: »Alle großen Gottesmänner waren schwache Menschen, die großes für den Herrn taten, weil sie mit seiner Gegenwart rechneten. Sie bauten auf seine Treue.« Das ist die göttliche Antwort auf Mutlosigkeit: Die Wahrheit der Allgegenwart Gottes.

Das Problem der Unzulänglichkeit

Gottes Verheißung zog die Aufforderung: »Geh« nach sich, und Gideon fragte gequält: »Wie kann ich? Die Aufgabe ist viel zu groß für mich. Ich bin nicht qualifiziert genug, ich habe keine Hausmacht. Mein Vater stammt aus einer der kleinsten Familien in Manasse, und ich bin der jüngste Sohn.« So lautet die Klage in Vers 15.

Eigentlich war das nicht ganz zutreffend. Joasch schien ein ziemlich wichtiger Mann gewesen zu sein, und seine Familie war bestimmt nicht arm. Vers 27 informiert uns, dass Gideon selbst 10 Diener hatte.

All das bedeutet, dass er doch nicht so unbedeutend war, wie er sagte. Doch wir müssen sehen, dass Gideon von dem Gefühl absoluter Unzulänglichkeit erfüllt war. Er traute sich nicht zu, irgend etwas aus eigener Kraft zu tun. Das wunderbare an der Sache ist, dass dies genau der Punkt ist, an dem Gott anfängt mit einem Menschen zu arbeiten.

Gott geht immer wieder nach diesem System vor und ich glaube, es gibt im ganzen Wort Gottes niemanden, der nicht zuerst seine eigene Schwäche erkennen musste, bevor Gott ihn gebrauchen konnte. Paulus drückt das in 2. Korinther 3,5 folgendermaßen aus: »Nicht, dass wir von uns aus tüchtig wären ...« Doch Gott lässt uns nie mit diesem Gefühl des Versagens allein. Paulus schließt Vers 5 mit den Worten: »Unsere Tüchtigkeit ist von Gott.«

Deshalb gibt Gott auch in Richter 6,16 dem Gideon die Verheißung »Sicherlich werde ich bei dir sein, und du wirst Midian wie einen Mann schlagen.« Unzulänglich in sich, aber durch Gott ganz überwältigend befähigt. Das ist die Lektion des Lebens des Gideon.

Wie weit hast du die Verheißung der Kraft Gottes in dein Leben hineinwirken lassen? Gott hat versprochen, bei dir zu sein und seine Kraft in dein Leben auszugießen. Nimmst du diese Kraft in Anspruch? Deine Schwachheit ist für Gott kein Hindernis. Wie wir sahen, entspricht es sogar seinem Plan, seine Macht in Schwachheit zu demonstrieren (2. Korinther 12,9). Was wir am meisten brauchen ist nicht Selbstvertrauen, sondern Gottvertrauen.

Ein weiterer Schritt war nötig, bis Gideon völlig auf seine Aufgabe vorbereitet war. Ihm musste klar werden, dass Gottes Verheißungen keine Hirngespinste waren, sondern heilige Worte, auf die er absolut vertrauen konnte. Deshalb gab Gott Gideon seine Aufgabe und bestätigte ihm auch noch seine Berufung.

Gideons Bestätigung
(Richter 6,17-24)

»Da sagte er zu ihm: Wenn ich denn Gunst gefunden habe in deinen Augen, so gib mir ein Zeichen, dass du es bist, der mit mir redet. Weiche doch nicht von hier, bis ich zu dir zurück komme und meine Gabe herausbringe und dir vorsetze! Er sprach: Ich will bleiben, bis du wiederkommst. Da ging Gideon hinein und bereitete ein Ziegenböckchen zu und ungesäuerte Brote aus einem Efa Mehl. Das Fleisch tat er in einen Korb, und die Brühe tat er in einen Topf. Und er brachte es zu ihm heraus unter die Terebinthe und legte es vor. Und der Engel Gottes sprach zu ihm: Nimm das Fleisch und die ungesäuerten Brote und lege es hin auf diesen Felsen da! Die Brühe aber gieße aus! Und er machte es so. Da

streckte der Engel des HERRN das Ende des Stabes aus, der in seiner Hand war, und berührte das Fleisch und die ungesäuerten Brote. Da stieg Feuer aus dem Felsen auf und verzehrte das Fleisch und die ungesäuerten Brote. Und der Engel des HERRN entschwand seinen Augen. Da sah Gideon, dass es der Engel des HERRN gewesen war, und Gideon sagte: Wehe, Herr, HERR! Wahrhaftig, habe ich doch den Engel des HERRN von Angesicht zu Angesicht gesehen! Da sprach der HERR zu ihm: Friede sei mit dir! Fürchte dich nicht, du wirst nicht sterben. Und Gideon baute dem HERRN dort einen Altar und nannte ihn: Jahwe-Schalom. Bis zu diesem Tag steht er noch in Ofra, der Stadt der Abiesriter.«

Gideon hatte mittlerweile festgestellt, dass der Fremde, mit dem er sprach, etwas Besonderes an sich hatte. Er war sich nicht sicher; aber es war ihm klar, dass es sich zumindest um einen Boten Gottes handeln musste. Um ganz sicherzugehen bereitete er ein Mahl, um seinen Gast zu ehren und um möglicherweise ein weiteres Zeichen zu bekommen.

Wenn wir Vers 19 lesen, sollten wir uns daran erinnern, dass durch die ständigen Raubzüge der Midianiter Lebensmittel sehr knapp waren. Gideon jedoch bereitete ein Festmahl. Er kochte ein ganzes Lamm, nahm eine erhebliche Menge Mehl und backte Brot daraus und bereitete auch noch eine Suppe dazu. Unter den bekannten Umständen muss das eine ungeheuer kostspielige Sache gewesen sein und nahm mehr Zeit in Anspruch als eine kurze Fahrt zum nächsten Restaurant. Gideon brachte dem Herrn sein Mahl und gehorchte seinen Anweisungen. Plötzlich wurde aus dem Mahl ein Opfer. Der Herr berührte nur kurz den Felsen mit seinem Stab und Brot und Fleisch wurden vom Feuer verschlungen. Gott offenbarte seine Gegenwart öfters auf solche Weise, und Gideon erkannte dieses Zeichen sofort. Ebenso schnell war er sich seiner Sünde und Schuld bewusst, und schrie auf vor Furcht: »O, Herr, HERR! Ich habe den Engel des HERRN von Angesicht zu Angesicht gesehen.«

Gott war nicht gekommen, um Gideon zu richten, sondern um sein Volk durch ihn zu befreien. Deshalb sagte er in seiner Gnade zu Gideon: »Friede sei mit dir, Gideon. Fürchte dich nicht; du wirst nicht sterben. Ich bin mit dir und zeige dir meine Liebe.« Als Antwort auf Gottes Versicherung baute Gideon einen Altar und nannte ihn »Jahwe-Schalom«, d. h. »der Herr ist Frieden«. Sicher kam Gideon in der Folgezeit noch häufig an jenen Ort zurück und besah sich zwei Dinge: Die

Feuerspur auf dem Felsen und den Altar, den er als Zeichen der Gegenwart Gottes gebaut hatte. Es waren zwei Erinnerungen an Gottes Verheißungen, die in Felsen geschrieben waren, und auf der Basis dieser Verheißungen marschierte er gegen Midian.

Genauso kann auch ich Verheißungen der Gegenwart Gottes in seinem Wort finden. Wenn ich diese Verheißungen in meinem Leben anwende und bewusst in der Gegenwart Gottes lebe, werde auch ich umgestaltet. Auf sich gestellt war Gideon ein schwacher, zaudernder Mann voller Zweifel. Durch seine unmittelbare Begegnung mit Jesus wurde er ein anderer Mensch. Gott hatte ihm gezeigt, dass es nicht auf seine eigene Unzulänglichkeit, sondern auf Gottes absolute Kraft ankommt. Bevor James Garfield Präsident der Vereinigten Staaten wurde, war er Dekan des Hiram Colleges. Eines Tages wollte ein Vater über den Studiengang seines Sohnes informiert werden. Garfield zählte auf, welche Vorlesungen der junge Mann hören müsste. »Hören Sie auf, Mr. Garfield«, sagte der Mann schließlich. »Wie soll mein Sohn das alles lernen? Er braucht den ganzen Stoff doch nicht für seinen Beruf. Könnten Sie das Studium nicht etwas verkürzen?« – »Selbstverständlich«, antwortete der Dekan, »aber dann muss ich daran denken, dass Gott einer Eiche 100 Jahre gibt, damit sie ein starker Baum wird. Ein Kürbis braucht nur drei Monate. Soll Ihr Sohn ein Kürbis oder eine Eiche werden?«

Gott wandelt Menschen um, er tut das jedoch nicht urplötzlich. Er wandelt uns um, wenn wir mit ihm leben. In 2. Korinther 3,18 wird diese Entwicklung so zusammengefasst: »Wir alle aber, mit aufgedecktem Angesicht die Herrlichkeit des Herrn anschauend, werden verwandelt nach demselben Bild von Herrlichkeit zu Herrlichkeit, als durch den Herrn, den Geist.« Wie viel Zeit verwenden wir darauf, die Herrlichkeit des Herrn, die uns in seinem Wort offenbart wird, anzuschauen?

Dieser Grundsatz ist von zentraler Bedeutung. Wir warten nicht darauf, dass Gottes Botschaft uns in Visionen mitgeteilt wird. Der Glaube und das Wort Gottes sind uns geschenkt.

Die Schrift hält alles für uns bereit, was wir für den Dienst gebrauchen (2. Timotheus 3,16-17). Wir sehen die Herrlichkeit Jesu durch Gottes Wort. Wir sehen ihn von Angesicht zu Angesicht und werden dabei umgestaltet. Es ist unser Vorrecht, in seiner Gegenwart leben zu dürfen. Nur durch diese ständige Gemeinschaft werden wir befähigt, ihm zu dienen.

8

Nicht zurückwenden

W*er je in Texas gelebt hat, weiß, wie ernst die Texaner die Geschichte ihres Staates nehmen.* Nach meinem ersten Jahr im Seminar in Dallas heiratete ich, und meine Frau Elisabeth hatte als Kanadierin ein Visum, das ihr auch gestattete, in den Vereinigten Staaten ihren Beruf als Lehrerin auszuüben. Bald fanden wir jedoch heraus, dass etwas, das für den Rest der USA galt, für Texas längst nicht genug war. Elisabeth durfte nicht in den öffentlichen Schulen unterrichten, bis sie einen Kurs in Geschichte absolviert hatte, jedoch keinen Kurs in amerikanischer Geschichte, nein, in texanischer Geschichte. Neben vielen anderen historischen Ereignissen leben ganz besonders die Geschehnisse bei Alamo in der Erinnerung der Texaner. Alamo war eine Missionsstation bei San Antonio. Texas hatte 1836 seine Unabhängigkeit von Mexiko erklärt, und Mexiko beantwortete diesen Akt mit der Entsendung eines Strafkorps von 3 000 Soldaten unter dem General von Santa Ana. Die Texaner konnten nicht rechtzeitig eine entsprechende Truppe aufstellen. Um Zeit zu gewinnen, bekam Colonel (Oberst) W. B. Travis den Auftrag, mit 185 Soldaten und Freiwilligen, die er bei Alamo zur Verfügung hatte, die Mexikaner so lange wie möglich aufzuhalten. Die Handvoll Männer stand vor einer schweren Entscheidung. Sollten sie sich der Übermacht ergeben oder fliehen? Colonel Travis forderte die Entscheidung heraus, indem er mit seinem Säbel eine Linie auf die Erde zog und diejenigen, die bei ihm bleiben und bis zum sicheren Tod kämpfen wollten, aufforderte, auf die andere Seite der Linie zu treten. Alle bis auf einen entschieden sich für den Kampf, und alle fielen. Es war eine kurze Entscheidung mit weitreichenden Folgen. Für den, der die Linie überschritten hatte, gab es kein Zurück mehr. Der Todesmut dieser 185 Männer begeisterte eine ganze Nation, und der Ruf »Remember the Alamo!« (Denkt an Alamo!) wurde zum Schlachtruf der Texaner in ihrem Kampf gegen Mexiko. Viele andere wurden durch ihre Einsatzfreude ermutigt.

Auch Gideon hatte in seinem Leben eine solche »Alamo-Erfahrung«, einen solch entscheidenden Wendepunkt. Hier war es Gott, der die Linie auf den Boden zog und Gideon aufforderte, auf die andere Seite zu treten und sich ganz Gottes Willen auszuliefern. Gideons Entscheidung brachte ihm nicht den Tod, doch auch für ihn gab es kein Zurück mehr, und auch sein Mut beflügelte eine ganze Nation.

Wir haben hier jedoch mehr als einen entscheidenden Einschnitt in Gideons Leben. In diesen Entschluss ist ein grundlegendes geistliches Prinzip eingebettet, das unser Leben, jetzt 3 000 Jahre später, berührt. Gott erinnert uns daran, dass es nicht ausreicht, sich in der Stille zu ihm zu zählen, sondern dass ein öffentliches Bekenntnis der Jüngerschaft folgen muss. Gott ruft uns auf, uns öffentlich ganz entschieden mit dem Herrn Jesus zu identifizieren, so dass es auch für uns kein Umwenden mehr gibt. Gott wird diesen Schritt über die Linie mit der Bereitstellung seiner Kraft belohnen. Wir lesen von dieser Erfahrung in Gideons Leben in Richter 6,25-35:

> *»Und es geschah in jener Nacht, da sprach der HERR zu ihm: Nimm einen Jungstier von den Rindern, die deinem Vaters gehören, und zwar den zweiten Stier, den siebenjährigen! Und reiße den Altar des Baal, der deinem Vater gehört, nieder und die Aschera, die dabei steht, haue um! Und baue dem HERRN, deinem Gott, einen Altar auf dem Gipfel dieser Bergfeste in der rechten Weise! Und nimm den zweiten Stier und opfere ihn als Brandopfer mit dem Holz der Aschera, die du umhauen sollst! Da nahm Gideon zehn Männer von seinen Knechten und tat, wie der HERR zu ihm geredet hatte. Und es geschah, da er sich vor dem Haus seines Vaters und vor den Männern der Stadt fürchtete, es bei Tag zu tun, tat er es bei Nacht.*
>
> *Und als die Männer der Stadt morgens früh aufstanden, siehe, da war der Altar des Baal umgerissen, und die Aschera, die dabei gestanden hatte, war umgehauen, und der zweite Stier war als Brandopfer auf dem neu erbauten Altar geopfert. Da sagten sie einer zum anderen: Wer hat das getan? Und sie forschten und fragten nach, und man sagte: Gideon, der Sohn des Joasch, hat das getan. Da sagten die Männer der Stadt zu Joasch: Führe deinen Sohn heraus! Er muss sterben, weil er den Altar des Baal umgeris-*

sen und weil er die Aschera, die dabei stand, umgehauen hat! Joasch aber sagte zu allen, die bei ihm standen: Wollt ihr für den Baal Anklage erheben, oder wollt ihr ihn retten? Wer für ihn Anklage erhebt, soll getötet werden bis zum Morgen. Wenn er ein Gott ist, soll er für sich selbst Anklage erheben, weil man seinen Altar umgerissen hat. Und man nannte ihn an selbigem Tag Jerub-Baal, das heißt: Baal möge gegen ihn Anklage erheben, weil er seinen Altar umgerissen hat. Und ganz Midian und Amalek und die Söhne des Ostens versammelten sich miteinander, und sie zogen herüber und lagerten sich im Tale Jesreel. Aber der Geist des HERRN umkleidete Gideon. Und er stieß ins Horn, und die Abiesriter wurden zusammengerufen, ihm nach. Und er sandte Boten durch den ganzen Stamm Manasse, und auch er wurde zusammengerufen, ihm nach. Und er sandte Boten durch Asser und durch Sebulon und durch Naftali. Und sie zogen herauf, ihnen entgegen.«

Erinnern wir uns an den schwachen, entmutigten, geschlagenen Mann in Vers 11, der sich vor den Midianitern versteckte und an seinem Gott zweifelte. Doch Gott hatte einen Heilungsprozess in Gideons Leben in Gang gesetzt durch die direkte Begegnung mit Jesus.

Gideons erster Auftrag

(Richter 6,25-32)

Auf dem Hof seines Elternhauses war eine ständige Erinnerung dafür, dass Gott Israel in die Hand Midians gegeben hatte. Joasch, Gideons Vater, hatte offenbar einen Baal-Altar auf seinem eigenen Grundstück erbaut und daneben eine Aschera, eine hölzerne Säule, aufgestellt, die die kanaanitische Göttin der Fruchtbarkeit darstellte. Es war dies jedoch nicht nur ein Heiligtum für Joasch Familie. Es diente auch als Anbetungsstätte für das ganze Dorf, wobei Joasch wahrscheinlich eine Führungsrolle in der heidnischen Götzenverehrung spielte. Es ist unwahrscheinlich, dass Joaschs Heiligtum irgendein kleiner Altar war, der versteckt in einem Hain lag. Ein Baal-Altar, der bei Meggido in der Nähe von Ofra ausgegraben wurde, war etwa acht Meter im Quadrat und 1,40 m hoch, aus Steinen, die mit Lehm zusammengefügt waren. Ähnlich wird der Altar des Joasch gewesen sein.

Dieses Heiligtum auf dem Hof des Joasch war Ziel des göttlichen

Auftrages. Sein Wille war eindeutig. Gott konnte und wollte Gideon nicht eher gebrauchen, bis in seinem eigenen Haus alles ins Reine gebracht war. Deshalb bekam Gideon klare Befehle. Er sollte einen Jungstier nehmen, der seinem Vater gehörte und einen siebenjährigen Stier und mit ihnen den Altar niederreißen. Dann sollte er die hölzerne Aschera absägen und mit ihrem Holz den siebenjährigen Stier auf einem neuen Altar opfern. Diesen Altar sollte er dem Herrn auf einem hohen Felsen bauen.

Gott will durch die beiden Stiere etwas ganz Bestimmtes mitteilen. Der junge Stier gehörte Joasch, der ihn wahrscheinlich dem Baal opfern wollte. Derselbe Stier wurde benutzt, um den Baal-Altar niederzureißen. Der zweite Stier war 7 Jahre alt, das entsprach der Zeit der midianitischen Unterdrückung. Als Gideon im Glauben an den Herrn diesen Stier auf dem neuen Altar opferte, waren die sieben Jahre der Fremdherrschaft beendet. Sieben Jahre der Sklaverei gingen im Rauch des Dienstes im Gehorsam auf.

Wir können Gideons Auftrag einige tiefgreifende Folgerungen entnehmen.

1. *Baal muss verschwinden, bevor Midian vertrieben werden kann.* Zuerst musste Gideon den falschen Gott zerstören, und erst dann konnte er Israel befreien. Wir können das auf unser Leben übertragen. Es ist uns unmöglich, in unserem Leben Sieg zu erfahren, wenn Jesus nicht der unumschränkte Herr unseres Lebens ist. Götzendienst oder Halbherzigkeit verhindern ein siegreiches Leben. Wenn es uns ernst ist mit dem Wunsch, Gott in unserem Leben wirken zu lassen, dürfen wir uns auf keinen Kompromiss einlassen. Was ist der »Baal« in deinem Leben? Es kann eins von vielen Dingen sein; doch was immer zwischen dir und Gott ist, es muss vernichtet werden, damit Gott mit dir arbeiten kann.
2. *Der Altar des Herrn darf nicht errichtet werden, bis der Baal-Altar zerstört ist.* Gott wird nie irgendwelche Vermischung oder Verunreinigung mit falschen (Religions-)Einflüssen hinnehmen. Gott kennt keine Koexistenz mit anderen Gottheiten. Er wird nie unseren Dienst akzeptieren, bis wir die falschen Altäre aus Herz und Leben entfernt haben. Halber Gottesdienst ist überhaupt kein Gottesdienst. Gott muss allein Herr und König sein.
3. *Wir müssen bei uns selbst anfangen.* Dieses Prinzip zieht sich durch die ganze Heilige Schrift. Der Balken in meinem Auge hat Priorität

vor dem Splitter im Auge des Nachbarn. Meine Hingabe an Jesus Christus ist oberflächlich und hohl, wenn sie nicht mein Familienleben beeinflusst.

Gideons Gehorsam

In jener Nacht nahm Gideon zehn seiner Diener und tat genau das, was Gott ihm aufgetragen hatte. Er war dabei voller Angst, denn er wusste, was der Baal-Altar für die Bevölkerung bedeutete. Dennoch gehorchte er. Man könnte sagen, dass Gott den schwierigsten Auftrag an den Anfang stellte. Sehr häufig ist es am schwersten, im eigenen Heim, bei den engsten Freunden ein Zeugnis für Jesus Christus zu sein. Es ist sicherlich leichter dort für den Herrn Jesus aufzustehen, wo man unbekannt ist, als zu Hause. Es fällt uns leichter, am Strand oder auf dem Flughafen das Evangelium weiterzusagen, als bei Arbeitskollegen oder Klassenkameraden. Deshalb war auch Midian weniger furchterregend für Gideon als Joasch und die Einwohner von Ofra. Immerhin musste er täglich mit Joasch auskommen. Trotzdem musste Gideon an dieser Stelle ein offenes Bekenntnis ablegen, und ich glaube, auch wir können eine Menge daraus lernen. Wir dürfen einfach nicht versuchen, unsere Bindung an den Herrn Jesus vor denen zu verbergen, die uns am nächsten stehen. Das ist unser allererster Auftrag, den wir als Gläubige haben.

In Vers 27 werden wir außerdem gemerkt haben, dass sich Glaube nicht durch Furchtlosigkeit, sondern durch Gehorsam beweist. Wenn ich diesen Vers lese, sehe ich einen Mann vor mir, der Gott gehorchte, aber bei der Ausführung von Gottes Befehl furchtsam war. Gideons Angst wurde nicht auf übernatürliche Weise beseitigt, sondern er gehorchte trotz seiner Angst. Oft muss ich mich daran erinnern, wenn ich Gottes Ruf spüre, wenn ich meine, Gott verlangt zu viel und ich Situationen gegenüberstehe, denen ich anscheinend nicht gewachsen bin. Trotzdem will Gott, dass ich seinem Ruf gehorche, und wenn ich dann gehorche, gibt er mir Kraft in meiner Angst. In 1. Korinther 2,3-4 sagt er: »Ich war bei euch in Schwachheit und in Furcht und in vielem Zittern, und meine Rede und meine Predigt war nicht in überredenden Worten der Weisheit, sondern in Erweisung des Geistes und der Kraft.« Wenn du also bei der gehorsamen Ausführung der Aufträge des Herrn Furcht empfindest, befindest du dich in guter Gesellschaft. Gideon und

Paulus machten ähnliche Erfahrungen; doch der Glaube gehorcht inmitten der Furcht.

Die Frucht des Gehorsams

Gehorsam, auch der zunächst unbewertete, trägt Frucht, die offenbar wird. So waren auch in Ofra am nächsten Morgen alle von dem überrascht, was Gideon getan hatte. Richter 6 hebt drei unmittelbare Ergebnisse von Gideons Tun hervor:

1. *Der Ärger der Bevölkerung* (Verse 28-30). Alexander Whyte[9] kommentiert diese Episode mit folgenden Worten: »Baals Anbeter vernachlässigten nie ihre Morgenandacht. Sie konnten ihrem Gott wahrhaftig und mit gutem Gewissen sagen: ›Früh will ich dich suchen.‹« Doch als sie zum Altar kamen, um ihrem falschen Gott zu dienen, waren sie zunächst schockiert, dann wütend, als sie sahen, was geschehen war. Vers 30 gibt ein Bild davon, wie sehr Israel von seinem Gott abgefallen war. Der lebendige Gott hatte solch große Dinge für sein Volk getan; doch Israel, das den Namen des Herrn in Schmutz gezogen und gelästert sah, unternahm nichts dagegen, im Gegenteil, es beteiligte sich daran. Für einen Gott, der dem Volk nichts als Niederlagen und Erniedrigung gebracht hatte, war es bereit, Gideon zu töten. »Gib deinen Sohn heraus, dass er sterbe.« Wie verdreht war sein Empfinden geworden!
2. *Die Wandlung des Joasch* (Vers 31). Das zweite Ergebnis war völlig unerwartet. Als Joasch sah, was Gideon getan hatte, war er, so glaube ich, zugleich beschämt und zur Umkehr gefordert. Es war ihm klar, dass Gideon recht hatte, und dass er schon vor langer Zeit so hätte handeln sollen. Deshalb verteidigte er Gideon auf bemerkenswerte Weise: »Ihr lästert Gott. Wenn Baal wirklich Gott ist, braucht er euch nicht zu seiner Verteidigung. Wenn er sich nicht selbst verteidigen kann, verdient er eure Anbetung nicht. Sollte er wirklich Gott sein, wird er Gideon töten.« Gideon hatte solche Angst vor seinem Vater und seiner Familie gehabt, dass er den Altar bei Nacht niederriss. Nun war der Mann, den er am meisten gefürchtet hatte, zu seinem ersten Beschützer geworden. Diese

9. A. Whyte, Bible Characters: Old Testament, Vol. 1, Marshall Morgan + Scott, London 1972, S. 182

Erfahrung wiederholt sich immer wieder: Wenn wir dem Herrn Jesus gehorsam sind, geschehen die unerwartetesten Dinge im Leben anderer Menschen. Gerade die Menschen, deren Reaktion wir am meisten fürchten, sind häufig die ersten, die von Gott angesprochen werden, wenn sie unsere Verbindung zu Jesus sehen.

3. *Der Ruf Gideons* (Vers 32). Joasch hatte die Grenzen abgesteckt, und wie Vers 32 zeigt, war Baal in diese Grenzen verwiesen worden. Gideon, der Herausforderer, hatte den falschen Gott überwunden und bekam einen neuen Namen, Jerub-Baal, was wörtlich bedeutet »der Baal rechte mit ihm«; im übertragenen Sinn bedeutete Jerub-Baal »der Überwinder des Baal«, denn in Gideon sah man Baals Niederlage und Gottes Macht. Der offensichtliche Beweis der Kraft Gottes in seinem Leben bestätigte Gideon in den Augen des Volkes als den von Gott bestimmten Befreier.

Die Zerstörung des Baal-Altars war Gideons erster Auftrag. Sie war gleichzeitig der erste Schritt Gottes in der geistlichen Vorbereitung Gideons für seine Hauptaufgabe. Den nächsten Schritt sehen wir in Vers 34.

Gideon wird von Gott bevollmächtigt
(Richter 6,34-35)

Die ersten Worte von Vers 34 geben uns die Erklärung für die Änderung in Gideons Charakter. Wörtlich übersetzt lauten sie: »Der Geist des HERRN bekleidete sich mit Gideon.« Das Wort »bekleiden« wird an anderer Stelle im Sinn von »Kleider anziehen« (1. Mose 28,20) oder »die Waffenrüstung anlegen« (Jesaja 59,17) gebraucht. Welch wunderbares Bild! Der Heilige Geist trug Gideon wie ein Mann seine Kleider trägt, er füllte Gideon ganz aus. Es wird mit diesem Bild ausgedrückt, dass der Heilige Geist ganz von Gideon Besitz ergriff, völlig in ihm wohnte und ihn kontrollierte. Noch zwei weitere Male wird dieser Vergleich im Alten Testament gebraucht. Einmal in 1. Chronik 12,19, wo Amasai, der Hauptmann Davids erwähnt wird, und das zweite Mal in 2. Chronik 24,20, wo Secharja das Volk anklagt. Der ungewöhnliche Vergleich provoziert einige Fragen über die Art der Zuwendung des Heiligen Geistes zu Menschen wie Gideon in der Zeit des Alten Testamentes und zu Gläubigen heutigentags.

Gideons Sieg war die direkte Wirkung des Heiligen Geistes. Ebenso ist unsere geistliche Wirksamkeit von ihm abhängig. Je mehr wir sein Wirken verstehen, desto besser können wir unser Leben in einer weltlichen Gesellschaft darauf abstellen.

Der Heilige Geist im Alten Bund

Für den Dienst des Gideon, und das gilt auch für andere Gläubige im Alten Testament, gibt es bezüglich der Wirkung des Heiligen Geistes vier Einschränkungen:

1. *Der Heilige Geist wohnte nicht in allen Gläubigen.* Vers 34 stellt fest, dass er den Gideon auf ganz besondere Art zu einer bestimmten Zeit überkam. Eine der großen Verheißungen, die den Neuen Bund betreffen, besagt in Jeremia und Hesekiel, dass eines Tages alle Gottgläubigen den Heiligen Geist besitzen werden.
2. *Das Wirken des Heiligen Geistes war zweckgebunden.* Wenn wir davon lesen, dass der Heilige Geist in das Leben verschiedener Menschen kam, war es immer mit der Verfolgung einer bestimmten Absicht verbunden. Im Buch der Richter erfahren wir in besonderer Weise, wie Otniel, Debora, Gideon, Jeftah und Simson, Richter also, den Geist bekamen. Es wird nichts davon berichtet, dass gewöhnliche Menschen in gleicher Weise begabt wurden.
3. *Das Wirken des Heiligen Geistes war zeitlich begrenzt.* Er wohnte nicht fortwährend in den Gläubigen. Wir lesen, dass er Simson (Richter 16,20) und Saul (1. Samuel 16,14) verließ.
4. *Der Heilige Geist veränderte nicht die moralische Grundstruktur der Menschen.* So konnte es geschehen, dass Gideon später sein Volk zum Abfall von Gott verführte (Richter 8). Jeftah schwor unter gleichen Voraussetzungen einen sündigen, abergläubischen Eid. Der Geist überkam Simson und machte ihn physisch ungeheuer stark. Dabei blieb Simson ein moralischer Schwächling. Es war tatsächlich häufig der Fall, dass die Geisteswirkung mehr den äußeren als den inneren Menschen betraf.

Der Heilige Geist im Neuen Bund

Wir betonen nicht die Einschränkungen des Geistes im Alten Bund, um diesen abzuwerten. Vielmehr sollen durch den Gegensatz die Segnungen des Neuen Bundes hervorgehoben werden. Jede Einschränkung, der der Heilige Geist im Alten Bund unterworfen war, ist beseitigt, und deshalb ist unsere Stellung in Jesus Christus so unendlich reich.

1. *Das Wirken des Geistes ist unbegrenzt.* Jeder Gläubige hat den Heiligen Geist, der nicht etwa für einige Auserwählte reserviert ist (vgl. Römer 8,9; Johannes 7,39).
2. *Das Wirken des Geistes ist nicht an einen bestimmten Zweck gebunden.* Er wird nicht nur für Dienst im Werk des Herrn bereitgestellt, sondern für den gesamten Lebensbereich. Durch den Geist werden wir zu tüchtigen Dienern im Neuen Bund (2. Korinther 3,5-6).
3. *Das Wirken des Geistes ist zeitlich unbegrenzt.* Der Herr Jesus hat uns in Johannes 14,16-17 versprochen, dass der Geist immer bei uns sein wird. Wir sind durch ihn versiegelt worden und haben Gottes Verheißung des ewigen Lebens (2. Korinther 1,20-22; Epheser 1,13-14).
4. *Die Auswirkungen des Heiligen Geistes umfassen den ganzen Menschen* (Galater 5,22-23). Epheser 3,16 verheißt ausdrücklich die Stärkung des inneren Menschen, und gerade das ist die größte Notwendigkeit im Leben.

Der Heilige Geist in unserem Leben

Die Heilige Schrift macht ganz klare Aussagen. Der selbe Heilige Geist, der sich mit Gideon bekleidete, wohnt in dir, wenn du ein Kind Gottes bist. Du bist sein Tempel, sein Wohnort, und seine Auswirkungen in deinem Leben sind viel stärker als in dem Gideons.

Gottes Wirken durch Gideon lehrt uns zwei Dinge. Erstens, der Heilige Geist nimmt dir nicht deine Individualität. Gideon blieb derselbe Gideon, als der Heilige Geist in ihm wohnte. Er wurde nicht einem Otniel, Simson oder Jeftah ähnlich. Unser Leben wird nicht von dumpfer Eintönigkeit geprägt, sondern von der Kraft Gottes, durch die wir ganz einzigartig zu dem Dienst bereit werden, zu dem wir gerufen sind.

Ein ganz alltägliches Beispiel kann dies gut illustrieren. In vielen Küchen gibt es verschiedene elektrische Geräte wie Dosenöffner, Geschirrspüler, Toaster oder Mixer. Sie alle sind für verschiedene Funktionen konstruiert. Doch alle funktionieren durch die gleiche Energie. Sie können erst dann ihre individuelle Aufgabe erfüllen, wenn sie an die Energiequelle angeschlossen sind. Ohne das sind sie alle in einem Punkt gleich: sie funktionieren nicht.

Die Nutzanwendung ist einfach: Gott hat mich als Individuum geschaffen. Erst wenn der Heilige Geist mir Kraft verleiht, kann ich so wirken, wie Gott das für mich vorgesehen hat.

Zweitens, das Wirken des Heiligen Geistes steht in direktem Zusammenhang mit Gehorsam. Ein Vergleich der beiden Schriftstellen in Epheser 5,18 und Kolosser 3,16 verdeutlicht diese Behauptung, ebenso wie das Bild des Heiligen Geistes, der sich mit Gideon bekleidet. Ein Kleidungsstück kämpft nicht gegen seinen Träger an; es passt sich dem Körper an und bewegt sich mit ihm. Menschen dagegen sind keine passiven Kleidungsstücke. Wir können den Geist einengen und sein Wirken in unserem Leben behindern.

Howard Hendricks, einer meiner Lehrer, erzählte gern folgende kleine Geschichte: »Männer«, sagte er, »ich bete jeden Morgen: ›Herr, hier bin ich. Ich möchte heute dein Anzug sein. Bitte ziehe mich an und gebrauche mich. Herr, bewege dich heute in mir!‹« Ich habe diese Episode nie vergessen. Zwar weiß ich nicht, ob Professor Hendricks seine Idee aus Richter 6,34 hatte; doch eins weiß ich, dass sein Gebet die Aussage dieses Verses wunderbar ausdrückt.

Die Ermächtigung durch Gott hatte eine unmittelbare Auswirkung in Gideons Leben. Wieder einmal fielen die Midianiter ins Land ein. Sieben Jahre lang hatten sie sich wie zu Hause gefühlt und waren ein- und ausgegangen ohne spürbare Opposition. Das sollte sich dieses Mal ändern; Gott hatte seinen Mann vorbereitet. In der Kraft des Heiligen Geistes, ermutigt durch seinen Gehorsam, ließ Gideon die Kriegsposaune ertönen, und viele Männer versammelten sich um ihn. Woher kamen sie? Zunächst Angehörige seiner eigenen Familie, der Abiesriter. Der Gehorsam im eigenen Haus war nicht ungehört geblieben. Dann kamen sie aus seinem Stamm, Manasse, und noch mehr von den Stämmen Asser, Sebulon und Naftali. Es war ein langer Weg von dem schwachen, niedergeschlagenen Mann in Vers 11 bis hierher.

Drei Punkte verursachten diese Veränderung:

1. Gideon hatte unmittelbaren Kontakt zum Herrn.
2. Er hatte sich entschieden und öffentlich in einem bewussten Akt des Gehorsams dem Herrn verschrieben. Es gab kein Umwenden. Er hatte Baal besiegt, und nun konnte Gott ihn gebrauchen, um Midian zu besiegen.

3. Er hatte sich der Kontrolle des Heiligen Geistes ausgeliefert. Gideon war nicht durch Macht oder Gewalt, sondern durch den Heiligen Geist ausgerüstet worden, Gott zu dienen.

Diese drei Punkte sind nicht nur in Gideons Leben von Bedeutung. Sie sind die ewiggültigen Voraussetzungen auch für uns, wenn wir für Jesus Christus etwas ausrichten wollen.

9

Wie man den Willen Gottes nicht erkennt

John Wesley[10] *wirkte im Jahr 1735 als junger, unverheirateter Missionar in der britischen Kolonie Georgia (in den heutigen USA).* Eines Tages lernte er in einer Kirche ein Mädchen namens Sophia Christina Hopkey kennen. Sophia war hübsch und intelligent, und Wesley verliebte sich in sie. Doch Wesley gehörte einer Gruppe an, die sich »Holy Club«, d. h. so viel wie »heiliger Verein«, nannte, und eines der Prinzipien dieser Gruppe war, dass ihre Mitglieder ledig bleiben mussten. Wesley sah sich in einem Dilemma. War es der Wille Gottes, dass er Sophia heiraten sollte oder nicht? Um zu einem Ergebnis zu kommen, entschloss er sich dazu, Lose zu ziehen. Er und sein Freund Charles Delamotte nahmen drei Zettel und schrieben auf den ersten »Heiraten«, auf den zweiten »Nicht in diesem Jahr« und auf den dritten »Denk nicht mehr daran«. Nachdem diese drei Zettel gründlich gemischt worden waren, nahm Delamotte mit verschlossenen Augen einen. Es war der dritte, der Wesley gebot, die ganze Angelegenheit zu vergessen. Er war untröstlich, akzeptierte die Entscheidung aber als den Willen Gottes. Kurze Zeit später reiste er nach England zurück, und in seinem Tagebuch überschrieb er die ganze Episode mit den Worten: »Wie ein Brand aus dem Feuer gerettet.«

Kurz nach seiner Ankunft in England erlebte Wesley eine vollständige Bekehrung zu Jesus und begann seinen segensreichen, evangelistischen Dienst. Auf einer seiner Reisen verliebte er sich wieder, die-

---

10. Gemeinsam mit seinem Bruder Charles Initiator der Methodistenbewegung in England.

ses Mal in eine Witwe mit Namen Grace Murray. Sie war eine gläubige Frau, die eine Bibelklasse leitete. Wieder dachte Wesley sich eine Methode aus, um den Willen Gottes zu erfahren. Er stellte eine Liste auf mit sieben Anforderungen, die er an eine Ehefrau stellte: »Haushälterin, Krankenpflegerin, Gesellschafterin, Freundin, Mitarbeiterin am Evangelium, ihre Gaben und die Frucht ihrer Werke.« Nachdem er Pro und Kontra sorgfältig abgewogen hatte, kam Wesley zu dem Entschluss, dass Grace Murray die Frau sei, die Gott für ihn ausgesucht habe. Unglücklicherweise war sein jüngerer Bruder Charles gar nicht einverstanden, weil er der Meinung war, eine Ehe würde Johns evangelistischen Dienst behindern. Als John das hörte, galoppierte er zu Graces Haus, sprang von seinem Pferd, lief hinein und rief: »Grace Murray, du hast mein Herz gebrochen!«, und fiel ohnmächtig zu ihren Füßen hin. Dieses Erlebnis versetzte Grace einen solchen Schock, dass sie schnell einen anderen Mann heiratete. Schlag Nr. 2 für Wesley. Endlich, eineinhalb Jahre später, heiratete John Wesley eine reiche Witwe namens Mary Vazeille. Ich weiß nicht, wie er zu dem Entschluss kam und was Charles dazu sagte, aber John machte einen Fehler. Es war eine unglückliche Ehe, und nach 20 Jahren verließ ihn seine Frau. Wesley schrieb in sein Tagebuch: »Ich habe sie nicht verlassen; ich hätte sie nicht weggeschickt; ich werde sie nicht zurückholen.« Diese Geschichte von John Wesley stellt uns einige Fragen, nicht nur über die Ehe, sondern wie man überhaupt den Willen Gottes erkennt. War es richtig, dass Wesley die Entscheidung einem Lotteriespiel überließ? Handelte er recht beim zweiten Mal, wo er seinen Menschenverstand benutzte? Wie kann ich den Willen Gottes für mein Leben erkennen? Muss ich nach übernatürlichen Zeichen ausschauen? Kann ich Gott bestimmte Tests vorlegen? Wir wollen uns eine Schriftstelle anschauen, die uns auf die obigen Fragen eine Antwort geben kann. Sie hat schon oft die Vorstellungskraft vieler Gläubiger angeregt, und man hört gelegentlich den Ausdruck »das Vlies auslegen«. Sollen wir das tatsächlich tun? Führt uns Gott auf diese Weise? Lesen wir Richter 6,36-40:

»Und Gideon sprach zu Gott: Wenn du Israel durch meine Hand retten willst, so wie du geredet hast, – siehe, ich lege ein Woll-Vlies auf die Tenne; wenn Tau auf dem Vliese allein sein wird, und auf dem ganzen Boden Trockenheit, so werde ich erkennen, dass du Israel durch meine Hand retten wirst, so wie du geredet hast. Und

es geschah also. Und er stand am anderen Morgen früh auf, und er drückte das Vlies aus und presste Tau aus dem Vliese, eine Schale voll Wasser. Und Gideon sprach zu Gott: Dein Zorn entbrenne nicht wider mich? und ich will nur noch diesmal reden. Lass mich es doch nur noch diesmal mit dem Vliese versuchen: Möge doch Trockenheit sein auf dem Vliese allein, und auf dem ganzen Boden sei Tau. Und Gott tat also in selbiger Nacht; und es war Trockenheit auf dem Vlies allein, und auf dem ganzen Boden war Tau.«

Der Wille Gottes und das »Vliesauslegen«

Wenn du schon eine Zeitlang gläubig bist, hast du bestimmt irgendwann einmal einen Hinweis auf diese fünf Verse gehört. Vielleicht fragst du dich, welchen Weg du gehen sollst, und ein Freund sagt: »Lege ein Vlies aus, Bruder. Der Herr wird dir den Weg zeigen.« Viele Gläubige versuchen auf diese Art den Willen Gottes zu erfahren. Der Gedanke ist ganz einfach. Man sagt: »Vater, ich habe zwei Möglichkeiten. Wenn ich die Möglichkeit A verfolgen soll, tue du bitte das und das bis Dienstag. Dann weiß ich, was dein Wille ist. Höre ich nichts von dir, werde ich Plan B verfolgen.«

Hinter dieser Praxis steht eine sehr wichtige Tatsache. Jeder Gläubige sollte den Willen Gottes wissen und tun. Gott hat uns geschaffen. Er kennt uns und weiß am besten, was für uns gut ist. Er sandte seinen Sohn aus Liebe zu uns, und deshalb hat er einen Plan für unser Leben. Dieser Plan umfasst alle unsere Lebensbereiche, und aus diesem Grund sollten wir Gläubige bei jeder Entscheidung, die wir fällen müssen, den Willen Gottes kennen.

Damit sind wir wieder bei der Frage des »Vliesauslegens«. »Darum seid nicht töricht, sondern versteht, was der Wille des Herrn ist«, sagt uns Epheser 5,17.

Die große Frage ist: Wie? Wird vielleicht in Richter 6,36-40 ein Muster vorgestellt, dem wir folgen sollen?

Die Antwort ist »Nein«. Die Methode des »Vliesauslegens« ist nicht Gottes Art, seine Kinder zu führen. Es ist Gottes größter Wunsch, dass wir, als seine Kinder, seinen Willen erkennen und tun. Doch wir dürfen nicht den Fehler machen, Gideon hier nachzuahmen. Wir werden mehr Klarheit beim folgenden Studium dieser Textstelle bekommen.

Die Probleme des »Vliesauslegens«

Vier Punkte sind entscheidend in der Episode in Richter 6,36-40:

1. *Gideon kannte den Willen Gottes.* Wenn wir die Verse 36-37 aufmerksam lesen, muss uns das auffallen. Zweimal nennt Gideon die Schlüsselworte: »Wie du geredet hast.« Gideons Problem war hier nicht die Unklarheit bezüglich des Willens Gottes. Der war ihm deutlich genug gesagt worden. Sein Problem bestand in Glaube und Gehorsam. Wir müssen uns all der Dinge erinnern, die Gott bis zu diesem Punkt für Gideon getan hatte, um zu sehen, wie klar Gott Gideon seinen Willen mitgeteilt hatte.

2. *»Vliesauslegen« ist ein Ausdruck des Zweifelns, nicht des Glaubens.* »Wenn du das tust, dann werde ich wissen.« Gott hatte aber bereits Gideon versprochen, durch ihn zu wirken. Er hatte ihm durch ein Wunder gezeigt, dass er auch meinte, was er sagte. Durch das Vlies aber antwortete Gideon dem Herrn etwa so: »Ich weiß, was du gesagt hast. Ich kenne deinen Befehl und deine Verheißung. Ich bin mir aber nicht sicher, ob ich dir wirklich glauben kann!« Er kämpfte also immer noch mit seinen Zweifeln.

Wenn sich für uns die Frage stellt, was Gottes Wille ist, haben wir ganz eindeutig biblische Verheißungen, dass der Herr uns immer führen wird, wenn wir bereit sind zu folgen. Die folgenden Beispiele sind nur eine kleine Auswahl:

> *Psalm 32,8:*
> *Ich will dich unterweisen und dich lehren den Weg, den du gehen sollst; ich will dir raten, meine Augen über dir <offenhalten>.*

> *Psalm 37,23-24:*
> *Vom HERRN her werden eines Mannes Schritte gefestigt, und seinen Weg hat er gern; fällt er, so wird er doch nicht hingestreckt, denn der HERR stützt seine Hand.*

> *Psalm 48,15:*
> *Ja, dieser ist Gott, unser Gott immer und ewig! Er wird uns leiten.*

Jesaja 58,11:
Beständig wird der HERR dich leiten, und er wird deine Seele sättigen an Orten der Dürre und deine Gebeine stärken. Dann wirst du sein wie ein bewässerter Garten und wie ein Wasserquell, dessen Wasser nicht versiegen.

Wenn ich Gideons Beispiel folge, zweifle ich an den Verheißungen Gottes. Ich weigere mich, in seinem Wort zu ruhen und, was noch schwerwiegender ist, ich verlange von Gott, mich zu meinen Bedingungen zu führen, nicht zu seinen. Deshalb ist »Vliesauslegen« fast immer von Zweifeln begleitet und nicht von Glauben.

3. *Vliesauslegen heißt, Gott seinen Willen aufzwingen wollen.* Gideon kam nicht einfach zu dem Herrn und sagte: »Herr, ich habe noch immer Angst, ich bin immer noch voller Zweifel. Bitte offenbare dich noch einmal.« Bitten solcher Art sind immer angemessen. Nein, er kam und sprach: »Gott, hier ist mein Plan. Tu bitte das und das und möglichst bis morgen früh. Benetze das Vlies und halte den Boden trocken. Ändere die Naturgesetze, weil ich dir das sage.«

Gideons Verlangen war absurd und ungehörig. Warum sollte Gott die Naturgesetze aufheben, nur weil ein Mensch das verlangte? Außerdem war es Gideons Pflicht, Gott zu gehorchen und nicht, ihm Bedingungen zu stellen. Gehen wir nicht zu hart mit Gideon ins Gericht. Immerhin war er der einzige Mann seiner Generation, der bereit war, Gottes Willen zu tun. Nach unserer Kenntnis seiner Zeit, kann Gideon kaum Zugang zum geschriebenen Wort Gottes gehabt haben. Er war in heidnischer Umgebung bei einem Vater aufgewachsen, der Götzendienst betrieb. Deshalb kann ich Gideons Verwirrung verstehen. Seine Verwirrung darf jedoch nicht mein Vorbild werden. Was in seinem Leben entschuldbar war, wäre wegen der verschiedenen Voraussetzungen in meinem Leben ein viel schwerwiegenderer Fehler.

4. *»Vliesauslegen« ist keine Lösung des Problems.* Am nächsten Morgen kam Gideon zur Kelter und, siehe da, das Vlies war nass und der Boden trocken. Doch dann setzten seine Gedanken ein: »Woher weiß ich, dass das wirklich Gottes Handeln ist? Die Wolle hält die Feuchtigkeit viel länger, während der Felsen schnell trocknet. Vielleicht war das Ganze nur ein Zufall!« Der Zweifel plagte ihn, und

so kam er noch einmal zu Gott. Er war sich bewusst, dass er sich dabei auf ganz dünnem Eis bewegte. »Bitte, Herr, werde nicht zornig, aber wir müssen den Test noch einmal machen, nur umgekehrt. Dieses Mal soll der Boden feucht sein und das Vlies trocken.«

Wir sehen, dass diese Methode auch keine Gewissheit gibt, und außerdem versucht sie, Gott mit unseren Maßstäben zu messen. Vor einiger Zeit gab eine Bibelschule bekannt, dass ein weiteres Gebäude gekauft werden solle. Die Ankündigung lautete etwa folgendermaßen: »Wenn wir bis zu einem bestimmten Datum 100 000 Dollar haben, wissen wir, dass unsere Absicht Gottes Wille ist. Gott kann das bewirken.« Natürlich kann Gott das, aber das ist nicht das Problem.

Am festgesetzten Tag waren nämlich erst circa 90 000 Dollar eingegangen. Jetzt standen sie vor einem echten Dilemma. Sollten sie das Gebäude kaufen oder nicht? Wo waren die 90 000 Dollar hergekommen, wenn es nicht Gottes Wille war? Kam das Geld vom Satan? Natürlich nicht. Ihr Fehler war, von Gott zu verlangen, nach ihrem Zeitplan zu handeln.

Gehen wir einen Schritt weiter. Angenommen, ich bitte Gott, bis 22 Uhr etwas für mich zu tun. Das Telefon klingelt um 22.05 Uhr. Ist das Gott oder Satan? Oder es klingelt um 21.50 Uhr. Ist das Satan, der mir eine Falle stellt?

Wir sehen, dass man auf dieser Basis nie absolute Sicherheit haben kann. Gottes Wort kann Gewissheit geben, doch solch subjektives Handeln nie.

Eine erstaunliche Erfahrung vermittelt uns diese Geschichte aber doch. Wir finden sie in den ersten Worten von Vers 40: »Und Gott tat also in selbiger Nacht.« Erstaunlich ist dabei nicht, was Gott mit Gideons Vlies tat, sondern was wir über Gottes Geduld lernen. Gideon war ein langsamer Schüler. Du und ich, wir hätten längst die Geduld verloren und uns nach einem anderen umgesehen. Gott dagegen liebte Gideon weiterhin und gebrauchte ihn als sein Werkzeug.

Ich danke Gott täglich für diese geduldige Liebe, denn auch ich bin ein solch langsamer Schüler. Schon oft habe ich dafür gedankt, dass Gott »langsam zum Zorn und groß an Güte ist« und »Ungerechtigkeit, Übertretung und Sünde vergibt« (2. Mose 34,6-7). Diese Eigenschaften hat er schon oft in meinem Leben bewiesen.

Ich möchte dieses Kapitel mit einem persönlichen Zeugnis schließen, das auch das Problem des »Vliesauslegens« berührt.

Als meine Frau und ich als Lehrer in Winnipeg arbeiteten, spürten wir den Ruf des Herrn, in den vollzeitigen Gemeindedienst zu gehen. Gleichzeitig wurde es uns klar, dass wir zur Gemeinde von Bethany Chapel in Calgary gehen sollten. Sowohl für uns als auch für die Ältesten der Versammlung in Calgary war es eine offensichtliche Führung des Herrn. Der Ruf war unerwartet, kam aber ohne jeden Zweifel von Gott. Doch da wir in Winnipeg zuerst einmal unser Haus verkaufen mussten, legten wir ein Vlies aus. Es war Februar, und wir fingen an zu beten: »Herr, wenn du willst, dass wir nach Calgary gehen, gib doch, dass wir unser Haus bis April zu dem und dem Preis verkaufen.« April kam, und das Haus war nicht verkauft. Wir waren uns der Führung des Herrn sicher und verlängerten »die Frist« bis Juni. Doch auch bis Juni fand sich kein Käufer und, um es kurz zu machen, erst im August, als ich schon zum erstenmal in Calgary gepredigt hatte, konnten wir das Haus zu dem ursprünglich geforderten Preis verkaufen. – Was war der Grund? War es doch nicht Gottes Wille gewesen, dass wir nach Calgary gehen sollten? Doch, es war Gottes Wille. Nie zuvor hatten wir klarere Führung erfahren, und der Herr hat es uns auf vielfältige Weise hinterher bestätigt. Er wollte uns nur klarmachen, dass er die Bedingungen stellt und nicht wir.

Wie erkennt man Gottes Willen?

Fünf Prinzipien der Führung Gottes in unserem Leben:

1. *Gott gibt uns keine Führung, sondern einen Führer.* Stell dir vor, du fährst in einer fremden Großstadt. Was wäre dir lieber: eine Straßenkarte und eine Adressenliste oder jemand, der die Stadt ganz genau kennt, der weiß, wo du hin musst und wie man dorthin kommt? Ohne Zweifel wäre dir ein solcher Führer willkommen.
   Wenn ich die Bibel lese, entdecke ich genau diese Arbeitsmethode Gottes in meinem Leben. In der Tat kommt das Wort »Führung« an keiner Stelle in der Bibel vor; ich lese aber ständig von dem Führer, dem Herrn Jesus, der mich persönlich führt und leitet. So kannte auch Gideon Gottes Willen: durch den persönlichen Kontakt mit dem Herrn Jesus.
   Ich muss erkennen, dass der Wille Gottes nie etwas Mechanisches ist. Es kommt nicht darauf an, die richtigen Fragen in den himmlischen Computer einzuspeisen, sondern darauf, mit dem Herrn Jesus

Christus zu gehen. Ohne Gemeinschaft mit ihm ist es zwar möglich, alles über Gottes Willen zu wissen und ihn trotzdem nicht für uns persönlich zu kennen. Nichts kann diese Gemeinschaft ersetzen, und wenn ich bewusst dem Hirten folge, löst sich die Frage des Willens Gottes von selbst.

2. *Führung basiert auf dem Willen Gottes.* Gideon kannte den Willen Gottes nicht durch seinen Test mit dem Vlies, sondern indem er dem offenbarten Wort Gottes gehorchte. Gottes Wort ist Gottes Wille für unser Leben. Das dürfen wir nie vergessen. Gott inspiriertes sein Wort, damit wir für jede seiner Aufgaben zugerüstet würden.

   Es gibt zwei Arten von Führung in der Bibel:
   a) direkte, besondere Befehle, grundlegende Anforderungen Gottes an mein Leben als sein Kind und
   b) allgemeine Prinzipien, die auf viele Lebensbereiche zutreffen.

   Wenn ich diese Gebote und Schriftprinzipien in meinem Leben anwende, bekomme ich ein deutliches Bild vom Willen Gottes. Dabei entdecke ich eine bemerkenswerte Tatsache: Es ist für Gott wichtiger was ich bin, als wo ich bin oder was ich tue.

3. *Führung wird durch den Frieden Gottes bestätigt.* In Kolosser 3,15 lesen wir: »Der Friede des Christus regiere in euren Herzen.« Man kann verschiedene Lehren aus diesem Vers ziehen, eine davon ist, dass der Heilige Geist einen tiefen, inneren Frieden und Zufriedenheit bezüglich des Willens Gottes gibt. Die beiden Verse von Philipper 4,6-7 sind auch hier von Bedeutung: »Seid um nichts besorgt, sondern lasst in allem durch Gebet und Flehen mit Danksagung eure Anliegen vor Gott kundwerden; und der Friede Gottes, der allen Verstand übersteigt, wird eure Herzen und eure Gedanken bewahren in Christus Jesus.« Keine Frage verursacht mehr Ängste bei Gläubigen, als die Frage, ob ein bestimmter Plan nun Gottes Wille ist oder nicht. Probleme werden nicht durch Ängste gelöst, sondern durch Gebet. Wenn wir ihm diese Ängste bringen, wird er seinen Frieden wie eine Festung um uns her errichten.

4. *Führung beweist sich durch die Bitten, die Gott uns gibt.* Wenn wir in Gemeinschaft mit dem Herrn leben, gibt er unseren Herzen ganz bestimmte Bitten und Begehren. Eins der schönsten Beispiele zu diesem Thema findet man in Psalm 37,3-4, wo David sagt: »Vertraue auf den Herrn und tue Gutes; wohne im Land und hüte Treue; und habe deine Lust an dem HERRN, so wird er dir geben, was

dein Herz begehrt«, oder auch Psalm 145,19: »Er erfüllt das Verlangen derer, die ihn fürchten.«
Manchmal hört man Ausdrücke wie, »sich dem Willen Gottes unterwerfen« oder »Gott nachgeben« – und kann daher den Eindruck bekommen, dass Gottes Wille destruktiv und lebensverneinend ist. Ich will nicht die sündige, menschliche Natur verniedlichen oder der Versuchung nachgeben, Gottes Willen ganz rational zu sehen; denn sonst könnte es wirklich dazu kommen, dass wir letzten Endes nur unserem eigenen Willen gehorchen. Die Wahrheit ist, dass wir nur dann ganz ohne Vorbehalte glücklich und erfüllt sind, wenn wir Gottes Willen ausführen. So werden wir mit Hunger und Verlangen nach Gott erfüllt, und sein Wille ist uns angenehm, »denn Gott ist es, der in euch wirkt sowohl das Wollen, als auch das Wirken über euren guten Willen hinaus« (Philipper 2,13).
5. *Führung erfährt man durch den Rat anderer Gläubiger.* Wenn du ein Basketball-Fan bist, wirst du schon erlebt haben, dass der Mannschaftskapitän in einer kritischen Spielphase eine Auszeit genommen hat, um sich vom Trainer Rat zu holen. Immerhin ist der Trainer derjenige, der die größere Erfahrung und als Beobachter vom Spielfeldrand aus die bessere Übersicht hat, wesentlich mehr als ein Spieler, dessen Perspektive begrenzt ist.
   So sollten auch wir dankbar von den Gaben und Erfahrungen unserer Brüder und Schwestern Gebrauch machen. Doch sollten wir sichergehen, dass wir uns an reife, geistlich gesinnte Menschen wenden, die mit der jeweiligen Situation vertraut sind. Oder hast du schon einmal erlebt – um das Bild des Basketballspiels noch einmal heranzuziehen -, dass der Mannschaftskapitän in der Auszeit ein Ferngespräch mit einem Freund führt, der das Spiel am Fernseher angeschaut hat? Nein, er verlässt sich auf den Rat des Experten, der unmittelbarer Zeuge des Spieles ist.

Wir können den Willen Gottes erfahren. Es ist dies kein mystischer, magischer oder geheimnisvoller Vorgang, der uns fortwährend in Zweifeln hält, sondern bedeutet ganz einfach, dass wir mit dem Hirten gehen, der den Weg kennt. Auch Gideon kannte den Willen Gottes – nur zögerte er bei der Ausführung.

Was ist der Wille Gottes? Es ist die Stimme des Hirten. Der Herr Jesus sagte: »Meine Schafe hören meine Stimme, und ich kenne sie und sie folgen mir.« Wenn du seinen Willen erkennen willst, höre auf seine Stimme, und dann folge ihm. Du kannst als sein Kind in dem Wissen ruhen, dass sein Wille seinem Charakter entspricht. Sein Wille ist gut, gnädig, heilig, weise und vollkommen, denn Gott ist all das. Du kannst ebenso darauf vertrauen, dass seine Führung gewiss ist. Er führt uns »um seines Namens willen« (Psalm 23,3). Vertraue ihm. Richte deinen Blick fest auf ihn und folge, wohin er dich führt, und dann wirst du mit Asaf jubeln können:

»Doch ich bin stets bei dir.
Du hast meine rechte Hand gefasst.
Nach deinem Rat leitest du mich,
und nachher nimmst du mich in Herrlichkeit auf«
(Psalm 73,23-24).

10

Vorbereitet zum Sieg

E*mile Coue, ein französischer Wunderheiler, hatte Anfang dieses Jahrhunderts großen Zulauf.* Er gab an, eine unfehlbare Heilmethode entdeckt zu haben. Im Prinzip war diese Methode sehr einfach: Wer krank war, musste sich selbst nur immer wieder sagen, dass er schon wieder auf dem Weg der Besserung sei. Man konnte sich buchstäblich aus der Krankheit »herausreden«, indem man zweimal täglich zwanzigmal folgenden Satz wiederholte: »Jeden Tag geht es mir auf jede Weise besser und besser.« Coue beanspruchte Heilerfolge in fast jeder Krankheit, wie z. B. Herzkrankheiten, Magen- und Darmgeschwüren, Bronchitis, Nervenkrankheiten und viele andere. »Glaube daran, dass es dir besser geht, und es geschieht.« Coue ist nur einer von vielen Menschen, die der Meinung sind, dass durch positive Einstellung zum Leben und starkes Selbstvertrauen ihre Probleme gelöst werden. »Wenn ich daran glaube, dass ich es kann, dann kann ich!«

In diesem Sinn versucht der Athlet sich auf einen Wettkampf einzustellen, der Trainer motiviert so seine Mannschaft, und der General versucht seine Soldaten davon zu überzeugen, dass sie einfach unschlagbar sind. Bereitet Gott seine Kämpfer in ähnlicher Weise auf den Kampf vor? Die Coues, Churchills und Montgomerys dieser Welt bauen auf Selbstvertrauen und Rückgrat. Gott hat eine gänzlich verschiedene Methode. Er will nicht unser Selbstvertrauen, sondern unsere Abhängigkeit von ihm stärken. Immer und immer wieder wird uns davon im Wort Gottes berichtet. Wenn Gott einen Menschen in seinen Dienst beruft, geht allem anderen voran eine Vorbereitungsphase, in der das Gottesvertrauen des betreffenden Menschen erbaut wird.

Diesen Vorgang können wir wunderbar in Richter 7 verfolgen, wo Gott seinen Diener Gideon auf den Kampf mit Midian vorbereitet. So wie für Gideon ist Gottes Vorgehen aber auch beispielhaft für uns.

»Und Jerub-Baal, das ist Gideon, und alles Volk, das mit ihm war, machten sich früh auf, und sie lagerten sich an der Quelle Harod; das Lager Midians aber war ihm nordwärts, nach dem Hügel More hin, im Tale. Und der HERR sprach zu Gideon: Des Volkes, das bei dir ist, ist zu viel, als dass ich Midian in ihre Hand geben sollte; damit Israel sich nicht wider mich rühme und spreche: Meine Hand hat mich gerettet! Und nun rufe doch vor den Ohren des Volkes aus und sprich: Wer furchtsam und verzagt ist, kehre um und wende sich zurück vom Gebirge Gilead! Da kehrten von dem Volke 22 000 um, und 10 000 blieben übrig. Und der HERR sprach zu Gideon: Noch ist des Volkes zu viel; führe sie ans Wasser hinab, dass ich sie dir daselbst läutere; und es soll geschehen, von dem ich dir sagen werde: dieser soll mit dir ziehen, der soll mit dir ziehen; und jeder, von dem ich dir sagen werde: dieser soll nicht mit dir ziehen, der soll nicht ziehen. Und er führte das Volk ans Wasser hinab. Und der HERR sprach zu Gideon: Jeder, der mit seiner Zunge von dem Wasser leckt, wie ein Hund leckt, den stelle besonders; auch jeden, der sich auf seine Knie niederlässt, um zu trinken. Und die Zahl derer, welche mit ihrer Hand zu ihrem Munde leckten, war dreihundert Mann; und das ganze übrige Volk hatte sich auf seine Knie niedergelassen, um Wasser zu trinken. Und der HERR sprach zu Gideon: Durch die dreihundert Mann, die geleckt haben, will ich euch retten, und Midian in deine Hand geben; das ganze übrige Volk aber soll gehen, ein jeder an seinen Ort. Und sie nahmen die Zehrung des Volkes mit sich und seine Posaunen. Und er entließ alle Männer von Israel einen jeden nach seinen Zelten; aber die dreihundert Mann behielt er. Das Lager Midians war aber unter ihm im Tale.

Und es geschah in selbiger Nacht, da sprach der HERR zu ihm: Mache dich auf, gehe in das Lager hinab; denn ich habe es in deine Hand gegeben. Und wenn du dich fürchtest hinabzugehen, so gehe mit Pura, deinem Knaben, zum Lager hinab; und du wirst hören was sie reden; und danach werden deine Hände erstarken, und du wirst in das Lager hinabgehen. Da ging er mit Pura, seinem Knaben, hinab bis an das Ende der Gerüsteten, die im Lager waren. Und Midian und Amalek und alle Söhne des Ostens lagen im Tale, wie die Heuschrecken an Menge; und ihrer Kamele war keine Zahl, wie der Sand, der am Ufer des Meeres ist, an Menge. Und Gideon kam, und siehe, ein Mann erzählte seinem Genossen einen Traum und sprach: Siehe, ich habe einen Traum gehabt; und siehe, ein Laib Gerstenbrot rollte in das Lager Midians; und es kam bis zum Zelte und schlug es, dass es umfiel, und kehrte es um, das Unterste zuoberst, und das Zelt lag da. Und sein Genosse antwortete und sprach: Das ist nichts anderes als das Schwert Gideons, des Sohnes Joaschs, eines Mannes von Israel; Gott hat Midian und das ganze Lager in seine Hand gegeben.

Und es geschah, als Gideon die Erzählung des Traumes und seine Deutung hörte, da betete er an. Und er kehrte in das Lager Israels zurück und sprach: Machet euch auf! denn der HERR hat das Lager Midians in eure Hand gegeben« (Richter 7,1-15).

Alle militärischen Großtaten, von denen die Geschichte weiß, sind klein, verglichen mit dem Sieg, den Gott durch Gideon vollbrachte. Den 300 Männern Gideons stand eine bestens ausgerüstete midianitische Armee von etwa 135 000 Mann gegenüber, und doch erlitt diese Übermacht eine vernichtende Niederlage. Das war jedoch keine Selbstverständlichkeit. Zuerst musste Gott Gideons Truppe lehren, gänzlich von ihm abhängig zu sein. Dann erweckte er im Herzen des Gideon ein unbegrenztes Gottvertrauen, und letztlich tat er ein Übriges, indem er im Lager der Midianiter durch eine geheimnisvolle Furcht den Keim zur Niederlage legte.

Gideons Armee wird auf den Kampf vorbereitet
(Richter 7,1-8)

Zum achten Mal hintereinander waren die midianitischen Wüstenbewohner zur Erntezeit ins Land eingefallen. 135 000 Feinde hatten im Tal von Jesreel ihr Lager aufgeschlagen. Wie die vorigen Male rechneten sie nicht mit Widerstand und dachten schon an die triumphale Heimkehr. Doch in diesem Jahr sollte alles etwas anders aussehen; denn Gott hatte in Gideon einen Mann ausersehen und durch seinen Geist ermächtigt, gegen Midian zu marschieren. Mit 32 000 Männern zog Gideon zum Berg Gilead und schlug dort sein Lager auf. Das Lager der Midianiter lag nördlich davon beim Hügel More. Zwischen beiden Heeren war ein Tal mit der Quelle Harod. Diese Quelle war das einzige Trinkwasser, das Gideon zur Verfügung stand, und es kostete bestimmt einige Überwindung, angesichts des feindlichen Lagers Wasser zu holen.

Überhaupt muss das Lager der Feinde einen furchterregenden Eindruck gemacht haben, denn in Vers 12 heißt es: »Und Midian und Amalek und alle Söhne des Ostens lagen im Tale, wie die Heuschrekken an Menge; und ihrer Kamele war keine Zahl, wie der Sand, der am Ufer des Meeres ist, an Menge.«

Was muss Gideon gedacht haben, wenn er das unübersehbare Heerlager Midians sah und dann seine Blicke über seine 32 000 Unbewaffneten schweifen ließ? Doch da kam der Herr zu ihm mit einem der erstaunlichsten Vorschläge, die wohl je ein Mensch gehört hat: »Gideon, du hast zu viele Männer; du bist zu stark.« Dieser Vers verdeutlicht in wunderbarer Weise Gottes Kriegsführung. Er will seinem Volk nicht einfach den Sieg geben. Vor allem will er uns Vertrauen lehren.

Wenn unsere – gottgegebenen – Siege uns dazu verleiten, selbstzufrieden zu werden, dann sind sie für uns letztlich verheerender als Niederlagen. Doch geschieht gerade das nicht immer wieder? – Wir vertrauen dem Herrn, und er tut große Dinge für uns. Wir sehen Wachstum und Entwicklung und bekommen den Beifall anderer Menschen. Sehr bald führt das dazu, dass wir die Ehre uns anrechnen, obwohl sie Gott gebührt. Das ist das Thema von Vers 2. Gott verlangte eine Truppenreduzierung, »damit Israel sich nicht wider mich rühme und spreche: Meine Hand hat mich errettet!«

Weltreisende kamen zu einer weitabgelegenen Insel, deren Bewohner den Mond anbeteten. »Es ist merkwürdig«, sagten die Besucher, »dass ihr nicht die Sonne anbetet, wenn ihr schon ein Gestirn verehren müsst.« Die Eingeborenen antworteten: »Warum sollen wir die Sonne anbeten? Sie scheint am Tag, wenn es ohnehin hell ist. Der Mond dagegen scheint nachts, wenn es dunkel ist und wir nichts sehen können.«

Selbstverständlich kannten die Eingeborenen nicht die Naturgesetze und die Abhängigkeit des Mondes von der Sonne. Aber ist das nicht ein gutes Bild für uns, wenn wir die Ehre für uns beanspruchen, die eigentlich Gott gehört? Das heißt für uns, dass wir Gott nie zu klein und schwach sein können, eher zu groß und selbständig. Gott wird dich nie gebrauchen, wenn du zu deiner Ehre arbeiten willst. »Ich bin der HERR, das ist mein Name«, sagt er. »Ich werde meine Ehre keinem anderen überlassen.« Deshalb geschehen so viel große Dinge durch so offensichtlich schwache, unbedeutende Menschen. Das sind die, die Gott gern die Ehre geben. Ich möchte das noch einmal betonen. Bekümmert es dich, dass du nicht sehr bedeutend bist? Bist du darüber entmutigt, dass du keine hervorragenden Gaben hast? Dann lobe den

Herrn! Du bist genau die Art Mensch, die er gern an seine Arbeit stellt. Bist du jedoch von deinem Wert überzeugt und hältst dich für wichtig, dann steht dir eine Enttäuschung bevor: Gott wird dich mit dieser Einstellung nicht gebrauchen können.

Deshalb musste auch Israels Armee von allem Ballast befreit werden, und Gottes Vorgehen dabei ist nicht etwa willkürlich, sondern sorgfältig geplant. Durch zwei Tests wählte Gott die Männer aus, die er gebrauchen kann, und gleichzeitig zeigen diese Tests, welche Qualitäten Gottes Werkzeuge haben sollen.

Der Test der Furchtlosigkeit

In 5. Mose 20,1-4 und 8 gab Gott einen Befehl, wie Israel in den Kampf gehen solle. Dieser Befehl beruht auf einer großen Verheißung.

> *»Wenn du wider deine Feinde zum Kriege ausziehst und siehst Ross und Wagen, ein Volk, zahlreicher als du, so sollst du dich nicht vor ihnen fürchten; denn der HERR, dein Gott, ist mit dir, der dich aus dem Lande Ägypten heraufgeführt hat. Und es soll geschehen, wenn ihr zum Streite heranrücket, so soll der Priester herzutreten und zu dem Volke reden und zu ihnen sprechen: Höre, Israel! Ihr rückt heute zum Streite heran wider eure Feinde; euer Herz verzage nicht, fürchtet euch nicht und ängstiget euch nicht und erschrecket nicht vor ihnen; denn der HERR, euer Gott ist es, der mit euch zieht, um für euch zu streiten mit euren Feinden, um euch zu retten. Und die Vorsteher sollen weiter zu dem Volke reden und sprechen: Wer ist der Mann, der sich fürchtet und verzagten Herzens ist? Er gehe und kehre nach seinem Hause zurück, damit nicht das Herz seiner Brüder verzagt werde wie sein Herz.«*

Wenn wir in unserem Leben auf ein Hindernis treffen, kommt Gott mit der Verheißung seiner Gegenwart und Kraft. »Ich bin bei dir, ich kämpfe für dich. Habe keine Angst.« Wenn unsere Furcht dann aber andauert, wird Gott uns nicht in den Kampf zwingen. Statt dessen holt er uns aus der Schlacht heraus, denn Angst ist ansteckend. Sie konzentriert sich auf das Problem und nicht auf Gott, der größer ist als alle Probleme.

Können wir uns die Gefühle Gideons vorstellen, als er in den Worten von Vers 3 ankündigte: »Wer furchtsam und verzagt ist, kehre um und wende sich zurück vom Gebirge Gilead«, und 22 000 Männer marschierten ab? Ob er erwartet hatte, dass zwei Drittel seines Heeres ihm den Rücken kehren würden? Wahrscheinlich war auch er in diesem Augenblick unendlich verzagt. Doch Gott war noch nicht fertig mit Gideon. In Vers 4 kam er wieder zu Gideon und sagte: »Du hast immer noch zu viele Männer« und kündigte eine zweite Prüfung an, durch die er sein Volk reinigen und läutern wollte.

Der Test der Kampfentschlossenheit

Dieser zweite Test hat drei ganz charakteristische Züge:

1. *Er war einfach.* Gott befahl Gideon, seine 10 000 Männer zum Trinken an die Quelle zu schicken. Die Wasserstelle war im Blickfeld der Midianiter, und deshalb lag ein Hinterhalt im Bereich der Möglichkeiten. Gideon sollte aufpassen, wie seine Männer tranken. Einige schöpften Wasser mit einer Hand und tranken daraus und hielten den Speer in der anderen Hand. Andere legten sich flach hin und tranken nach Herzenslust, wobei sie alles andere um sich her vergaßen.
2. *Der Test war geheim.* Die Männer wussten nur, dass sie trinken sollten. Wie sie das taten, hatte für sie selbst keine Bedeutung. Sogar Gideon wusste nicht, welche Gruppe Gott sich wählen würde. Gewöhnlich – und das ist die wichtige Erfahrung für uns – kommen Gottes Prüfungen dann, wenn wir überhaupt nicht darauf eingestellt sind. So offenbaren wir nämlich, wie wir wirklich sind.
3. *Er hatte große Aussagekraft.* Trinken ist eine Lebensnotwendigkeit. Doch hier bedeutete es noch mehr. Die Art des Trinkens drückte die Haltung gegenüber dem Feind aus. Die meisten Soldaten dachten nur an ihren Durst und vergaßen Midian, als sie ans Wasser kamen. Doch drei Prozent der 10 000 hatten eine gänzlich andere Einstellung. Sie nahmen ihre Augen nicht vom Feind, nicht einmal, um ihren Durst zu stillen und wollten nicht wertvolle Zeit mit unwichtigen Dingen vergeuden.

32 000 Männer waren treu und bereit zu kämpfen. 10 000 waren furchtlos, weil sie einen Gott hatten, der größer war, als ihre Feinde. Doch nur 300 Männer waren mit ganzem Herzen einer Sache hingegeben, für die Gott sie ausgewählt hatte – weniger als ein Prozent der

ursprünglich 32 000. Gott hatte all das weggetan, was sie irgendwie abgehalten hätte, ihm zu trauen.

Weißt du, was es bedeutet, sich ganz Jesus Christus hinzugeben? Ist es dein brennendes Verlangen, von Jesus gebraucht zu werden? Gideons 300 Männer erinnern dich daran, dass Gott keine großen Christen, sondern gläubige Christen sucht, Menschen, die seine Herrlichkeit offenbaren.

Der erste Teil der göttlichen Vorbereitung war abgeschlossen. Gideons Truppe war so klein, dass sie nur eine Alternative hatte: Gott völlig zu vertrauen oder unterzugehen. Nun konnte der zweite Teil der Vorbereitung beginnen.

Die Vorbereitung Gideons
(Richter 7,9-15)

Vermutlich schlief Gideon nicht sehr ruhig in der folgenden Nacht. Dann, mitten in der Nacht, kam Gott auf einmal zu ihm, und Gideons Herz war bestimmt voller Angst. Doch Gottes Botschaft war ganz anders, als er wahrscheinlich vermutet hatte. Sie enthielt einen Befehl und ein Versprechen: »Mache dich auf, gehe in das Lager hinab; denn ich habe es in deine Hand gegeben.« Ich glaube, dass Gideon kaum in sehr kämpferischer Stimmung war, und der Herr spürte das. Deshalb sprach er zu Gideon: »Wenn du aber Angst hast, so nimm doch Pura, deinen Knaben, und belausche die Midianiter. Was du da hören wirst, wird dir Mut machen!«

Sofort machte Gideon sich mit Pura auf den Weg und schlich sich an das feindliche Lager heran. In einem der Zelte war gerade ein Midianiter wachgeworden und erzählte seinem Freund einen Traum: »Ein Gerstenbrot rollte in unser Lager, kam bis zu unserem Zelt und wälzte es um. Was soll das wohl bedeuten?« Der Freund verstand sofort. Gerste war ein Nahrungsmittel für arme Leute und Tiere. Midian hatte allen Weizen geraubt und Israel gezwungen, Gerste zu essen. Das Zelt war offensichtlich ein Symbol für die nomadisierenden Midianiter. Deshalb sagte der Mann: »Das Gerstenbrot ist sicher das Schwert Gideons, des Sohnes Joasch. Gott hat Midian und das ganze Lager in seine Hand gegeben.«

Diese Episode ist ein wunderbares Beispiel der Größe Gottes. Er lenkte die Schritte Gideons und Puras, dass sie genau zur rechten Zeit zum richtigen Zelt kamen, er bewahrte sie vor Entdeckung, und er gab dem Midianiter diesen passenden Traum. Können wir uns vorstellen, dass ein kleines Brot ein Zelt einreißen kann? Ist es vorstellbar, dass 300 Männer eine Armee von 135 000 vernichten? Gott gab sogar dem zweiten Midianiter die zutreffende Deutung des Traumes, ja, er gebrauchte sogar Gideons Namen.

Als Gideon diese Worte hörte, wurde es ihm wie nie zuvor klar, dass es sich hier nicht um eine Schlacht zwischen 300 Israeliten und 135 000 Midianitern handelte. Gott kämpfte gegen Midian, und dabei waren die 300 Mann nur seine Werkzeuge. Hier, am Rand des midianitischen Lagers lernte Gideon die größte Lektion seines Lebens und beugte sich anbetend vor Gott. Gideon hatte erstmalig einen Eindruck von der Größe Gottes gehabt.

Auch wir sind eigentlich nie auf den Kampf vorbereitet, bis wir wissen, was es heißt, sich in Anbetung vor dem Herrn zu beugen. Deshalb lesen wir in Daniel 11,32 »... das Volk, welches seinen Gott kennt, wird sich stark erweisen und handeln.« Was sagte Gideon, als er zu seiner Handvoll Männer zurückkommt? – »Macht euch auf! Denn der Herr hat das Lager Midians in eure Hand gegeben.« Gideon war stark geworden, weil Gott ihn hatte erkennen lassen, dass Sieg nicht durch Selbstvertrauen, sondern durch Gottvertrauen kommt.

Die Vorbereitung Midians

(Richter 7,13-14)

Gott hatte nicht nur Gideon und seine Soldaten auf den Kampf vorbereitet. Er hatte auch an Midian gearbeitet, indem er Furcht in ihren Herzen säte. Wie sonst sollte man die beiden Verse in Richter 7,13-14 verstehen? Die Midianiter wussten, was im Lager Israels vorgegangen war. Sie wussten nicht warum, aber sie hatten gesehen, dass 31 700 Männer ihr Bündel schnürten und abrückten. Wieso sollten 135 000 Soldaten Angst haben vor einem Trupp von 300 Männern, die außerdem noch schlecht ausgerüstet waren? Ich glaube nicht, dass der Präsident der USA nachts wach liegt aus Angst vor einer Invasion aus Liechtenstein. Warum diese unerklärliche Furcht bei den Midianitern?

Die einzig mögliche Antwort ist, dass Gott die Furcht in die Herzen der Midianiter gepflanzt hatte. Er hatte Midian schon auf Gideons Kommen vorbereitet.

Wenn Gott uns zu einer Aufgabe ruft, geht er immer vor uns her und bereitet den Boden zu, der bearbeitet werden soll. Deshalb lesen wir in 2. Korinther 2,14: »Gott aber sei Dank, der uns allezeit im Triumphzug umherführt in Christus.« Beachten wir den Wortlaut: Es heißt nicht: »... in unserem Triumphzug ... « Es ist sein Triumph, sein Sieg, und wir haben in Christus Teil daran.

Durch Gottes Gnade dürfen wir im Herrn Jesus siegreich sein. Ganz praktisch gesehen erleben wir diesen Sieg, wenn wir uns, wie wir gelesen haben, auf den Sieg vorbereiten lassen. Wir sollen nicht an uns selbst und unsere Fähigkeiten glauben. Erst wenn wir erkannt haben, dass wir ohne ihn nichts sind, kann Gott uns an der Hand nehmen und uns vollständiges Vertrauen in ihn lehren. Die Abhängigkeit vom Herrn ist die Voraussetzung für dieses Vertrauensverhältnis. Erst wenn wir das gelernt haben, kann Gott uns an seinem Sieg teilhaben lassen.

11

Satans Taktik

W*enn eine Fußballmannschaft vor einem wichtigen Spiel steht,* verwendet der Trainer viele Stunden für die taktische Einstellung seiner Mannschaft. Filmaufzeichnungen der gegnerischen Mannschaft werden bis in alle Einzelheiten studiert, Spielzüge des Gegners analysiert und mögliche Abwehr- und Angriffszüge erprobt. Je besser man den Gegner kennt, desto leichter sind seine Spielzüge zu durchschauen und wirkungslos zu machen.

Der Apostel Paulus dachte an Ähnliches, als er schrieb: »Ich schreibe dies, damit wir nicht vom Satan übervorteilt werden; denn seine Gedanken sind uns nicht unbekannt.« Er hat Tricks und Fallen bereit für die Kinder Gottes, und diese wendet er immer wieder an. Einige seiner Schachzüge sind von jeher besonders erfolgreich gewesen, weshalb sie mit Vorliebe zur Anwendung kommen. Es wäre töricht von einer Fußballmannschaft, nicht ihren Endspielgegner vor dem Spiel genau zu studieren. Ebenso töricht wäre es von uns, nicht die Winkelzüge Satans kennen zu lernen. Wir sehen und erfahren in Gottes Wort Satans Taktik in vergangenen Zeiten und können daraus für uns heute lernen.

Es ist eine Erfahrungstatsache, dass Satan sich Zeiten geistlichen Wachstums für seine Angriffe aussucht. Es scheint, als ob wir Menschen gerade in unserem Siegesbewusstsein für Satans Fallstricke anfällig seien, und so kann eine Erfahrung, die gerade noch wie ein glorreicher Sieg aussah, zur bitteren Niederlage werden. Wir sehen diese satanische Strategie auch hier bei Gideons Sieg über Midian. Gideon konnte auch hier seine Standhaftigkeit beweisen, und gerade deshalb ist dieses Erlebnis für uns sehr lehrreich. Nach Gideons Sieg über Midian machte Satan zwei erfolglose Gegenangriffe.

Gideons großer Sieg
(Richter 7,15-25)

»Und es geschah, als Gideon die Erzählung des Traumes und seine Deutung hörte, da betete er an. Und er kehrte in das Lager Israels zurück und sprach: Machet euch auf! Denn der HERR hat das Lager Midians in eure Hand gegeben. Und er teilte die dreihundert Mann in drei Haufen und gab ihnen allen Posaunen in die Hand und leere Krüge, und Fackeln in die Krüge. Und er sprach zu ihnen: Sehet es mir ab und tut ebenso; siehe, wenn ich an das Ende des Lagers komme, so soll es geschehen, dass ihr ebenso tut, wie ich tue. Und stoße ich in die Posaune, ich und alle, die bei mir sind, so sollt auch ihr in die Posaunen stoßen rings um das ganze Lager, und sollt rufen: Für den HERRN und für Gideon!

Und Gideon und die hundert Mann, die bei ihm waren, kamen an das Ende des Lagers, beim Beginn der mittleren Nachtwache; man hatte eben die Wachen aufgestellt. Und sie stießen in die Posaunen und zerschmetterten die Krüge, die in ihrer Hand waren. Und die drei Haufen stießen in die Posaunen und zerbrachen die Krüge; und sie hielten in ihrer linken Hand die Fackeln und in ihrer rechten Hand die Posaunen zum Blasen und riefen: Schwert des HERRN und Gideons! Und sie standen, ein jeder an seiner Stelle, rings um das Lager. Da lief das ganze Lager und schrie und floh. Und sie stießen in die dreihundert Posaunen; und der HERR richtete das Schwert des einen wider den anderen, und zwar im ganzen Lager. Und das Lager floh bis Bet-Schitta, nach Zereda hin, bis an das Ufer von Abel-Mehola bei Tabbat. Und es versammelten sich die Männer von Israel, von Naftali und von Asser und von ganz Manasse, und sie jagten Midian nach. Und Gideon sandte Boten in das ganze Gebirge Ephraim und sprach: Kommet herab, Midian entgegen und nehmet ihnen die Gewässer bis Bet-Bara, und den Jordan! Da versammelten sich alle Männer von Ephraim und nahmen ihnen die Gewässer bis Bet-Bara und den Jordan. Und sie fingen die zwei Fürsten von Midian, Oreb und Seeb; und sie erschlugen Oreb an dem Felsen Oreb, und Seeb erschlugen sie bei der Kelter Seeb; und sie jagten Midian nach. Und die Köpfe Orebs und Seebs brachten sie zu Gideon auf die andere Seite des Jordan.«

Bei der Generalprobe für die Krönungszeremonie von Königin Elisabeth II. von England im Jahr 1953 standen alle Teilnehmer sehr aufgeregt und angespannt. Immerhin stand sehr viel auf dem Spiel, und deshalb wurde der gesamte Ablauf in allen Einzelheiten durchgespielt bis zu dem Augenblick, in dem die Königin das Westminster Abbey betreten sollte. Das Orchester hatte gerade ein Musikstück beendet, der Erzbischof von Canterbury stand in seinen Gewändern am Altar, und eine feierliche Fanfare signalisierte den Eintritt der Königin. Das Portal öffnete sich und herein kamen vier Putzfrauen mit Staubsaugern, um den roten Teppich, der zum Thron führte, zu säubern. Alle Anwesenden waren zuerst verblüfft, doch dann gab es schallendes Gelächter über dieses komische Zusammentreffen. Sicher hatten diese vier Putzfrauen eine wichtige Aufgabe, die aber keine Fanfare verdiente. Diese Ehre gebührte der Königin.

Genau das wollte Gott seinem Volk in Richter 7 zu verstehen geben. Eine Armee von 32 000 Männer war auf 300 reduziert worden, die gegen 135 000 Midianiter kämpfen sollten. Mit Gideon hatten sie einen Führer, der sich von Gott leiten ließ. Kein Mensch konnte allen Ernstes behaupten, dass Gideon oder seine 300 Männer für den Sieg verantwortlich waren. Sie waren Gottes »Putzfrauen«, doch die Ehre gebührte Gott und Gott allein.

Der Angriffsplan
(Richter 7,15-18)

Nachdem Gideon mit seinem Diener im Lager der Midianiter gewesen war und dort die ermutigende Nachricht gehört hatte, betete er Gott an, wie wir in Vers 15 lesen. Dann ging er zurück zu seinen Männern und weckte sie mit den Worten: »Steht auf, denn der HERR hat das Lager der Midianiter in eure Hand gegeben.«

Er teilte daraufhin die Streiter in drei Gruppen zu je 100 Männer und gab die Ausrüstung an sie aus. Stelle dir einmal für eine Minute vor, du seist einer der 300. Gleichgültig, wie treu, furchtlos und einsatzbereit du wärest, du würdest dich doch fragen, wie Gideon es anstellen würde, die Midianiter zu schlagen. Da war die Übermacht der Midianiter. 450 : 1 waren die Israeliten in der Minderheit, von den lächerlichen Waffen ganz zu schweigen: ein Horn, eine Fackel und ein Tonkrug. Keine Schilde, keine Pfeile, keine Schwerter. Ich kann mir gut vorstellen, wie Gideons Männer mit diesen drei Dingen in ihren Händen aussahen, und was ihre Gedanken waren.

Als dann Gideon erklärte, wie sie ihre merkwürdigen Waffen gebrauchen sollten, wird die Skepsis der Männer wohl noch gewachsen sein. Die Anweisungen Gideons waren, dass sie ihn im Auge behalten und genau das tun sollten, was er tat, nämlich ins Horn stoßen, die Krüge zerschmettern, mit der Fackel leuchten und schreien. Das war alles. Ganz am Anfang hatte Gideon gesagt: »Wer Angst hat und zittert, soll nach Hause gehen.« Wenn ich es geschafft hätte, einer der 300 zu sein, ich glaube, in diesem Augenblick hätte ich Horn, Krug und Fackel schnellstens zurückgegeben und mich auf den Heimweg gemacht. Nicht so die 300. Sie wussten, was es bedeutete, Gott vollständig zu vertrauen. Obwohl sie nicht wussten, wie Gott den Sieg möglich machen würde, wussten sie doch, dass er hinter Gideons Schlachtplan stand. Diese Einstellung ist auch für uns beispielhaft. Es steht außerhalb unserer Verantwortung, wie Gott sein Wort hält und seinen Plan durchführt. Unsere Verantwortung ist es, ihm zu gehorchen, das zu tun, was er verlangt.

Die Durchführung des Plans
(Richter 7,19-22)

Alle Vorbereitungen waren abgeschlossen, und nun setzte Gideon Gottes Plan in die Tat um. Er wartete bis zum Beginn der mittleren Wache, d. h. bis etwa 22.30 Uhr, als der Großteil der Midianiter schon etwa drei Stunden geschlafen hatte und so richtig im tiefen Schlaf lag. Die Männer der ersten Wache waren todmüde auf dem Weg zu ihren Zelten, während die Ablösung sich noch schlaftrunken die Augen rieb. Plötzlich erhob sich ein ungeheurer Lärm um sie herum. Die Widderhörner kündigten einen feindlichen Angriff an, die Tonkrüge, die auf dem Boden zerschmettert wurden, klangen wie der Zusammenprall kämpfender Truppen. Wer wach wurde und um sich schaute, sah Licht, Fackeln von drei Seiten, und dann ertönte der laute Schrei: »Schwert des HERRN und Gideons.« Für die aus dem Schlaf gerissenen Midianiter war alles, was sich bewegte, ein Feind. Jeder Schatten war ein Israelit. In dem Tumult gerieten die Kamele in Panik und rissen sich los und vergrößerten das Chaos, und die verwirrten Midianiter begannen sich gegenseitig abzuschlachten. Während der ganzen

Zeit bewegten sich Gideons Männer nicht. Sie standen um das Lager, bliesen ihre Hörner, schwangen die Fackeln und riefen ihren Kampfschrei aus: Schwert des HERRN und Gideons!

Midians Niederlage

(Richter 7,23-25)

Schließlich sahen die Midianiter als einzigen Ausweg die Flucht. In großer Zahl strömten sie durch das Tal nach Osten, dem Jordan zu, um jenseits des Flusses ihre Heimat, die Wüste, zu erreichen. Nun konnte Gideon auf die 32 000 zurückgreifen, die ursprünglich seine Armee ausgemacht hatten. Sie verfolgten nun mit den 300 die verängstigten Midianiter. Außerdem schickte Gideon Boten nach Ephraim, denn die Fluchtrichtung ging genau auf deren Gebiet zu. Ephraim sollte noch vor dem Jordan den Midianitern die Flucht abschneiden. Das geschah und mehr noch, denn die Männer von Ephraim fingen die zwei Fürsten von Midian und töteten sie.

Gottes Siegesprinzipien

Es gibt keinen besseren Kommentar über Gideons Sieg als die Worte des Apostels Paulus in 2. Korinther 10,3-4:

> *»Denn obwohl wir im Fleisch wandeln, kämpfen wir nicht nach dem Fleisch, denn die Waffen unseres Kampfes sind nicht fleischlich, sondern mächtig für Gott zur Zerstörung von Festungen; so zerstören wir Vernünfteleien.«*

Nur so ist der Sieg der 300 Männer über die 135 000 Midianiter zu erklären. Jahre später stand König Asa einer Armee von über einer Million Äthiopier und 300 Kampfwagen gegenüber. Zwar hatte Asa 580 000 Fußsoldaten, doch trotzdem war die Übermacht beträchtlich. Asa betete daraufhin:

> *»O HERR! Um zu helfen, ist bei dir kein Unterschied zwischen dem Mächtigen und dem Kraftlosen. Hilf uns, HERR, unser Gott! Denn wir stützen uns auf dich, und in deinem Namen sind wir*

wider diese Menge gezogen. Du bist der HERR, unser Gott; lass den Menschen nichts wider dich vermögen!« (2. Chronik 14,11).

Gott erhörte das Gebet und gab einen großartigen Sieg über die Äthiopier. Das Gebet Asas gibt uns ein wunderbares Beispiel, wie wir uns in unserem Gebetsleben auf den Herrn stützen sollen. Wenn wir in seinem Namen in den Kampf gehen, können wir uns darauf verlassen, dass er uns Kraft gibt.

Nehmen wir ein weiteres Beispiel: Da waren 11 Männer und einige Frauen. Sie waren so verängstigt, dass einer von ihnen feige vor einer Magd zum Gottesleugner wurde. Keiner von ihnen ist gebildet, reich oder berühmt. Und doch bedient sich Gott dieser schwachen Menschen und gebraucht sie als Werkzeuge, um zuerst Jerusalem und später die ganze Welt umzugestalten.

Eines der interessantesten Gespräche der Weltgeschichte fand statt, als Petrus und Johannes vor dem Rat der Juden standen und gefragt wurden: »In welcher Kraft oder in welchem Namen habt ihr dies getan?« Und wir lesen, dass Petrus, erfüllt mit dem Heiligen Geist, ihnen das Evangelium verkündete und der ganze Rat vollständig verwirrt und verwundert war: »Als sie aber die Freimütigkeit des Petrus und Johannes sahen und inne wurden, dass es ungelehrte und ungebildete Leute seien, verwunderten sie sich; und sie erkannten sie, dass sie mit Jesus gewesen waren« (Apostelgeschichte 4,13). Sie schickten die beiden aus dem Raum und berieten untereinander: »Was sollen wir diesen Menschen tun? Denn dass wirklich ein deutliches Zeichen durch sie geschehen ist, ist allen offenbar, die zu Jerusalem wohnen, und wir können es nicht leugnen« (Apostelgeschichte 4,16).

Erkennen wir das Problem? Man kann mit Menschen fertigwerden, die ebenbürtig sind. Aber was tut man gegen ungebildete, schwache Männer, die voll des Heiligen Geistes sind? Man kann eine gut ausgerüstete Armee besiegen, doch 300 Männer mit Hörnern, Krügen und Fackeln erweisen sich als unbesiegbar, weil sie Gott hinter sich haben. Goliath konnte mit Saul fertigwerden, doch was kann er gegen einen Jungen ausrichten, der mit fünf Steinen und der Verheißung Gottes zu ihm kommt? Dass wir doch so viel Vertrauen hätten, dass Gott durch all unsere Schwäche hindurch zu seiner Verherrlichung wirken kann!

Vielleicht dachte Paulus daran, als er in 2. Korinther 4,6-7 schrieb:

»Denn Gott, der gesagt hat: Aus Finsternis soll Licht leuchten! Er

ist es, der in unseren Herzen aufgeleuchtet ist zum Lichtglanz der Erkenntnis der Herrlichkeit Gottes im Angesicht Christi.«

Die Apostelgeschichte und Richter 8 haben eine auffallende Gemeinsamkeit. Gott segnet die junge Gemeinde, und Tausende kommen zum Glauben. Die Führer der Juden sind in völliger Verwirrung über das Geschehen, und Satan tritt zum Gegenangriff an. Er tut das aus genau der gleichen Richtung wie bei Gideon, und auch heute noch wendet er diese Taktik an.

Der Angriff durch Zwietracht
(Richter 8,1-3)

»Und die Männer von Ephraim sprachen zu ihm: Was ist das für eine Sache, die du uns getan, dass du uns nicht gerufen hast, als du hinzogst, um wider Midian zu streiten! Und sie zankten heftig mit ihm. Und er sprach zu ihnen: Was habe ich nun getan im Vergleich mit euch? Ist nicht die Nachlese Ephraims besser als die Weinlese Abiesers? In eure Hand hat Gott die Fürsten von Midian, Oreb und Seeb, gegeben; und was habe ich tun können im Vergleich mit euch? Da ließ ihr Zorn von ihm ab, als er dieses Wort redete.«

Ephraim war zu jener Zeit der größte und wichtigste Stamm Israels. Dessen war man sich bewusst und ließ das die anderen Stämme auch spüren. Immerhin war die Stiftshütte in Silo, und der große Josua war ein Ephraimiter.

Deshalb kamen sie nun mit einer Beschwerde zu Gideon: Warum hast du uns nicht gerufen, als du gegen Midian zogst? Oberflächlich betrachtet war die Frage berechtigt. Gideon hatte sie tatsächlich nicht aufgefordert. Doch er hatte wahrscheinlich gute Gründe dafür, die wir besser verstehen, wenn wir die Haltung sehen, in der sie zu Gideon kamen. Ephraim hatte keine Anstalten gemacht, von sich aus die fliehenden Midianiter anzugreifen, und auch vorher waren keine Freiwilligen aus Ephraim gekommen, obwohl man auch dort von Gideons Bemühungen gehört haben musste.

Ihr Vorwurf kam aus persönlicher Eifersucht und verletztem Stolz. Gideon hatte einen großen Sieg erkämpft, von dem Ephraim in besonderer Weise profitieren würde. Doch da gab es keine Freude darüber, was Gott durch Gideon getan hatte, keine Dankbarkeit für den wunderbaren Sieg, nur Bitterkeit. Ephraim war ganz einfach egoistisch und stufte seine eigenen Probleme höher ein als die Aufgabe, die Gideon von Gott gestellt bekommen hatte.

Es ist eine traurige Wahrheit, dass häufig, gerade wenn wir einen Sieg erleben dürfen, die größte Gefahr von anderen Gläubigen kommt. Es wäre fast selbstverständlich gewesen, wenn Gideon seinen Kritikern mit gleicher Münze heimgezahlt hätte und ärgerlich geworden wäre. Wie leicht ist es doch, einen Kampf zu kritisieren, den andere ausgefochten haben, tapfer zu sein, wenn der Sieg feststeht, und als Zuschauer alle die Fehler der anderen aufzuzeigen. Satan liebt nichts mehr, als wenn Christen miteinander streiten. Als in der Apostelgeschichte alle Angriffe von außen scheiterten, zu welchem Mittel griff Satan dann? Zunächst versuchte er die Einmütigkeit der Gläubigen durch Hananias und Saphira zu zerstören. Als das nichts half, schürte er die Streitigkeiten zwischen den Christen griechischer und hebräischer Sprache und über die Versorgung der Witwen. Wenn wir miteinander streiten, ist es uns unmöglich, den Feind zu verfolgen. Satan kann uns tatsächlich so verwirren, dass wir glauben, Mitgläubige seien Feinde.

Diese Taktik wendet Satan auch heute immer wieder an. Wenn Menschen Christus vertrauen, junge Leute zum Glauben kommen und darin wachsen, benutzt Satan jede Gelegenheit, Zwietracht zu säen. Es ist ihm einerlei, worüber gestritten wird, ihm ist nur wichtig, dass wir uneins sind, und er kennt viele Anlässe, die zum Zankapfel werden können: Stolz, Eitelkeit, Geld, Bildung, gesellschaftlicher Stand, Lehrfragen und vieles mehr.

Gideons Antwort

Gerade deshalb ist für uns Gideons Antwort auf die Vorwürfe Ephraims so wichtig. Wie schon gesagt wurde, hätte er sie kalt abblitzen lassen können. Doch er unterliegt dieser Versuchung nicht. Was sagt er statt dessen? »Und er sprach zu ihnen: Was habe ich nun getan im Vergleich mit euch? Ist nicht die Nachlese Ephraims besser als die Weinlese Abiesers? In eure Hand hat Gott die Fürsten von Midian, Oreb und Seeb, gegeben; und was habe ich tun können im Vergleich mit euch?« Was sagt Gideon da eigentlich? War es wirklich eine größere Sache, zwei Fürsten zu fangen und zu töten, als 135 000 Midianiter mit 300

Israeliten anzugreifen und zu vernichten? Selbstverständlich nicht. Aber wieder können wir etwas lernen:

1. *Die Einheit der Gläubigen ist wichtiger als persönlicher Stolz.* Was macht es aus, dass er, Gideon, ohne Grund kritisiert wurde? Es war wichtiger, dass die Einheit des Volkes gewahrt wurde, als sich zu rechtfertigen. Wir alle können es nicht gut vertragen, ungerecht behandelt zu werden. Doch ist es besser, diese Ungerechtigkeit dem Herrn zu bringen als sie mit dem Bruder, der sie verursachte, auszutragen.
2. *Wir dürfen die Augen nicht vom Feind abwenden.* Gideon hatte einfach keine Zeit, mit Ephraim zu diskutieren. Er hatte die Midianiter im Sinn und weigerte sich, von ihnen abzulassen. Das war das eigentliche Problem der Ephraimiter. Sie hatten zu viel Zeit, ihre eigenen Gefühle und Probleme zu besprechen und keinen Sinn für Gottes Absichten mit ihnen. Kein Wunder, dass sie nicht mit Gideon im Gleichschritt gehen konnten. Wie oft erleben wir das auch heute, dass Menschen Gottes drängenden Ruf in ihrem eigenen Leben gar nicht spüren!

Kaum war er mit den Beschuldigungen Ephraims fertiggeworden, da überschritt Gideon auch schon den Jordan, um die Verfolgung Midians abzuschließen. Wie in der Urgemeinde versuchte Satan auch jetzt erneut, Gideon zu Fall zu bringen und damit die neu gewonnene Einheit zu zerstören.

Der Angriff mit falscher Einheit
(Richter 8,4-21)

»Und Gideon kam an den Jordan; er ging hinüber, er und die dreihundert Mann, die bei ihm waren, ermattet und nachjagend. Und er sprach zu den Männern von Sukkot: Gebet doch dem Volke, das mir nachfolgt, einige Laibe Brot; denn sie sind ermattet, und ich jage den Königen von Midian, Sebach und Zalmunna, nach. Und die Obersten von Sukkot sprachen: Ist die Faust Sebachs und Zalmunnas schon in deiner Hand, dass wir deinem Heere Brot geben sollen? Da sprach Gideon: Darum, wenn der HERR Sebach und Zalmunna in meine Hand gegeben hat, werde ich euer Fleisch

zerdreschen mit Dornen der Wüste und mit Stechdisteln! Und er zog von dannen nach Pnuel hinauf und redete zu ihnen auf dieselbe Weise. Und die Männer von Pnuel antworteten ihm, wie die Männer von Sukkoth geantwortet hatten. Da sprach er auch zu den Männern von Pnuel und sagte: Wenn ich in Frieden zurückkomme, so werde ich diesen Turm niederreißen!

Sebach und Zalmunna waren aber zu Karkor, und ihre Heere mit ihnen, bei fünfzehntausend Mann, alle, die übriggeblieben waren von dem ganzen Lager der Söhne des Ostens; und der Gefallenen waren 120 000 Mann, die das Schwert zogen. Und Gideon zog hinauf des Weges zu den Zeltbewohnern, östlich von Nobach und Jogboha; und er schlug das Lager, und das Lager war sorglos. Und Sebach und Zalmunna flohen, und er jagte ihnen nach; und er fing die beiden Könige von Midian, Sebach und Zalmunna; und das ganze Lager setzte er in Schrecken. Und Gideon, der Sohn Joaschs, kehrte aus dem Streit zurück, von der Anhöhe Heres herab. Und er fing einen Jüngling von den Männern von Sukkot und befragte ihn; und dieser schrieb ihm die Obersten von Sukkot und seine Ältesten auf, siebenundsiebzig Mann. Und er kam zu den Männern von Sukkot und sprach: Sehet hier Sebach und Zalmunna, über welche ihr mich verhöhnt habt, indem ihr sagtet: Ist die Faust Sebachs und Zalmunnas schon in deiner Hand, dass wir deinen Männern, die ermattet sind, Brot geben sollen? Und er nahm die Ältesten der Stadt und Dornen der Wüste und Stechdisteln, und er züchtigte die Männer von Sukkot mit denselben. Und den Turm zu Pnuel riss er nieder und erschlug die Männer der Stadt.

Und er sprach zu Sebach und zu Zalmunna: Wie waren die Männer, die ihr zu Tabor erschlagen habt? Und sie sprachen: Wie du, so waren sie, ein jeder an Gestalt gleich einem Königssohne. Und er sprach: Das waren meine Brüder, die Söhne meiner Mutter. So wahr der HERR lebt, wenn ihr sie am Leben gelassen hättet, so erschlüge ich euch nicht! Und er sprach zu Jeter, seinem Erstgeborenen: Stehe auf, erschlage sie! Aber der Knabe zog sein Schwert nicht; denn er fürchtete sich, weil er noch ein Knabe war. Da sprachen Sebach und Zalmunna: Stehe du auf und stoße uns nieder; denn wie der Mann, so seine Kraft. Und Gideon stand auf und erschlug Sebach und Zalmunna; und er nahm die Halbmonde, welche an den Hälsen ihrer Kamele waren.«

Gideon ließ den Ärger mit Ephraim und machte sich auf, hinter Ephraim her. Seine Männer waren mittlerweile viele Tage lang auf den Beinen und zu Tode erschöpft. Doch Gideon war entschlossen, seine Aufgabe zu Ende zu führen.

Er kam auf seiner Verfolgungsjagd nach Sukkot, einer der israelischen Städte auf der anderen Seite des Jordan und bat die Einwohner um Nahrung. Anstatt über die Befreiung von dem midianitischen Joch froh zu sein, reagierten diese Menschen, die auch zum Volk Gottes gehörten, völlig anders und unverständlich. Sie kannten Gott überhaupt nicht, kannten keine Dankbarkeit, kein Gottvertrauen. Der Name des Herrn wurde nicht einmal erwähnt. Nicht genug, dass sie Gideon eine selbstverständliche Hilfeleistung versagten, nein, sie machten sich obendrein noch über ihn lustig. »Ist die Faust Sebachs und Zalmunnas schon in deiner Hand, dass wir deinem Heere Brot geben sollen?« (V. 6)

Die Streitmacht Midians in der befestigten Stadt Karkor betrug immerhin noch 15 000 Mann, die bereit waren, mit dem Mut der Verzweiflung Widerstand zu leisten. Jeder hätte Verständnis dafür gehabt, wenn Gideon mit seinen erschöpften Männern umgekehrt wäre. »Ihr habt recht. Haben wir nicht schon einen großen Sieg errungen? Man soll das Glück nicht herausfordern.« Doch Gideon war aus anderem Holz. Wie reagiert er tatsächlich? Dieses Mal ist da kein sanftes Nachgeben. Mit einer leeren religiösen Fassade kann es keine Gemeinschaft geben. Ephraim gehorchte wenigstens der Aufforderung zum Einsatz. Sukkot und Pnuel waren dagegen und verharrten in völligem Unglauben. Die Schrift lehrt, dass die Kinder Gottes in Einheit leben sollen. Einheit kann aber nur innerhalb der Grenzen von Wahrheit und Glauben existieren.

Deshalb kommen Gelegenheiten, wenn wir Menschen, die vorgeben, im Namen Jesu zu handeln, aber die Wahrheiten der Schrift zurückweisen, sagen müssen, dass wir keine Gemeinschaft mit ihnen haben können. Eine solche Einheit wäre unecht und würde das Werk Gottes zerstören. Unsere Einheit muss eine Einheit im Herrn Jesus sein. Selbst in dieser Episode sehen wir Gideons Beharrlichkeit. Er will Sukkot und Pnuel bestrafen, doch zuvor muss er Midian verfolgen und vernichten. Nichts kann ihn aufhalten, bevor seine Aufgabe nicht erfüllt ist.

Benjamin Disraeli, der bekannte englische Premierminister, sagte einmal: »Beharrlichkeit ist das Geheimnis allen Erfolgs.« Gideon hatte diese Art von Beharrlichkeit (vgl. Vers 4). Kennen wir diese Beharrlichkeit im Gehorsam Gott gegenüber? Gerade dadurch war Gideon vor den Attacken Satans gefeit. Gideon erfüllte seine Aufgabe vollständig. Er vernichtete Midian, er bestrafte Sukkot und Pnuel und zum Schluss tötete er noch die zwei midianitischen Fürsten Sebach und Zalmunna, die bis dahin das Massaker überlebt hatten. Israel war ein für allemal vom midianitischen Joch befreit. Gideon hatte es gewagt, Gott zu vertrauen. Deshalb hatte Gott ihm diesen großen Sieg gegeben und ihn durch alle Angriffe Satans hindurch bewahrt.

Richten wir Herz und Sinn so vollständig und hingegeben auf Gott aus, so wird er uns auch in gleicher Weise Siege erfahren lassen und Kraft geben, die Fallstricke des Teufels zu erkennen.

12

Gideons trauriges Ende

A*m 29. September 1938 unterzeichneten Großbritannien, Frankreich, Deutschland und Italien das Münchener Abkommen,* welches Adolf Hitler das Sudetenland, den Nordteil der Tschechoslowakei, sicherte. Das war der Höhepunkt einer Reihe trauriger Ereignisse und beruhte auf der Annahme, dass Hitler ein vernünftiger und vertrauenswürdiger Mann war.

England und Frankreich hatten sich verpflichtet, die Rechte der Tschechoslowakei zu schützen; Hitler erklärte jedoch, dass deutsche Rechte verletzt worden seien und er in die Tschechoslowakei einmarschieren würde, wenn nicht bestimmte Bedingungen erfüllt würden. Er bewegte sich dabei auf sehr dünnem Eis, und plötzlich loderte in ganz Europa die Kriegsgefahr auf. Neville Chamberlain, der britische Premierminister, flog nach Berlin, um mit Hitler zu verhandeln. Unter dem Druck von Hitlers Persönlichkeit und der Kriegsandrohung gab er nach. In der Nacht des 21. September ließen die Botschafter von England und Frankreich den tschechoslowakischen Ministerpräsidenten wecken, um ihm mitzuteilen, dass ihre Länder die Vertragsbedingungen nicht einhalten würden. Acht Tage später wurde das Münchener Abkommen unterzeichnet, welches Hitler in praktisch allen Forderungen nachgab. Chamberlain flog nach England zurück. Mit dem Vertrag in der Hand verkündete er, dieser bedeute »Frieden in unserer Zeit, Frieden mit Ehre«. Eine Welle von Erleichterung ging durch Großbritannien. Chamberlain wurde wie ein Held gefeiert. Nur einer ließ sich nicht hinters Licht führen. Winston Churchill stand im Unterhaus auf und hielt eine bemerkenswerte und prophetische Rede:

»England und Frankreich hatten die Wahl zwischen Krieg und Schmach. Sie werden den Krieg haben ... Das Volk sollte wissen, dass wir eine Niederlage erlitten haben, ohne gekämpft zu haben, … es sollte wissen, dass wir einen ganz schlimmen Weg beschritten haben, und dass mindestens vorläufig das schreckliche Urteil über die westlichen Demokratien ausgesprochen worden ist: ›Du bist auf der Waage gewogen und zu leicht erfunden worden‹. Glauben wir ja nicht, dass wir jetzt Ruhe haben werden. Dies ist erst der Anfang der Auseinandersetzungen, der Vorgeschmack des bitteren Kelches, der uns Jahr für Jahr von neuem angeboten werden wird, wenn wir nicht durch äußerste Anstrengung moralisch gesunden und Krieg führen und für die Freiheit einstehen, wie zu alten Zeiten.«

Churchill erkannte zwei wichtige Dinge:

1. Man kann mit dem Bösen keinen Kompromiss schließen.
2. Ein Kompromiss bedeutet so viel wie Niederlage.

Kompromiss bedeutet stetige Abwärtsentwicklung, die zu Zerfall führt. In Richter 8 wird auch von einem Kompromiss berichtet, der zu Niederlage und Abgleiten führte, das letzte Kapitel im Leben eines Mannes, der den größten Sieg erfahren durfte, von dem die Bibel erzählt. Ich habe den Verdacht, dass die meisten von uns diesen Teil von Gideons Leben gar nicht kennen. Und doch hat der Heilige Geist auch diesen Lebensabschnitt aufgezeichnet, uns zur wichtigen Lehre.

In Jeremia 17,5 gibt uns der Heilige Geist eine sehr deutliche Botschaft: »Verflucht ist der Mann, der auf den Menschen vertraut und Fleisch zu seinem Arm macht und dessen Herz vom Herrn weicht.« Genau das geschieht im Volk Gottes zu dem Zeitpunkt, in dem Gott auf völlig unerwartete Weise seine übernatürliche Kraft gezeigt hat. Gott hatte durch Gideon und seine 300 Männer einen herrlichen Sieg errungen. Es war nicht Israels Sieg, es war der Sieg des Herrn. Doch wie schnell vergisst die menschliche Natur und rechnet sich selbst das Verdienst zu. Wenn Gideons Lebensgeschichte mit Vers 23 aufhörte, wäre es die glücklichste Biographie der ganzen Bibel. Traurigerweise folgte Gideons größtem Triumph sein größter Fehler. Aber bevor wir darüber sprechen, wollen wir uns den Höhepunkt seines Lebens anschauen.

Gideons größter Sieg
(Richter 8,22-23)

»Und die Männer von Israel sprachen zu Gideon: Herrsche über uns, sowohl du, als auch dein Sohn und deines Sohnes Sohn; denn du hast uns aus der Hand Midians gerettet. Und Gideon sprach zu ihnen: Nicht ich will über euch herrschen, und nicht mein Sohn soll über euch herrschen; der HERR soll über euch herrschen.«

Gott hatte Gideon nicht erlaubt, Midian mit 32 000 Männern anzugreifen, damit Israel sich nicht hinterher seiner eigenen Stärke rühmen könne (vgl. Kap. 7,2). Israel hatte die Lektion nicht verstanden. Zwar nahmen sie das Verdienst für den Sieg nicht für sich selbst in Anspruch, sie gaben es aber auch nicht Gott. Wie wir in Vers 22 lesen, wollte das Volk Gideon die Ehre geben. »Herrsche über uns ... denn du hast uns befreit.«

Manchmal kann man mehr von dem lernen, was nicht in der Bibel ausgesagt wird, als von dem, was gesagt wird. Das trifft hier sicherlich zu. Man findet kein Wort des spontanen Lobes, der Dankbarkeit Gott gegenüber. Nichts sagt mehr aus über Israels geistliche Situation als diese Tatsache. Lange bevor man auf Gideon zukam, hätte man Gott, der ihnen den Sieg geschenkt hatte, die Herzen in Dankbarkeit ausgießen sollen. Nichts dergleichen geschah. Das Volk hatte nicht den fröhlichen Glauben eines Mose, eines Josua oder einer Debora.

Wie oft machen wir uns der geistlichen Undankbarkeit schuldig? Preisen und loben wir Gott ganz spontan und erkennen an, was er für uns getan hat? Danken wir ihm für die Siege, die er für uns erkauft hat? Wenn Gott nicht der Mittelpunkt unseres Lebens ist, dann ist alles andere nicht im Gleichgewicht. Ein Herz ohne Lob und Dank ist der Beweis für tiefe Fleischlichkeit.

Die Bitte des Volkes an Gideon

Aus den undankbaren Herzen der Kinder Israel kam ein ganz und gar ungöttlicher Gedanke: »Gideon, herrsche über uns, du und dein Sohn und der Sohn deines Sohnes, denn du hast uns von der Hand Midians befreit.« Zwei Dinge fallen an dieser Bitte auf:

1. *Man gab Gideon eine Ehre, die ihm nicht gebührte.* Abgesehen von dem, was Gott in seinem Leben getan hatte, war Gideon ein schwacher, entmutigter Mann gewesen. Er war letztlich nur Gottes Werkzeug, und deshalb gehörte die Ehre Gott allein.
2. *Die Bitte entsprach nicht dem Willen Gottes.* Gideon war von dem Herrn zum Richter berufen worden. Das Volk wollte ihn zum König machen, zum Begründer einer königlichen Dynastie. Diese Absicht konnte nicht nach dem Plan Gottes sein, Israel hatte sie bei den benachbarten heidnischen Völkern entlehnt. Israel war die einzige Nation im Nahen Osten, die keinen Menschen als König hatte, denn Gott selbst war der König des Volkes, wie Mose in 5. Mose 33,5 sagte. Nach Gottes Willen sollte Israel eine Theokratie sein, ein Volk, das direkt von ihm geführt wurde. Später gab Gott zwar dem Volk einen König, aber zum jetzigen Zeitpunkt war sein Plan ein anderer, ganz besonders betreffend Gideons.

Diese Tatsache ist auch für uns von besonderer Bedeutung, denn es ist der Wille Gottes, so sagt es das Neue Testament, dass die Gemeinde ebenso wie das Volk Israel eine Theokratie sein soll. Die Gemeinde hat ein einziges Haupt, und das ist der Herr Jesus Christus, der Heiland. Das gilt sowohl für die örtliche Gemeinde, als auch für die Gemeinde aller Gläubigen. Es gibt im ganzen Neuen Testament keine Hinweise dafür, dass ein Mensch als sichtbarer Führer des Volkes Gottes auftreten soll. Diese Stellung gehört Jesus Christus, denn die Gemeinde ist sein Eigentum. In der neutestamentlichen Gemeinde gab es Älteste und Diakone, die als Hirten und Führer dienten. Andere hatten die Gabe des Lehrers, sie unterwiesen die Gläubigen. Das ändert jedoch nichts an der Tatsache, dass es letztlich nur ein Haupt und einen Hirten gibt: den Herrn Jesus!

Unser sündiges Herz neigt dazu, Menschen in eine Stellung zu erheben, die nur Gott gehört. Dafür gibt es viele Beispiele im Lauf der Kirchengeschichte. Man gibt Menschen besondere Titel, Macht, außergewöhnliche Macht und erhebt sie über andere Menschen. Eine auffallende Erscheinungsform in heutigen evangelikalen Gemeinden ist die, dass Männer als sogenannte[11] Pastoren immer mehr Einfluss gewinnen. In einem kürzlich veröffentlichten Buch über Gemeindewachstum heißt es: »Der Pastor hat die Macht in einer wachsenden

11. »sogenannte« – Hinzufügung durch den Übersetzer.

Gemeinde.« In diesem Prinzip liegt eine große Gefahr, die man nicht ignorieren sollte.

In Markus 10,42-45 erläutert der Herr sein Führungsprinzip, dem alle Gläubigen große Aufmerksamkeit schenken müssen:

> *»Und Jesus rief sie zu sich und spricht zu ihnen: Ihr wisst, dass die, welche als Regenten der Völker gelten, sie beherrschen und ihre Großen Gewalt gegen sie üben. So aber ist es nicht unter euch; sondern wer von euch der Erste sein will, soll aller Sklave sein. Denn auch der Sohn des Menschen ist nicht gekommen, um bedient zu werden, sondern um zu dienen und sein Leben zu geben als Lösegeld für viele.«*

Ray Stedman bezieht sich auf diese Schriftstelle und schreibt in seinem provokativen Artikel »Soll ein Pastor Papst spielen?« folgendes:

> »Zu lange schon haben die Gemeinden sich so verhalten, als ob Jesus weit weg wäre und es den Führern der Gemeinden überlassen hätte, ihre Entscheidungen nach eigenem Gutdünken zu fällen und die Gemeinden wie Privatangelegenheiten zu behandeln. Jesus sagte im Missionsbefehl: Siehe, ich bin bei euch alle Tage, bis an das Ende der Zeitalter! Er ist die höchste Autorität in jedem Zusammenschluss von Gläubigen und ist bereit, seine Autorität durch Älteste auszuüben.
>
> Die Aufgabe der Ältesten ist es nicht, die Gemeinde selbst zu leiten, sondern zu entscheiden, wie der Herr die Gemeinde geführt haben möchte. Vieles davon ist bereits in der Schrift geoffenbart. In den alltäglichen Entscheidungen sollen die Ältesten den Willen des Herrn durch unerzwungene Einmütigkeit nach bibelfundierter Aussprache herausfinden. So ruht die letzte Autorität, auch in praktischen Dingen, bei dem Herrn und keinem anderen. Man sollte dabei immer im Bewusstsein behalten, dass kein einzelner den ganzen Umfang des göttlichen Willens kennen kann; kein einzelner hat die Autorität von Gott, eine Gemeinde zu leiten.«[12]

Stedman hat recht, und seine Erinnerung ist ungeheuer wichtig. Die Neigung, einen Menschen von anderen herauszuheben und ihm die

12. Ray Stedman, »Should a Pastor play Pope?« in Moody Monthly (July-August 1976), S. 42

Autorität des Herrn Jesus zu geben, ist heute genauso groß wie zu Gideons Zeiten und ist ebenso gefährlich. Fast jedesmal, wenn Menschen den Platz einnehmen, der Gott gehört, hat das ein Abirren von der Wahrheit zur Folge. Nirgendwo in der Schrift gibt es Hinweise dafür, dass der Herr Jesus, das Haupt der Gemeinde, seine Position einem Menschen übertragen hat. Zwar haben Menschen sie sich genommen. Deshalb müssen wir aufpassen, dass wir in unserem Streben nach echter biblischer Autorität und nach Wachstum in unseren Gemeinden nicht stillschweigend die Anweisungen des Wortes Gottes über das Gemeindeleben zurückweisen.

Gideon lehnt die Königswürde ab

Die Bitte, König zu werden, muss unwahrscheinlich schmeichelhaft für Gideon gewesen sein. Menschen lieben nun einmal Macht und Ansehen, und gerade das wurde ihm sozusagen auf einem silbernen Tablett angeboten. Gideon wusste jedoch, dass die Königswürde ihm nach dem Willen Gottes nicht zustand, und deshalb gab er dem Volk eine klare und unmissverständliche Antwort: »Ich will nicht über euch herrschen, weder mein Sohn noch mein Enkel soll über euch herrschen; der HERR soll über euch herrschen.« Israel hatte schon einen König, deshalb brauchte es nicht noch einen. Alles, was ein König einem Volk sein konnte, hatte Israel in seinem Gott, und Gideon wollte Gott nicht seine Stellung streitig machen. Er konnte und wollte nicht Gottes Verdienst um Israel schmälern. Das war der Höhepunkt in Gideons Leben. Nicht nur einer ungeheuren Versuchung hatte er widerstanden, er war auch für eine große biblische Wahrheit eingetreten, für das göttliche Königtum in Israel. Wenn die Geschichte nur an dieser Stelle enden würde! Sie tut das nicht, und die Ironie dabei ist, dass Gideons Niedergang in dem Moment begann, in dem er Gottes absolute Oberherrschaft in Israel bestätigte. Unglücklicherweise stimmten Tun und Denken bei ihm nicht überein.

Gideons großer Fehler

(Richter 8,24-28)

»Und Gideon sprach zu ihnen: Eine Bitte will ich von euch erbitten: Gebt mir ein jeder die Ohrringe seiner Beute! (Denn sie hatten

goldene Ohrringe, weil sie Ismaeliter waren.) Und sie sprachen: Gern wollen wir sie geben. Und sie breiteten ein Oberkleid aus und warfen darauf ein jeder die Ohrringe seiner Beute. Und das Gewicht der goldenen Ohrringe, die er erbeten hatte, war tausendsiebenhundert Sekel Gold, außer den Halbmonden und den Ohrgehängen und den Purpurkleidern, welche die Könige von Midian trugen, und außer den Halsketten, die an den Hälsen ihrer Kamele waren. Und Gideon machte daraus ein Efod und stellte es in seiner Stadt auf, in Ofra. Und ganz Israel hurte demselben dort nach; und es wurde Gideon und seinem Hause zum Fallstrick.«

Obwohl Gideon die Königswürde abgelehnt hatte, war ihm das Volk doch immer noch dankbar, und als er diese Bitte aussprach, handelten sie schnell. Die Midianiter hatten die Sitte, einen Ohrring zu tragen, und da die Israeliten etwa 135 000 Ohrringe von den Gefallenen gesammelt hatten und darüber hinaus noch weitere Kriegsbeute gemacht hatten, war Gideons Bitte recht bescheiden. Ein Kleidungsstück wurde ausgebreitet, und jeder Krieger warf seinen Ohrring darauf. Am Ende waren 1 700 Sekel Gold, etwa 60 Pfund, zusammengekommen, nach heutigen Vorstellungen ein Wert von ungefähr 1,5 Millionen DM.

Das Efod

Bis zu diesem Moment ist nicht erwähnt worden, warum Gideon um das Gold bat. Die Antwort bekommen wir in Vers 27. Er machte aus dem Gold ein Efod.

Ein Efod war ein Kleidungsstück, das vom Hohenpriester getragen wurde und deshalb eine gewisse Bedeutung hatte. Auf dem gewebten Brustteil befanden sich die zwei Edelsteine, Urim und Thummin, die der Hohepriester benutzte, um den Willen Gottes zu erfahren. Deshalb war im Laufe der Zeit das Efod zum Symbol des Hohenpriesteramtes geworden.

Wir wollen Gideon zugute halten, dass er das Gold nicht für sich selbst wollte. Er hatte auch nicht die Absicht, ein Götzenbild herzustellen. Alles was er tat, geschah im Sinn von Vers 23: »Der HERR soll über euch herrschen.« Israel krankte an der Tatsache, dass die Priesterschaft korrupt und der Hohepriester völlig ohne Einfluss war. Nirgendwo im ganzen Buch Richter lesen wir, dass der Hohepriester das ihm gegebene Amt ausfüllte und dem Volk geistliche Führung vermittelte. Gideon wusste um die Not des Volkes und wollte dieses geistliche Vakuum füllen. Die Theokratie konnte nur dann funktionieren, wenn man den Willen Gottes erfahren konnte. Immerhin hatte Gott in der Vergangenheit zu ihm gesprochen und könnte es auch wieder tun. Deshalb wollte er das kostbare Efod anlegen, das weitaus herrlicher war, als alles, was Silo bieten konnte, um die Theokratie mit Leben zu füllen. Er wollte das aaronitische Priestertum durch das gideonitische ersetzen, so dass Gott zum Volk sprechen konnte.

Gideon handelte wahrscheinlich aus den besten Motiven heraus, aber die geistlichen Folgen seines Handelns waren verheerend. Vers 27b nennt uns den Grund: »Ganz Israel hurte demselben dort nach; und es wurde Gideon und seinem Hause zum Fallstrick.« Der Ausdruck »jemandem oder einer Sache nachhuren« bedeutet immer geistlichen Ungehorsam. Vers 33 fügt dann an: »Es geschah, als Gideon tot war, da hurten die Kinder Israel wiederum den Baalim nach und machten sich den Baal-Berit zum Gott.« Trotz seiner Großtaten machte Gideon keinen bleibenden, geistlichen Eindruck auf das Volk Israel. Die Anbetung des Efods wurde von Gott als geistlicher Ehebruch angesehen und führte zum völligen Abfall von Gott nach Gideons Tod.

Was war so falsch an der Anbetung des Efods in Ofra? – Gott hatte das levitische Priestertum eingesetzt, und durch dieses sollte in der Stiftshütte angebetet werden. Die Stiftshütte aber war in Silo, nicht in Ofra.

Gideon war dem ausdrücklichen Befehl Gottes ungehorsam gewesen. Es lag nicht in seiner Verantwortung, ein bestehendes Problem auf seine Weise zu lösen.

Die Ursache jeder Art von Kompromiss und letztlich jeglicher Irrlehre ist die Annahme, dass wir das Recht hätten, den erklärten Willen Gottes zu ändern oder zu verbessern. Es steht uns nicht zu, unseren Verstand mit dem unseres allwissenden, liebenden Vaters zu messen. Gute Absichten sind nicht wichtiger als völliger Gehorsam. Was in unseren Augen richtig sein mag, kann in Gottes Augen ein großer Fehler sein. Wir brauchen keine intelligenten Neuerungen, sondern stetigen Gehorsam dem Wort Gottes gegenüber. Wir haben hier eine ganz klare Illustration eines Phänomens, das auch in unserer weltlichen und amoralischen Gesellschaft Gläubigen ständig zum Problem wird. Die Menschen um uns her sind sich selbst Autorität, und wir können denselben Maßstab für uns annehmen. Wir können tun, was in unseren Augen recht ist, anstatt unser Leben nach dem Wort Gottes auszurichten. Diese Haltung ist wie eine Seuche, die sich damals zu einer echten Epidemie ausweitete. Heute ist sie zur entscheidenden Frage für die Gläubigen geworden. Wir dürfen Gottes Wort durch nichts ersetzen. Es ist tiefe Ironie, dass gerade Gideon durch seine Handlungsweise die Autorität des Wortes Gottes untergrub. Auch heute wird von vielen Seiten die Integrität der Bibel angetastet durch Zweifel, Visionen, zusätzliche Offenbarungen, die sie ergänzen oder ersetzen sollen. Das Wort Gottes ist vollständig und von absoluter Autorität. Diese Stellung darf ihm von keiner Seite streitig gemacht werden. Sobald das geschieht, ist Niedergang unausbleiblich.

Die Episode mit dem Efod war leider kein einzelner »Ausrutscher« in Gideons Leben, sondern nur der Anfang seines Abgleitens. Das letzte Kapitel seines Lebens ist nicht so bekannt, doch wir dürfen es nicht auslassen, weil der Lebensstil des großen Gideon immer fleischlicher wurde. Noch mehr wirkt sich diese Haltung allerdings auf die nächste Generation aus. Denn dadurch, dass Gideon Abstriche an der Autorität des Herrn machte, verführte er seine Familie zum direkten Abfall.

Gideons Abgleiten
(Richter 8,29-35)

»Und Jerub-Baal, der Sohn Joaschs, ging hin und wohnte in seinem Hause. Und Gideon hatte siebenzig Söhne, die aus seiner Lende hervorgegangen waren; denn er hatte viele Frauen. Und seine Nebenfrau, die zu Sichem war, auch sie gebar ihm einen Sohn; und er gab ihm den Namen Abimelech. Und Gideon, der Sohn Joaschs, starb in gutem Alter; und er wurde begraben im Grabe seines Vaters Joasch, zu Ofra der Abiesriter.

Und es geschah, als Gideon tot war, da hurten die Kinder Israel wiederum den Baalim nach und machten sich den Baal-Berit zum Gott. Und die Kinder Israel gedachten nicht des HERRN, ihres Gottes, der sie errettet hatte aus der Hand aller ihrer Feinde ringsum. Und sie erwiesen keine Güte an dem Hause Jerub-Baal-Gideons, nach all dem Guten, das er an Israel getan hatte.«

Sehr viel sagt nun der Heilige Geist nicht über diesen Abschnitt im Leben Gideons. Allerdings genügt das Gesagte, um zu erkennen, was geschah. Der Mann, der einen Thron ablehnte, nahm einen königlichen Lebensstil an. Dazu gehörte

1. *Sein königlicher Harem.* Gelegentlich hatten die Israeliten mehr als eine Frau; doch Polygamie in großem Stil wurde nur von Herrschern praktiziert, weil nur sie sich das leisten konnten. Gideon legte sich nicht nur nach kanaanitischer Sitte einen Harem zu, sondern übernahm auch die Moralbegriffe der Kanaaniter, denn außer seinem Harem hatte er auch noch eine Nebenfrau in Sichem.
2. *Sein königlicher Luxus.* Gideon lebte in königlichem Reichtum. Am Anfang seiner Karriere nannte er sich den »Geringsten in Manasse« (Richter 6,15) und beschloss sein Leben in großem Reichtum. Davor hatte Gott schon in 5. Mose 17,17 gewarnt, als er sagte: »Und er (der König) soll sich die Weiber nicht mehren, dass sein Herz nicht abwendig werde; und Silber und Gold soll er sich nicht sehr mehren.«
3. *Sein königlicher Name.* Den letzten Beweis für Gideons Abgleiten finden wir in dem Namen, den er seinem Sohn gab. Wohlüberlegt wählte er den Namen Abimelech: »Mein Vater ist König.« – Jedesmal wenn dieser Sohn seinen Namen nannte, beanspruchte er, was sein Vater anscheinend in Vers 23 zurückgewiesen hatte.

Darüber hinaus zeigt uns Kapitel 9, dass der nächste König aus den Reihen der Söhne Gideons kommen würde. – Wie weit war der Weg zu Gideons großem Sieg!

Was können wir aus Gideons Versagen lernen?

1. *Wir dürfen uns auf keinen Kompromiss einlassen.* Der Weg des teilweisen Gehorsams ist der Weg der Niederlage. Wenn wir uns mit der Welt auf einen Kompromiss einlassen, heißt das, dass Gott uns nicht gebrauchen kann. Wir dürfen Gottes Wort nicht abändern oder uns aussuchen, was wir für richtig halten. Sein Wort ist oberster Maßstab.
2. *Dem frohen Bekenntnis der Herrschaft Jesu Christi muss die Tat folgen.* Man könnte die Geschichte Gideons mit den Worten aus 1. Korinther 10,12 überschreiben: »Daher, wer zu stehen sich dünkt, sehe zu, dass er nicht falle.«

Es kommt oft vor, dass nach einer Freizeit, einer Konferenz oder einer aufrüttelnden Botschaft Menschen bekennen, dass sie ihr Leben dem Herrn neu und tief hingegeben haben. Solch ein Zeugnis ist wunderbar aber wertlos, wenn es sich nicht auf Dauer im Leben der Betreffenden konkret in Taten zeigt.
Gideon bezeugte Gottes Königtum in Israel ganz klar und eindeutig, nahm sich dann aber die Freiheit heraus, die klaren Befehle des Königs zu ändern.
Ist deine Hingabe an den Herrn echt? Hat sie dein Leben verändert? Oder ist sie reine Gewohnheitssache?

3. *Nur wenn wir auf den Herrn Jesus schauen, bleiben wir vor dem Abgleiten bewahrt.* Wie wir sahen, war sogar Gideon davor nicht gefeit. Und wir können uns vorstellen, wie das auf solche Menschen gewirkt hat, die ihn zum Vorbild hatten. Deshalb stehen wir als Gläubige in der Verantwortung anderen Christen gegenüber. Deshalb ruft uns Gott durch den Heiligen Geist, alles abzulegen und den vor uns liegenden Wettlauf zu laufen, indem wir auf Jesus schauen, den Anfänger und Vollender des Glaubens (Hebräer 12,1-2). Er versagt nie.

13

Der innere Konflikt des Gläubigen

Fünf Tage nachdem Charles Spurgeon sein Leben dem Herrn Jesus übergeben hatte, kam er auf einmal mit einem Schock auf den Boden der Tatsachen zurück. Seit dem Sonntag seiner Bekehrung war er so voller Freude über sein neues Leben gewesen, dass es ihm vorkam, als schwebe er. Dann gewann er an dem darauffolgenden Freitag eine schreckliche Erkenntnis. Er hatte immer noch sündige Gedanken und Lüste, die er nicht verstand. Er war doch jetzt ein Christ! Ohne Zweifel vertraute er dem Herrn Jesus ganz, aber diese sündigen Gedanken bereiteten ihm viel Qual.

Am Sonntag ging er wieder zu der kleinen Gemeinde, wo er sich bekehrt hatte, in der Hoffnung, vielleicht eine Antwort zu finden. Als der Prediger Römer 7 aufschlug und die Beschreibung las, die Paulus von dem inneren Kampf mit der Sünde gibt, war Spurgeon sicher, dass diese Botschaft für ihn gedacht war. Dann begann der Prediger mit der Auslegung des Textes und sagte, dass Paulus nicht gläubig war, als er Römer 7 schrieb, denn kein Kind Gottes erfahre je einen solch inneren Konflikt. Spurgeon war davon überzeugt, dass der Mann Gottes Wort falsch verkündete. Er stand mitten in der Predigt auf und ging hinaus. Später schrieb er über Gemeinden, die diese Lehre vertreten: »Sie sind vielleicht gut für Unbekehrte, aber von keinem Nutzen für die Kinder Gottes ... Sie sind wie ein Pferch: Gut, um die Schafe am weglaufen zu hindern, können aber keine Nahrung bieten.«[13]

Jahre danach sprach Spurgeon auf einer Konferenz, in deren Verlauf ein anderer Redner die öffentliche Behauptung aufstellte, dass

13. Charles Spurgeon, Autobiography: The Early Years, Vol. I p. 100 Edinburgh 1962.

Gläubige einen Zustand sündenloser Vollkommenheit erreichen könnten, wo sie nicht mehr versucht würden und nicht mehr das Verlangen hätten, zu sündigen, weil sie in der Liebe Gottes vollkommen seien. Der Redner sagte dann ganz bescheiden, dass er selbst diesen Zustand in seinem Leben verwirklicht habe. Spurgeon sagte nichts. Doch am nächsten Morgen zur Frühstückszeit kam er leise von hinten an den Mann heran und leerte einen Krug Milch auf dessen Kopf aus und entdeckte dann überraschend schnell, dass der gute Redner doch noch seine sündige Natur besaß.[14]

Spurgeons Vorgehen mag sehr unorthodox gewesen sein, es zeigt uns aber eine wichtige Tatsache christlicher Erfahrung. Ein Christ ist ein Mensch, der sehr wohl inneren Konflikt, Kampf mit der Sünde kennt. Das heißt nicht, dass der Christ keinen Sieg erfährt. Durch Gottes Gnade ist das möglich. Es ist jedoch ein Sieg mitten im Konflikt, nicht über den Konflikt. Wer diesen inneren Kampf, den wir alle bestehen müssen bis der Herr kommt, ignoriert oder verniedlicht, begibt sich in große Gefahr.

Anhand von Richter 9 wollen wir diesen inneren Kampf untersuchen. Es gibt bezeichnende Parallelen zwischen Gottes physischer und geistlicher Kriegsführung. Die meisten Feinde dieser Zeit waren äußere Feinde, wie Moab, Ammon, die Philister. In dem Bericht von Abimelech, dem Sohn Gideons, haben wir ein Beispiel innerer Auseinandersetzung, die hilfreiche Parallelen anbietet für den inneren Konflikt, den wir als Christen erfahren.

Der Kampf um die Macht

(Richter 8,33 – 9,6)

»Und es geschah, als Gideon tot war, da hurten die Kinder Israel wiederum den Baalim nach und machten sich den Baal-Berit zum Gott. Und die Kinder Israel gedachten nicht des HERRN, ihres Gottes, der sie errettet hatte aus der Hand aller ihrer Feinde ringsum. Und sie erwiesen keine Güte an dem Hause Jerub-Baal-Gideons, nach all dem Guten, das er an Israel getan hatte.

Und Abimelech, der Sohn Jerub-Baals, ging nach Sichem zu den Brüdern seiner Mutter; und er redete zu ihnen und zu dem gan-

14. David K. Watson, God's Freedom Fighters, Croydon 1972, pp. 40-41.

zen Geschlecht des Hauses des Vaters seiner Mutter und sprach: Redet doch vor den Ohren aller Bürger von Sichem: Was ist besser für euch, dass siebzig Männer über euch herrschen, alle Söhne Jerub-Baals, oder dass ein Mann über euch herrsche? Und bedenket, dass ich euer Gebein und euer Fleisch bin. Und die Brüder seiner Mutter redeten von ihm vor den Ohren aller Bürger von Sichem alle diese Worte. Und ihr Herz neigte sich Abimelech nach; denn sie sprachen: Er ist unser Bruder. Und sie gaben ihm siebzig Sekel Silber aus dem Hause des Baal-Berit; und Abimelech dingte damit lose und übermütige Männer, und sie folgten ihm nach. Und er kam in das Haus seines Vaters, nach Ofra, und ermordete seine Brüder, die Söhne Jerub-Baals, siebzig Mann auf einem Steine; aber Jotam, der jüngste Sohn Jerub-Baals, blieb übrig, denn er hatte sich versteckt. Und alle Bürger von Sichem und das ganze Haus Millo versammelten sich und gingen hin und machten Abimelech zum König bei der Terebinthe des Denkmals, die zu Sichem ist.«

Dem hier geschilderten Ereignis wohnt ein allgemeingültiges Prinzip inne: Wenn wir den wahren König zurückweisen, wird ein Usurpator kommen, einer, der widerrechtlich die Herrschaft an sich reißt. Wenn Gott, der König, den Thron nicht einnehmen kann, kommt ein Abimelech und beherrscht uns. Paulus drückt das in Römer 6,16 so aus:

»Wisst ihr nicht, dass, wem ihr euch darstellt als Sklave zum Gehorsam, ihr dessen Sklaven seid, dem ihr gehorcht? Entweder der Sünde zum Tod, oder des Gehorsams zur Gerechtigkeit.« Wenn ich nicht im Geist wandle, dann wandle ich im Fleisch. Wenn Jesus Christus mein Leben nicht regiert, dann werde ich von der Sünde regiert.«

Israels geistliches Vakuum

Die Natur kennt kein Vakuum. Wo ein Körper seinen Platz aufgibt, wird dieser sofort wieder von einem anderen eingenommen. So geschah es auch im geistlichen Bereich in der israelitischen Nation. Obwohl Gideon so sehr von Gott gebraucht wurde, hinterließ er bei seinem Tod eine geistliche Lücke. Zwar war Gideon eine Zeitlang ein gehorsames Werkzeug Gottes, worauf auch sein großartiger Sieg zurückzuführen ist. Doch gibt es in seinem Lebensbericht keinen Hinweis darauf, dass er das geschriebene Wort Gottes kannte oder dass es eine große Rolle für ihn spielte. Das war sehr wahrscheinlich der Grund für seine Sünde und sein Abgleiten. Trotz seiner Bestätigung: »Ich werde nicht über euch herrschen, noch soll mein Sohn über euch herrschen, der HERR soll über euch herrschen«, gelang es Gideon nicht, Gott seinen rechtmäßigen Platz in Israel zu geben.

Als er dann starb, war eigentlich alles wieder so, wie es vor seiner Richtertätigkeit gewesen war. Der Kreis der Sünde begann sich zum fünften Mal zu drehen. Dieses Mal wandte sich das Volk dem Baal-Berit zu. Baal-Berit heißt »Baal des Bundes«. Einen kleinen, aber doch wesentlichen Unterschied gab es allerdings: Die Unterdrückung kam nicht von einer ausländischen Macht, wie bei den vorigen Malen, sondern aus den eigenen Reihen Israels.

Abimelechs Staatsstreich

Ein Mensch wird in seiner Entwicklung von zwei Hauptfaktoren beeinflusst: von seinen Eltern und seiner Umgebung. Gerade von diesen beiden war Abimelech in sehr bedenklicher Weise geprägt worden. Das kann natürlich nicht seine Handlungsweise entschuldigen, aber vielleicht trägt das Wissen um diese Tatsache dazu bei, Abimelech besser zu verstehen.

Wie schon gesagt, üben unsere Eltern den stärksten Einfluss auf uns aus. Das kann ein Punkt sein, der zugunsten Abimelechs spricht. Immerhin war er der Sohn Gideons, des Glaubenshelden. In diesem Fall kann man das aber nicht vorbehaltlos sagen, denn Abimelech war ein Ergebnis von Gideons Ungehorsam. Seine Mutter war eine der vielen Frauen Gideons; doch gab er ihr nie die Würde einer rechtmäßigen Ehefrau. Sie war für ihn eine Annehmlichkeit und keine echte Lebenspartnerin. Der Sohn einer Nebenfrau war ähnlich wie heute ein uneheliches Kind – in sehr unsicherer Position. Er hatte keine rechtlichen Ansprüche an seinen Vater und gehörte zur Familie seiner Mutter. Er trug zwar die Erbmerkmale seines Vaters, aber nicht dessen Namen. Schon deshalb konnte Abimelech kaum seinem Vater Gideon Respekt entgegenbringen, erst recht nicht wegen dessen Versagen, ihm Gott und sein Gesetz nahezubringen. Statt dessen führte Gideon durch die Herstellung des Efod seine Familie und alle, die mit ihm verbunden waren, noch weiter auf Irrwegen von Gott weg. Deshalb ist es nicht verwunderlich, dass Abimelech den Baalsdienst so leicht annahm.

Der zweite große Einflussbereich in Abimelechs Leben war seine

Umgebung, seine Heimatstadt Sichem, die in krasser Weise die geistliche Verwirrung Israels demonstrierte.

In der Nähe der Stadt hatte Josua einst mit dem Volk einen Bund gemacht, in dem Israel schwor: »Dem HERRN, unserem Gott, wollen wir dienen und auf seine Stimme hören« (Josua 24,24). Als das Volk dann jedoch ungehorsam war und sich weigerte, die Kanaaniter zu vertreiben, lebten in Sichem Angehörige beider Völker nebeneinander und dienten miteinander dem Baal-Berit. Die Stadt war ein Zentrum des Baalsdienstes, und Abimelech wurde eine leichte Beute dieser sinnlichen, heidnischen Lehre.

Abimelech hatte durch seine Blutsverbindung mit Gideons Familie die Überzeugung gewonnen, dass Gideons Nachfahren das Recht hätten, Israel zu beherrschen. Zwar widersprach dieser Anspruch Gideons eigenen Worten, doch man nahm in Israel allgemein an, dass einer von Gideons Söhnen oder alle zusammen einmal herrschen würden. Das ist klar aus Abimelechs Worten in Kapitel 9,2 erkennbar. Er sah das Vakuum in der Führung Israels und war entschlossen, es zu füllen. Wie ein kluger Politiker fing er an, sich zuerst in Sichem eine Hausmacht aufzubauen.

Nicht genug, dass er Intrigen spann, er nahm auch Geld vom Baalstempel in Sichem und bezahlte damit skrupellose Männer, die ihm bei seinen Plänen helfen sollten. Mit ihnen marschierte er nach Ofra, wo er in einem Überraschungsangriff Gideons Gesamtfamilie gefangen nahm und kaltblütig 69 der Söhne Gideons abschlachtete. Diese gottlose Tat hätte eigentlich ganz Israel gegen Abimelech aufbringen sollen. Was immer Gideons Fehler waren, so hatte er doch viel für Israel getan. Nach Gottes Gesetz und menschlichem Gerechtigkeitsempfinden hätte Abimelech für sein Verbrechen hingerichtet werden müssen. Doch keine Hand regte sich. Sowohl Israel als auch Abimelech waren so in ihrem wahren Charakter bloßgestellt worden. Israel war eine unmoralische, heidnische Nation, bereit, die fürchterlichsten Taten zu tolerieren, während Abimelech ein völlig skrupelloser Mann war, dem jedes Mittel recht war, um sein Ziel zu erreichen.

Das Volk und der Mann hatten einander verdient. Als Abimelech nach Sichem zurückkehrte, wurde er nicht als Mörder angeklagt, sondern zum König gekrönt. Er hatte eine Kostprobe von der Macht genommen und war entschlossen, seinen Einfluss über ganz Israel auszudehnen. Erinnern wir uns noch einmal der anfänglichen Worte in diesem Kapitel. Da, wo Gott nicht König ist, wird ein anderer die

Macht an sich reißen. Wenn an irgendeiner Stelle ein geistliches Vakuum entsteht, wird Satan, so wie Abimelech, nicht zögern, es zu füllen.

Der innere Konflikt des Gläubigen

Das gerade erwähnte Prinzip gilt auch für Christen heute. Wenn in unserem Leben der Herr Jesus nicht dominiert, entsteht ein Machtvakuum, das von einem König gefüllt werden wird, der in seinem Hunger nach Macht genauso rücksichtslos und kaltblütig ist wie Abimelech.

Paulus beschreibt diesen Zwiespalt in Galater 5,16-18:

> *»Ich sage aber: Wandelt im Geist, und ihr werdet die Lust des Fleisches nicht erfüllen. Denn das Fleisch begehrt gegen den Geist auf, der Geist aber gegen das Fleisch, denn diese sind einander entgegengesetzt, damit ihr nicht das tut, was ihr wollt. Wenn ihr aber durch den Geist geleitet werdet, seid ihr nicht unter Gesetz.«*

Der Apostel Paulus sieht das Christenleben immer völlig realistisch. Er hält nichts davon, es unter sentimentalen Gefühlen zu verstecken, sondern kommt gleich zur Sache. Er sagt uns hier, dass Gläubige ständig in einem inneren Kampf stehen. Es ist keine gelegentliche Erfahrung oder eine Wachstumserscheinung, die vergeht. Paulus sagt wörtlich: »Das Fleisch setzt ständig sein Verlangen dem Geist entgegen und der Geist gegen das Fleisch.« Wenn wir als sündige Menschen im Glauben zu dem Herrn Jesus kommen, werden wir wiedergeboren und sind neue Kreaturen in Christus Jesus. Der Heilige Geist lebt in uns, und unsere Natur ist verändert. Wir sind neue Menschen in Christus.

Gleichzeitig lebt unsere alte Natur, der alte Adam, in uns. Das ist der Drang zur Sünde hin, der Gott entgegensieht. Es ist nicht Gottes Absicht, diese alte Natur von uns zu nehmen, bis wir sterben oder der Herr kommt. Sie hat viele Bezeichnungen in der Bibel, und hier im Galaterbrief nennt Paulus sie »das Fleisch«. Damit ist nicht der Körper gemeint, obwohl er der Ansatzpunkt ist.

Bevor wir gläubig waren, taten wir viele Dinge, ohne darüber nachzudenken. Aber heute sagt der Heilige Geist: »Halt, als Kind Gottes solltest du das lieber nicht tun!« Das Fleisch antwortet: »Ich bitte dich. Sei doch nicht so fanatisch!« Und so geht der Konflikt weiter. Ebenso kann es sein, dass der Heilige Geist uns drängt, etwas zu tun, und das Fleisch sträubt sich dagegen. Und wieder stehen wir in diesem inneren Zwiespalt.

Es ist wichtig, dass man als Gläubiger weiß, was in einem vorgeht. Dass man nicht etwa denkt, man sei schizophren, sondern dass man zwei verschiedene Veranlagungen in sich trägt. Machen wir nicht den Fehler, das Fleisch zu unterschätzen. Wie wir bei Abimelech gesehen haben, ist es zu allem Bösen fähig.

Gottes Wort lässt uns jedoch nicht in einer ausweglosen Situation allein. Paulus sagt uns in den gleichen Versen, dass es die einzige Lösung des Konflikts ist, im Geist zu wandeln. Wem diese Ausdrucksweise zu verschwommen ist: »im Geist wandeln« heißt, in bewusster Unterwerfung unter Jesus, in Abhängigkeit und Gehorsam zu leben. Wer zu einem Glied der Dreieinheit Gottes das rechte Verhältnis hat, kann mit einem anderen nicht uneins sein. Wer also Gemeinschaft mit dem Herrn Jesus hat, der wandelt im Geist. Das ist die Verheißung von Galater 5,16: Wandle im Geist und du wirst der Lust des Fleisches nicht nachgeben. Wir haben diese Alternative: das Fleisch oder den Geist. Die neue Natur durch Christus Jesus hat keine Macht an sich. Wenn ich mich nicht ganz bewusst durch den Geist führen lasse, wird mein Fleisch den Abimelech nachahmen. Das Leben des Gläubigen besteht nicht daraus, das Fleisch zu kasteien und die alte Natur unter Kontrolle zu halten. Die wichtigste Frage ist, ob der Herr Jesus mich kontrolliert. Nur so kann ich mitten im Kampf der beiden Naturen miteinander Sieg erleben. Selbstverständlich ist Disziplin wichtig; aber man kann nie das Fleisch durch Selbstdisziplin überwinden. Schauen wir von unserem Fleisch weg zu Jesus und überlassen ihm den Thron unseres Lebens.

Das Prinzip des Machtkampfs
(Richter 9,7-21)

»Und man berichtete es Jotam. Da ging er hin und stellte sich auf den Gipfel des Berges Garizim, und er erhob seine Stimme und rief und sprach zu ihnen: Höret auf mich, Bürger von Sichem, so wird Gott auf euch hören! Einst gingen die Bäume hin, einen König über sich zu salben; und sie sprachen zum Olivenbaum: Sei König über uns! Und der Olivenbaum sprach zu ihnen: Sollte ich meine Fettigkeit aufgeben, welche Götter und Menschen an mir preisen, und

sollte hingehen, zu schweben über den Bäumen? Da sprachen die Bäume zum Feigenbaum: Komm du, sei König über uns! Und der Feigenbaum sprach zu ihnen: Sollte ich meine Süßigkeit aufgeben und meine gute Frucht, und sollte hingehen, zu schweben über den Bäumen? Da sprachen die Bäume zum Weinstock: Komm du, sei König über uns! Und der Weinstock sprach zu ihnen: Sollte ich meinen Most aufgeben, der Götter und Menschen erfreut, und sollte hingehen, zu schweben über den Bäumen? Da sprachen alle Bäume zum Dornenstrauch: Komm du, sei König über uns! Und der Dornenstrauch sprach zu den Bäumen: Wenn ihr mich in Wahrheit zum König über euch salben wollt, so kommet, vertraut euch meinem Schatten an; wenn aber nicht, so soll Feuer von dem Dornstrauch ausgehen und die Zedern des Libanon verzehren. – Und nun, wenn ihr in Wahrheit und in Redlichkeit gehandelt habt, dass ihr Abimelech zum König gemacht, und wenn ihr Gutes getan habt an Jerub-Baal und an seinem Hause, und wenn ihr ihm getan habt nach dem Tun seiner Hände, – denn mein Vater hat für euch gestritten und sein Leben dahingeworfen und euch aus der Hand Midians errettet; ihr aber habt euch heute wider das Haus meines Vaters erhoben und seine Söhne ermordet, siebzig Mann auf einem Steine, und habt Abimelech, den Sohn seiner Magd, zum König gemacht über die Bürger von Sichem, weil er euer Bruder ist – wenn ihr also an diesem Tage in Wahrheit und in Redlichkeit an Jerub-Baal und an seinem Hause gehandelt habt, so freuet euch Abimelechs, und auch er möge sich euer freuen! Wenn aber nicht, so gehe Feuer von Abimelech aus und verzehre die Bürger von Sichem und das Haus Millo; und es gehe Feuer aus von den Bürgern von Sichem und von dem Hause Millo und verzehre Abimelech! Und Jotam floh und entwich und ging nach Beer; und er blieb daselbst wegen seines Bruders Abimelech.«

Wenn Abimelechs Staatsstreich uns auf unseren inneren Konflikt aufmerksam machte, zeigt Jotams Gleichnis uns die Art und Weise dieses Kampfes. Während der Krönungsfeierlichkeiten für Abimelech, den neuen König, gab es eine unerwartete Unterbrechung. Eine Stimme klang durch das natürliche Amphitheater, und in der Entfernung sahen alle Anwesenden Abimelechs Halbbruder Jotam, der dem Massaker in Ofra entkommen war. Er war gekommen, um Abimelech eine Lektion zu erteilen und bediente sich dabei des ersten in der Bibel erwähnten Gleichnisses.

Das älteste Gleichnis

Es ist ein Gleichnis, das von Bäumen erzählt, die aus irgendeinem Grund einen König wählen wollten. Ölbaum, Feigenbaum und Weinstock, denen man nacheinander diese Ehre antrug, lehnten ab. Sie alle hatten erkannt, dass sie schon einen König hatten – Gott. Wozu war ein »Baumkönig« von Nutzen? Sie wollten nur das tun, zu dem Gott sie vorgesehen hatte, nämlich Frucht zu tragen und Gott und den Menschen zu dienen. Schließlich fragte man den Dornbusch, ob er König werden wolle. Der Dornbusch war gar kein richtiger Baum, nur ein nutzloses Gestrüpp, das keine Frucht trug und obendrein gefährlich war, weil er im Sommer sehr leicht Feuer fing und Buschbränden gute Nahrung bot. Der Dornbusch war ein Teilprodukt des Fluches, den Gott in 1. Mose 3 aussprach, ein Gewächs, das absolut keinen Schatten gab.

Vers 15 ist voller Sarkasmus. Können wir uns den Dornbusch als König der Bäume vorstellen, der einer Zeder zuruft, sie solle in seinem Schatten Zuflucht suchen?

Was Jotam sagen wollte, ist klar. Als man Abimelech zum König machte, hatte man einen völlig unwürdigen und nutzlosen Mann erwählt, der außerdem gefährlich war, weil er alle zerstören würde. Jotam beendete seine Worte mit einer sehr genauen Voraussage in den Versen 19-21:

> *»Wenn ihr also an diesem Tage in Wahrheit und in Redlichkeit an Jerub-Baal und an seinem Hause gehandelt habt, so freuet euch Abimelechs, und auch er möge sich euer freuen! Wenn aber nicht, so gehe Feuer von Abimelech aus und verzehre die Bürger von Sichem und das Haus Millo; und es gehe Feuer aus von den Bürgern von Sichem und von dem Hause Millo und verzehre Abimelech! Und Jotam floh und entwich und ging nach Beer; und er blieb daselbst wegen seines Bruders Abimelech.«*

Was sagt das Gleichnis uns?

Das geistliche Vakuum in Israel wurde nicht von fruchtbaren, nützlichen, gottesfürchtigen Männern gefüllt, denn sie wollten nicht den Platz einnehmen, der Gott gehörte. Die Lücke wurde von einem wertlosen, unnützen, gefährlichen Dornstrauch namens Abimelech gefüllt.

Der Dornbusch ist ein Bild für das Fleisch. Wenn es die Kontrolle über mein Leben übernimmt, bringt es keine Frucht hervor, sondern die hässlichen, destruktiven Werke des Fleisches. Paulus zählt sie in Galater 5,19-21 auf, und wir sollten ganz nüchtern über diese Liste nachdenken. In krassem Gegensatz dazu steht die Frucht des Geistes.

Ich glaube, das Prinzip ist verständlich. Mein Leben zeigt, von wem es kontrolliert wird. Das Fleisch bringt Dornen hervor, der Geist formt mich um und macht mich Christus ähnlicher. Wenn ich dem Heiligen Geist in mir freie Hand lasse, erlebe ich Wachstum und geistlichen Fortschritt. Mein Leib wird dann auch zum Werkzeug des Geistes zur Ehre Gottes. Wenn ich mich dagegen dem Wirken des Geistes verschließe, bekomme ich keine geistliche Nahrung mehr, und plötzlich gewinnt mein Leib und seine Lüste die Oberhand und dominiert mein Handeln und Denken. Der Leib, der unter der Kontrolle des Geistes zur Ehre Gottes lebt, wird plötzlich das Instrument des Verderbens. Doch unter Jesu Herrschaft »wird er ein Gefäß zur Ehre sein, geheiligt, nützlich dem Hausherrn, zu jedem guten Werk bereitet« (2. Timotheus 2,21).

Das Ende des Konfliktes
(Richter 9,22-57)

»Und Abimelech herrschte über Israel drei Jahre. Und Gott sandte einen bösen Geist zwischen Abimelech und die Bürger von Sichem; und die Bürger von Sichem handelten treulos gegen Abimelech, damit die Gewalttat an den siebzig Söhnen Jerub-Baals über ihn käme, und ihr Blut gelegt würde auf ihren Bruder Abimelech, der sie ermordet, und auf die Bürger von Sichem, die seine Hände gestärkt hatten, seine Brüder zu ermorden. Und die Bürger von Sichem legten einen Hinterhalt wider ihn auf die Gipfel der Berge, und sie beraubten jeden, der des Weges bei ihnen vorüberzog. Und es wurde dem Abimelech berichtet. Und Gaal, der Sohn Ebeds, kam mit seinen Brüdern, und sie zogen durch Sichem; und die Bürger von Sichem vertrauten ihm. Und sie gingen aufs Feld hinaus und lasen ihre Weinberge und kelterten; und sie hielten ein Dankfest und gingen in das Haus ihres Gottes und aßen und tranken und fluchten dem Abimelech. Und Gaal, der Sohn Ebeds, sprach: Wer ist Abimelech und wer Sichem, dass wir ihm dienen sollten? Ist er

nicht der Sohn Jerub-Baals und Sebul sein Statthalter? Dienet den Männern Hemors, des Vaters von Sichem! Denn warum sollten wir ihm dienen? Hätte ich nur dieses Volk unter meiner Hand, so wollte ich Abimelech wegschaffen! Und er sprach von Abimelech: Mehre nur dein Heer und ziehe aus!

Und Sebul, der Oberste der Stadt, hörte die Worte Gaals, des Sohnes Ebeds, und sein Zorn entbrannte; und er sandte Boten an Abimelech mit List und sprach: Siehe, Gaal, der Sohn Ebeds, und seine Brüder sind nach Sichem gekommen und siehe, sie wiegeln die Stadt wider dich auf. Und nun, mache dich in der Nacht auf, du und das Volk, das bei dir ist, und lege dich in Hinterhalt auf dem Felde. Und es geschehe am Morgen, wenn die Sonne aufgeht, so mache dich früh auf und überfalle die Stadt; und siehe, wenn er und das Volk, das bei ihm ist, gegen dich hinausziehen, so tue ihm, wie deine Hand es finden wird. Und Abimelech und alles Volk, das mit ihm war, machten sich in der Nacht auf, und sie legten sich in vier Haufen gegen Sichem in Hinterhalt. Und Gaal, der Sohn Ebeds, ging hinaus und trat an den Eingang des Stadttores. Da machten sich Abimelech und das Volk, das bei ihm war, aus dem Hinterhalt auf. Und Gaal sah das Volk und sprach zu Sebul: Siehe, Volk kommt von den Gipfeln der Berge herab. Und Sebul sprach zu ihm: Den Schatten der Berge siehst du für Männer an. Und Gaal redete wiederum und sprach: Siehe, Volk kommt von der Höhe des Landes herab, und ein Haufe kommt des Weges nach Elon-Meonenim. Da sprach Sebul zu ihm: Wo ist nun dein Maul, da du sprächest: Wer ist Abimelech, dass wir ihm dienen sollten? Ist das nicht das Volk, welches du verachtet hast? Ziehe doch jetzt aus und streite wider ihn! Und Gaal zog aus vor den Bürgern von Sichem und stritt wider Abimelech. Und Abimelech jagte ihm nach, und er floh vor ihm; und es fielen viele Erschlagene bis an den Eingang des Tores. Und Abimelech blieb zu Aruma; und Sebul vertrieb Gaal und seine Brüder, so dass sie nicht mehr in Sichem blieben. Und es geschah am anderen Tage, da ging das Volk aufs Feld hinaus; und man berichtete es dem Abimelech. Und er nahm das Volk und teilte es in drei Haufen und legte sich in Hinterhalt auf dem Felde. Und er sah, und siehe das Volk kam aus der Stadt heraus; und er erhob sich wider sie und schlug sie. Und Abimelech und die Haufen, die mit ihm waren, brachen hervor und stellten sich an den Eingang des Stadttores; und zwei der Haufen fielen über alle her, die auf dem Felde waren, und erschlugen sie. Und Abimelech stritt wider die Stadt jenen ganzen Tag; und er nahm die Stadt ein, und das

Volk, das darin war, tötete er; und er riss die Stadt nieder und bestreute sie mit Salz.

Und alle Bewohner des Turmes von Sichem hörten es, und sie gingen in die Burg des Hauses des Gottes Berit. Und es wurde dem Abimelech berichtet, dass alle Bewohner des Turmes von Sichem sich versammelt hätten. Da stieg Abimelech auf den Berg Zalmon, er und alles Volk, das bei ihm war; und Abimelech nahm eine Axt in seine Hand und hieb einen Baumast ab und hob ihn auf und legte ihn auf seine Schulter, und er sprach zu dem Volke, das mit ihm war: Was ihr gesehen habt, das ich getan habe, das tut eilends wie ich. Da hieb das ganze Volk ein jeder seinen Ast ab, und sie folgten Abimelech nach und legten sie an die Burg und zündeten die Burg über ihnen mit Feuer an. Und so starben auch alle Leute des Turmes von Sichem, bei tausend Männer und Frauen. Und Abimelech zog nach Tebez, und er belagerte Tebez und nahm es ein. Es war aber ein starker Turm mitten in der Stadt, und dahin flohen alle Männer und Frauen, alle Bürger der Stadt; und sie schlossen hinter sich zu und stiegen auf das Dach des Turmes. Und Abimelech kam an den Turm und stritt wider ihn; und er nahte zum Eingang des Turmes, um ihn mit Feuer zu verbrennen. Da warf ein Weib den oberen Stein einer Handmühle auf den Kopf Abimelechs und zerschmetterte ihm den Schädel. Und er rief eilends dem Knaben, der seine Waffen trug, und sprach zu ihm: Ziehe dein Schwert und töte mich, dass man nicht von mir sage: Ein Weib hat ihn umgebracht! Und sein Knabe durchstach ihn, und er starb. Und als die Männer von Israel sahen, dass Abimelech tot war, da gingen sie ein jeder an seinen Ort. Und so brachte Gott die Bosheit Abimelechs, die er an seinem Vater verübt hatte, indem er seine siebzig Brüder ermordete, auf ihn zurück. Und die ganze Bosheit der Männer von Sichem brachte Gott auf ihren Kopf zurück, und es kam über sie der Fluch Jotams, des Sohnes Jerub-Baals.«

Abimelech war mit großen Versprechen gekommen. »Vergesst nicht, ich bin euer Fleisch und Blut. Ich bin der König, der euch wirkliche Freiheit gibt.« Falsche Könige lieben diese Art von Versprechungen, und auch das Fleisch spricht gerne so. »Gib meinen Lüsten nach, und du wirst ein echtes Leben finden.«

Ich muss an die falschen Lehrer denken, die Petrus in seinem zweiten Brief beschreibt: »Sie versprechen ihnen Freiheit, während sie selbst Sklaven des Verderbens sind« (2. Petrus 2,19).

Den leeren Versprechen folgt die Enttäuschung auf dem Fuß, und genau das geschah mit den Leuten von Sichem. Sie merkten sehr schnell, dass Abimelech nicht der große Befreier war; er erwies sich als Tyrann, und deshalb versuchten sie, von ihm loszukommen. Allzu oft habe ich es erlebt, dass Gläubige sich von Jesus Christus abwandten, um sich eine neue, vielversprechende Freiheit zu suchen. Eine Zeitlang ging alles gut. Für kurze Zeit fand man auch Vergnügen an der Sünde. Abimelech regierte drei Jahre lang, bis die Leute von Sichem merkten, welchen Fehler sie gemacht hatten. In ihrer Verzweiflung versuchten sie eine Lösung zu finden und taten genau das falsche. Christen handeln sehr oft auf die gleiche Weise. Nach ihrer Enttäuschung hätten sie sich direkt an Gott wenden sollen. Was taten sie statt dessen? Anstatt Buße zu tun und sich Gott als ihrem König zu unterwerfen, nahmen sie die Sache in ihre eigenen Hände und schlossen Gott weiterhin aus. Wie wir am Schluss des Kapitels gesehen haben, wirkte sich das wie reine Selbstzerstörung aus.

Paulus findet dafür in Galater 6,7-9 folgende Worte:

> *»Irret euch nicht, Gott lässt sich nicht spotten! Denn was ein Mensch sät, das wird er auch ernten. Denn wer auf das Fleisch sät, wird vom Fleisch Verderben ernten, wer aber auf den Geist sät, wird vom Geist ewiges Leben ernten. Lasst uns aber im Gutestun nicht müde werden, denn zur bestimmten Zeit werden wir ernten, wenn wir nicht ermatten.«*

Richter 9 stellt dir die große Frage: Gibt es in deinem Leben ein Machtvakuum? Wenn Jesus Christus nicht in Wort und Tat König und Herr ist, dann wird das Fleisch die Kontrolle über dich übernehmen. Wenn du nicht im Geist wandelst, dann wandelst du im Fleisch. Das sind die Realitäten deiner geistlichen Erfahrung, mit denen du dich auseinander setzen musst. Es gibt keine andere Alternative. Welche trifft auf dich zu?

14

Von den Menschen zurückgewiesen – von Gott angenommen

Vor einiger Zeit stand ich zufällig auf dem Flughafen in Chicago neben dem größten Mann, den ich je gesehen hatte. Man musste nicht intelligent sein, um herauszufinden, dass er ein Basketballspieler war, denn er hatte einige typische Ausrüstungsgegenstände bei sich. Es kostete mich viel Überwindung, ihn nicht ständig anzustarren, weil er so riesig war. Später erfuhr ich dann, dass er ein bekannter 2,20 m großer Basketballspieler der Nationalliga war, und mein Respekt wuchs noch mehr.

Als ich 12 oder 13 Jahre alt war, wollte ich unbedingt Basketballspieler werden. Nun weiß Jedermann, dass man beim Basketballspiel nur dann eine Chance hat, wenn man sehr groß gewachsen ist, und ich war nicht gerade mit Körpergröße gesegnet. Wenn Wünsche das Wachstum beeinflussen könnten, wäre ich bestimmt 1,90 m groß gewesen. Jeden Tag kam ich aus der Schule nach Hause und maß mich, doch jedesmal war es dasselbe deprimierende Resultat. Bei einer solchen Abhängigkeit der Basketballkarriere von der Körpergröße hätte ich mir bestimmt viele Splitter auf der Reservebank geholt. Ich war und blieb einfach zu klein.

Gehen wir nicht häufig auf geistlichem Gebiet von ähnlichen Voraussetzungen aus? Um eine bestimmte Aufgabe erfüllen zu können, muss man in eine festgelegte Schablone passen. Man muss gewisse Bedingungen auf familiärem, sozialem oder bildungsmäßigem Gebiet erfüllen, um brauchbar zu sein. Wer nicht in die Schablone passt, kann bestenfalls Wasserträgerdienste tun; denn ohne die richtigen Referenzen gehört man einfach nicht zu der Klasse von Menschen, die Gott einsetzen kann.

Selbstverständlich, und das haben wir auch schon gesehen, geht Gott nicht nach solchem Muster vor. Gottes Plan lässt sich nicht in festgelegte Schemata pressen, und wenn wir noch eine Bestätigung dafür brauchen, dann sollten wir uns die Geschichte Jeftahs ansehen, eines weiteren Richters, der auch auf seine Art einmalig war. Auch in seinem Leben gab es große Konflikte und Gegensätze und dunkle Stellen, aber auch eine Reihe herrlicher Siege. Um Jeftah ganz verstehen zu können, ist die Kenntnis der Zeit notwendig, in der er lebte und Gott diente. Diese Hintergrundinformation wird uns in Richter 10,6-18 gegeben.

Die Zeit Jeftahs
(Richter 10,1-18)

»Und nach Abimelech stand auf, um Israel zu retten, Tola, der Sohn des Puwa, des Sohnes Dodos, ein Mann von Issaschar; und er wohnte zu Schamir im Gebirge Ephraim. Und er richtete Israel dreiundzwanzig Jahre; und er starb und wurde zu Schamir begraben.

Und nach ihm stand Jair, der Gileaditer, auf; und er richtete Israel zweiundzwanzig Jahre. Und er hatte dreißig Söhne, die auf dreißig Eseln ritten, und sie hatten dreißig Städte; diese nennt man bis auf diesen Tag die Dörfer Jairs, welche im Lande Gilead sind. Und Jair starb und wurde zu Kamon begraben.

Und die Kinder Israel taten wiederum, was böse war in den Augen des HERRN, und sie dienten den Baalim und den Astarot, und den Göttern Syriens und den Göttern Sidons und den Göttern Moabs und den Göttern der Kinder Ammon und den Göttern der Philister; und sie verließen den HERRN und dienten ihm nicht. Da entbrannte der Zorn des HERRN wider Israel, und er verkaufte sie in die Hand der Philister und in die Hand der Kinder Ammon. Und sie bedrückten und plagten die Kinder Israel in selbigem Jahre; achtzehn Jahre bedrückten sie alle Kinder Israel, welche jenseits des Jordan waren im Lande der Amoriter, das in Gilead ist. Und die Kinder Ammon zogen über den Jordan, um auch wider Juda und wider Benjamin und wider das Haus Ephraim zu streiten; und Israel wurde sehr bedrängt. Da schrieen die Kinder Israel zu dem HERRN und sprachen: Wir haben gegen dich gesündigt, und zwar weil wir unseren Gott verlassen und den Baalim gedient haben.

Und der HERR sprach zu den Kindern Israel: Habe ich euch nicht von Ägypten und von den Amoritern, von den Kindern Ammon und von den Philistern gerettet? Und als die Sidonier und Amalekiter und Maoniter euch bedrückten, und ihr zu mir schrieet, euch aus ihrer Hand gerettet? Ihr aber habt mich verlassen und habt anderen Göttern gedient; darum werde ich euch nicht mehr retten. Gehet hin und schreiet zu den Göttern, die ihr erwählt habt: sie mögen euch retten zur Zeit eurer Bedrängnis! Und die Kinder Israel sprachen zu dem HERRN: Wir haben gesündigt. Tue du uns nach allem was gut ist in deinen Augen; nur errette uns doch an diesem Tag! Und sie taten die fremden Götter aus ihrer Mitte hinweg und dienten dem HERRN; und seine Seele wurde ungeduldig über die Mühsal Israels.

Und die Kinder Ammon versammelten sich und lagerten sich in Gilead; und die Kinder Israel kamen zusammen und lagerten sich zu Mizpa. Da sprach das Volk, die Obersten von Gilead, einer zum anderen: Wer ist der Mann, der anfängt, wider die Kinder Ammon zu streiten? Er soll allen Bewohnern Gileads zum Haupte sein.«

Viele von uns erkennen überhaupt nicht, welche Dummheit die Sünde ist. Man sieht sie als unerfreulich oder als angenehm an, kaum einer sieht sie jedoch als das an, was sie wirklich ist: geistlicher Wahnsinn.

In der Geschichte des verlorenen Sohnes gibt es einen sehr vielsagenden Satz. Er hatte seinen Vater verlassen und lebte schließlich in bitterster Armut in der Fremde und sah, dass die Schweine satt wurden, während er hungerte. Da heißt es in Lukas 15: »Als er aber zu sich selbst kam ...« – »Zu sich selbst kommen« heißt nichts anderes als »Vernunft annehmen« oder »vernünftig denken«, »die Realität sehen.«

Es kommt nicht darauf an, wie intelligent ein Mensch ist. Wenn die Sünde ihn von Gott trennt, ist er in einem Zustand geistlichen Wahnsinns, weil er keine Verbindung zur Realität hat. Nur wenn wir die Sünde so sehen, können wir voll das Ausmaß des Abfalls des Volkes Israel verstehen. Hier im 10. Kapitel erleben wir zum sechsten Mal, wie Israel sich vom lebendigen Gott abkehrt und sich heidnischen Praktiken hingibt. Das Volk hatte Gottes Hand so wunderbar durch Gideon erfahren. Abimelechs Sünde hatte in sichtbarer Katastrophe geendet. Zwei weniger bekannte Richter, Tola und Jair, hatten in Israel gewirkt. Und doch war all das ohne Einfluss geblieben. Das Volk verließ Gott erneut. Jeder neue Abfall von dem Herrn hatte Israel tiefer in die Sünde gestürzt, bis es jetzt hier den wohl tiefsten Punkt erreicht hatte. Jede andere Lehre oder Religion war dem Volk Gottes lieber als der Herr, Gott. Sieben heidnische Religionen sind in den obigen Versen erwähnt, und darunter waren die pervertiertesten Praktiken, von denen man je gehört hat. Die ganze Nation ist betroffen und »verließ den Herrn und diente ihm nicht« (V. 6).

Wieder einmal wurde Israel seinen Feinden überlassen. Dieses Mal handelte es sich um zwei Nationen: Im Westen die Philister, über die wir in der Geschichte Simsons noch mehr hören werden und im Osten die Ammoniter. Die Ammoniter waren ein Wüstenvolk und wohnten östlich des Toten Meeres. Sie überwältigten zuerst die zweieinhalb Stämme Israels, die am Ostufer des Jordans lebten. Dieser Landstrich hieß Gilead, und wurde von den Stämmen Ruben, Gad und einer Hälfte des Stammes Manasse bewohnt. Nach dem Sieg in Gilead war Ammon stark genug, um den Jordan zu überschreiten und die zentral gelegenen Stämme Juda, Benjamin und Ephraim anzugreifen. Endlich, schon mit dem Rücken zur Wand, schrie Israel zu Gott: »Herr, wir haben gesündigt!« Doch Gott antwortete: »Hört zu, wenn ihr Hilfe braucht, holt sie euch bei anderen Göttern! Ich werde euch nicht helfen!« Eine erstaunliche Reaktion Gottes! Doch Israel war noch nicht reif für seine Hilfe. Es hatte noch nicht den Unterschied zwischen Bedauern und Reue erkannt. Eine gläubige Frau besuchte einen verurteilten Verbrecher im Gefängnis und sagte zu ihm: »Ich hoffe, dass sie ihre Tat bereuen, so dass sie nicht die gleichen Fehler machen, wenn sie entlassen werden.« – »Das werde ich nicht tun«, war die Antwort, »wenn ich nochmals 'ne Sache drehe, ziehe ich bestimmt Handschuhe an.« – Aus seinen Worten sprach nur Bedauern über seine Nachlässigkeit, aber keine Reue über die böse Tat. Paulus drückt das in 2. Korinther 7,9-10 so aus:

> *»Jetzt freue ich mich, nicht dass ihr betrübt worden seid (dass ihr bedauert), sondern dass ihr zur Buße betrübt worden seid, denn ihr seid nach Gottes Sinn betrübt worden, damit ihr in keiner Weise von uns Schaden erlittet. Denn die Betrübnis nach Gottes Sinn bewirkt eine nie zu bereuende Buße zum Heil, die Betrübnis der Welt (Bedauern) aber bewirkt den Tod.«*

Bedauern ist eine bloße Gefühlssache, die nicht sehr tief geht. Judas tat leid, was er getan hatte (Matthäus 27,3). Reue, Bereitschaft zur Buße beinhaltet eine Änderung der Geisteshaltung. Es ist möglich, Buße zu tun, ohne Betrübnis zu haben, und Betrübnis zu erleben, ohne Buße zu tun. Bedauern ist eigentlich nur der Kummer, den man wegen der Folgen einer Missetat hat, während Buße eine Neuordnung unseres Lebens vor Gott bedeutet.

Deshalb haben so viele von uns Gläubigen so selten Gott in ihrem Leben erfahren. Das wird immer der Fall sein, bis wir mit unserer Sünde zu Gott kommen und uns mit seiner Wahrheit füllen lassen. Erst dann werden wir seine Kraft kennen lernen.

Gottes Weigerung, auf die oberflächliche Reue Israels zu reagieren, brachte das Volk zu tieferer Herzensprüfung und echter Buße. »Und sie taten die fremden Götter aus ihrer Mitte hinweg und dienten dem Herrn; und seine Seele wurde ungeduldig über die Mühsal Israels« (V. 16).

Gibt der letzte Teil des Verses nicht einen wunderbaren Einblick in die Liebe Gottes? – Da war auf der einen Seite das Volk Israel und erlebte seine mehr als verdiente Strafe. Gott hätte es abschreiben können, und das ewige Lob der Engel wäre darum nicht geringer geworden. Und hier war Gott auf der anderen Seite, dessen Herz bereits Qualen durchleidete, weil sein geliebtes Volk so in Drangsal war, bis er schließlich sagte: Halt! Ich kann es nicht mehr mit ansehen.

Ich hoffe, dass du am Ende unserer Betrachtungen über das Buch der Richter nicht mehr Satans Lüge glauben wirst, dass der Gott des Alten Testamentes ein vergebungsunwilliger Gott sei, der gerne richtet. Er ist ein Gott unendlicher Liebe und Gnade. Immer wieder stellt er das unter Beweis, nicht nur in der Art, wie er Israel führte, sondern auch wie er unser Leben gestaltet.

In diesem Fall zeigte sich Gottes Gnade darin, dass er Israel Initiative und Mut gab, seine Kräfte bei Mizpa zu sammeln, um gegen Ammon zu kämpfen. Doch dann erhob sich eine drängende Frage: Wo ist der Mann, der uns im Kampf gegen Ammon führt? Das ist häufig auch die Frage unter Gläubigen. Wo ist unser Führer? Sollten wir nicht mit dieser Frage zu Gott kommen? Was nützen uns von Menschen gewählte Führer? Wir kennen nicht die Kriterien, nach denen er seine Führer wählt, und oft sind wir überrascht, weil unsere Wahl auf andere gefallen wäre. Auch hier hielt Gott schon einen Führer bereit. Jeftah war einer der ungewöhnlichsten Männer seiner Zeit, ein Mann mit einer tragischen Vergangenheit, einer farbigen Karriere, ein Mann mit ausgeprägtem Charakter und großen Schwächen. Ein Bild von Jeftah kann nur mit grellen Farben gemalt werden, denn er war voller Gegensätze. Dennoch wurde er von Gott zum Richter berufen und war ausersehen, Gottes Willen mit seinem Volk durchzuführen.

Jeftah, der Mann der zu seiner Zeit passte
(Richter 11,1-3)

»Und Jeftah, der Gileaditer, war ein tapferer Held; er war aber der Sohn einer Hure, und Gilead hatte Jeftah gezeugt. Und auch die Frau Gileads gebar ihm Söhne; und als die Söhne der Frau groß wurden, da vertrieben sie Jeftah und sprachen zu ihm: Du sollst nicht erben im Hause unseres Vaters, denn du bist der Sohn eines anderen Weibes. Und Jeftah floh vor seinen Brüdern und wohnte im Lande Tob. Und es sammelten sich zu Jeftah lose Leute und zogen mit ihm aus.«

Christen werden nicht wie am Fließband produziert, wie Autos, die sich nur in der Sonderausstattung unterscheiden. Es muss immer wieder gesagt werden, dass Gläubige keine Minderwertigkeitskomplexe haben müssen, weil sie meinen, nicht in die »Norm« zu passen. Oft ist es eigene Schuld, oft die anderer Christen. Gott hat keine solche Schablone für seine Kinder. Kürzlich bekam ich einen Brief von einem Freund, der in Äthiopien als Missionar arbeitet. Unter anderem schrieb er:

»Der Schlüssel für das erfreuliche Wachstum hier ist der Heilige Geist. Er wirkt wunderbar in den äthiopischen Evangelisten, von denen sich neun hier die Arbeit teilen ... Jeder von ihnen wird von seiner Heimatgemeinde mit nur 20 Dollar pro Monat unterstützt. Sie alle haben Familien und haben verständlicherweise kein leichtes Auskommen. Was die Männer selbst betrifft, haben sie vom menschlichen Standpunkt aus kaum irgendwelche Qualifikationen als Missionare. Ohne Ausnahme wären sie von nordamerikanischen Missionsgesellschaften abgelehnt worden. Ihr Bildungsstand entspricht dem des vierten Schuljahres, und einige haben nie eine biblische Ausbildung gehabt. Andreas, zum Beispiel, hat eine Frau und vier Kinder. Seine Frau ist eine ehemalige Bardame, und eins seiner Kinder hat einen Buckel. Er predigt und lehrt in einem Dorf etwa zwei Tagesreisen von Bonga. Als ich letztes Mal in seiner Gemeinde war, erlebte ich die Taufe von 88 Gläubigen. Ein weiteres Beispiel ist Arshe, ein junger Mann von 25 Jahren. Seine Schulbildung ist etwas besser, auch hat er eine Bibelschulausbildung genossen. Arshe ist an einer Hand verkrüppelt, und seine Frau hat Tb. Aber seine Gemeinde wächst ständig. In einem Monat konnten 24 getauft werden, und viele andere kamen zum Glauben.«

Jeftah war solch ein Mann. Ein Ausgestoßener, der Ausgestoßene anführte. Trotzdem wählte sich Gott in seiner Weisheit gerade ihn.

Der Mann, den niemand wollte
(Richter 11,1-3)

Jeftahs Herkunft war für einen Richter Israels tatsächlich bemerkenswert. Seine Mutter war eine Prostituierte und Jeftah ein unerwünschter, unehelicher Sohn. Offenbar hatte sein Vater so viel Verantwortungsgefühl, dass er ihn in seinem Haus aufnahm und ihn mit seinen ehelichen Söhnen erzog. Doch als dann seine Halbbrüder erwachsen waren, jagten sie Jeftah aus dem Haus, und er wurde zu einem Ausgestoßenen. Er hatte keinen Menschen mehr, und gerade deshalb konnte die Gnade Gottes umso stärker in seinem Leben wirken. Jeftahs Situation war nach menschlicher Einschätzung hoffnungslos. Gott richtet sich jedoch nicht nach unseren Vorurteilen. Er wird nicht wie wir von solch bestimmenden Faktoren wie Milieu und Vererbung eingeengt. Der Gläubige weiß, dass Gott der alles entscheidende Faktor ist, und deshalb braucht er kein Gefangener seiner Vergangenheit zu sein. Gott gefällt es, den offensichtlich Unbrauchbaren zu einem nützlichen Werkzeug umzugestalten. Dieses Prinzip sehen wir auch im Leben Davids verwirklicht, dessen Leben in vielen Punkten dem des Jeftah ähnlich ist.

Die Informationen über Davids Familie sind nur sehr spärlich, doch man muss vermuten, dass die Verhältnisse nicht allzu geordnet waren. Als David geboren wurde, war sein Vater schon ein alter Mann, der viele Kinder von verschiedenen Frauen hatte. Einige von Davids Brüdern hatten Söhne, die in seinem Alter waren. Es scheint, dass man sich nicht sehr intensiv um David kümmerte; denn als Samuel dem Isai befahl, seine Söhne zusammenzurufen, vergaß man David vollständig und ließ ihn bei seinen Schafen. Offensichtlich hatte er eine einsame, unglückliche Kindheit.

Deshalb konnte David sagen: »Sogar mein Vater und meine Mutter haben mich verlassen, aber der Herr nimmt mich auf« (Psalm 27,10). Sicher sollen wir für sorgende und betende Eltern dankbar sein doch es ist eine wunderbare Gewissheit, dass Gott uns zu seiner Ehre gebrauchen kann trotz aller widrigen Einflüsse und Umstände.

Der Bandenführer
(Richter 11,3)

Nach der Vertreibung aus dem Haus seines Vaters, wandte Jeftah sich in seiner Verzweiflung nach Norden und zog in die Nähe der Grenze nach Tob. Dort lebten die Israeliten und ihre Feinde in ständigen Kämpfen, und Jeftah wurde dort zu einem hebräischen Robin Hood, der als Führer einer Bande von Ausgestoßenen die Rolle einer inoffiziellen Polizeitruppe übernahm. Gegen Bezahlung beschützte er die Israeliten gegen die Übergriffe der Kanaaniter. Auch in diesem Punkt können wir eine interessante Parallele zu David feststellen, denn David tat genau das, als er vor Saul auf der Flucht war.

Für Jeftahs Entwicklung war diese Zeit von ungeheurer Bedeutung.

1. *Er erwarb sich eine unschätzbare Erfahrung in Kriegsführung und Kampfstrategie*, und Gott konnte später darauf zurückgreifen. Gott ist nicht auf unsere Begabungen und Fähigkeiten angewiesen, er ignoriert sie aber auch nicht. Gott verschwendet niemals eine Gabe im Leben eines Kindes, und auch das Wissen und die Erfahrung, die wir vor unserer Bekehrung erwarben, macht Gott sich in geeigneter Weise zunutze.
   Ein wunderbares Beispiel dafür ist Dr. S. Lewis Johnson, dem ich persönlich viel verdanke. Dr. Johnson war in seiner Studentenzeit vom Golfspiel besessen. Er wollte unbedingt in der Golfmannschaft der Universität spielen, was sehr viel Zeit und Aufwand kostete. Deshalb entschloss er sich, Griechisch zu studieren. Nicht dass er eine besondere Vorliebe für diese Sprache gehabt hätte, aber die Griechischvorlesungen waren die einzigen, die in seinen Golfterminkalender passten. Auf einmal stellte er fest, dass Griechisch ihm so wichtig geworden war, dass er das Golfspiel ganz aufgab. Dr. Johnsons Begeisterung erlitt allerdings einen Dämpfer, als er nach dem Examen feststellte, dass gute Griechischkenntnisse für einen

Versicherungskaufmann – das war seine Berufsabsicht – nicht unbedingt förderlich waren. Dann wurde er auf einmal von Gott angesprochen und übergab sein Leben dem Herrn Jesus. Als er anschließend den Ruf verspürte, sein Leben ganz in den Dienst des Herrn zu stellen, wurde ihm klar, warum er Griechisch gelernt hatte. Viele Jahre lang lehrte er dann mit reichem Segen am theologischen Seminar in Dallas/Texas neutestamentliches Griechisch. Gott hatte Dr. Johnson schon in seinen Plan eingefügt, bevor er sich bekehrt hatte.
Gott, der nach unserer Bekehrung unser Leben bestimmt, hat die gleiche Macht auch schon vorher, ohne dass wir das wissen und anerkennen.
2. *Jeftah lernte Menschenführung.* Es war bestimmt keine leichte Aufgabe, die Gruppe von Wegelagerern in eine schlagkräftige Truppe umzuformen. Jeftah schaffte es, und die Erfahrung, die er dabei sammelte, war ihm auch in der Zukunft nützlich.
3. *Jeftah lernte Gott kennen.* Er war ein Mann voller Widersprüche. Er wusste von Gott, kannte ihn allerdings nur recht bruchstückhaft, was bei Jeftahs Herkunft nicht verwunderlich ist. Dennoch gebrauchte er den persönlichen Namen des Herrn mehr als irgendein anderer im Buch der Richter. Er kannte den bündnistreuen Gott Israels, und trotz seiner geistlichen Unreife lebte er dem Herrn hingegeben. Jeftahs Wissen war vielleicht oberflächlich, aber echt. Ein russischer Christ wurde einmal gefragt: »Bruder, wie hast du das geschafft, 32 Jahre in einem Arbeitslager zu überleben und deinen Glauben zu bewahren?« Die unerwartete Antwort war: »Bruder, sogar die Wüste sieht aus wie ein blühender Garten, wenn man Gemeinschaft mit dem Herrn hat.«

Vielleicht hatte Jeftah eine ähnliche Erfahrung. Vater und Mutter hatten ihn verstoßen, doch er hatte den Herrn. Er wusste, dass der Herr ihn angenommen hatte, während ihn seine engsten Angehörigen ablehnten. Diese Zurückweisung trieb ihn zu Gott und machte ihn zu dem Mann, den Gott gebrauchen konnte.

Vom Geächteten zum Führer
(Richter 11,4-11)

»Und es geschah nach einiger Zeit, da stritten die Kinder Ammon mit Israel. Und es geschah, als die Kinder Ammon mit Israel stritten, da gingen die Ältesten von Gilead hin, um Jeftah aus dem Lande Tob zu holen. Und sie sprachen zu Jeftah: Komm und sei unser Anführer, dass wir wider die Kinder Ammon streiten! Und Jeftah sprach zu den Ältesten von Gilead: Seid ihr es nicht, die mich gehasst und mich aus dem Hause meines Vaters vertrieben haben? Und warum kommt ihr jetzt zu mir, da ihr in Bedrängnis seid? Und die Ältesten von Gilead sprachen zu Jeftah: Darum sind wir jetzt zu dir zurückgekehrt, dass du mit uns ziehst und wider die Kinder Ammon streitest; und du sollst uns zum Haupte sein, allen Bewohnern Gileads. Und Jeftah sprach zu den Ältesten von Gilead: Wenn ihr mich zurückholet, um wider die Kinder Ammon zu streiten, und der HERR sie vor mir dahingibt, werde ich euch dann wirklich zum Haupte sein? Und die Ältesten von Gilead sprachen zu Jeftah: der HERR sei Zeuge zwischen uns, wenn wir nicht also tun, wie du geredet hast. Da ging Jeftah mit den Ältesten von Gilead, und das Volk setzte ihn zum Haupte und zum Anführer über sich. Und Jeftah redete alle seine Worte vor dem HERRN zu Mizpa.«

Es muss eine großartige Erfahrung für Jeftah gewesen sein, als die Ältesten von Gilead zu ihm kamen, um ihn zum Führer zu machen. Er hatte sich nicht um diese Position beworben, nicht einmal im Traum daran gedacht, und doch, als Gott seine Zeit gekommen sah, öffnete sich ein Weg, und Jeftah wurde Haupt und Anführer von Gilead.

Es ist meine Verantwortung als Christ, dort meine Pflicht zu tun, wo Gott mich hingestellt hat. Es ist Gottes Verantwortung, Türen zu öffnen, mir Gelegenheiten zu zeigen. Ein bereitwilliges Herz wird immer viele Aufgaben finden. Das durfte auch Jeftah erfahren. Vers 11 zeigt uns, dass er sein Leben bewusst in die Gegenwart Gottes stellte: »Und Jeftah redete alle seine Worte vor dem Herrn zu Mizpa.«

In seiner Jugend machte sich Charles H. Spurgeon viele Gedanken über seine Zukunft. Besonders beschäftigte ihn seine berufliche Ausbildung. Eines nachts ging er in seinem Zimmer auf und ab und überlegte sich alle Möglichkeiten. Plötzlich hörte er, wie Gott zu ihm sprach: »Suchst du große Dinge für dich selbst? Suche sie nicht!« – »In diesem Moment«, so sagte er später, »wusste ich, dass ich nie in Cambridge studieren und auch nie zu mehr als 200 Menschen auf einmal predigen würde.« Er unterwarf sich völlig und bedingungslos dem Willen Gottes. Sechs Monate später, Spurgeon war gerade 19 Jahre alt, predigte er an einem Sonntag in London vor mehr als 2500 Menschen. Das konnte nur geschehen, weil er bereit gewesen war, Gott die Entscheidungen in seinem Leben zu überlassen. Überlassen auch wir willig dem Herrn unsere Gegenwart, und er wird unsere Zukunft in seine Hände nehmen.

Jeftah, der Diplomat

(Richter 11,12-28)

»Und Jeftah sandte Boten an den König der Kinder Ammon und ließ ihm sagen: Was haben wir miteinander zu schaffen, dass du gegen mich gekommen bist, mein Land zu bekriegen? Und der König der Kinder Ammon sprach zu den Boten Jeftahs: Weil Israel mein Land genommen hat, als es aus Ägypten heraufzog, vom Arnon bis an den Jabbok und bis an den Jordan; und nun gib die Länder in Frieden zurück. Da sandte Jeftah abermals Boten an den König der Kinder Ammon und ließ ihm sagen: So spricht Jeftah: Israel hat nicht das Land Moabs und das Land der Kinder Ammon genommen; sondern als sie aus Ägypten heraufzogen, da wanderte Israel durch die Wüste bis zum Schilfmeer, und es kam nach Kadesch; und Israel sandte Boten aus an den König von Edom und ließ ihm sagen: Lass mich doch durch dein Land ziehen! Aber der König von Edom gab kein Gehör. Und auch an den König vom Moab sandte es; aber er wollte nicht. So blieb Israel in Kadesch. Und es wanderte durch die Wüste und umging das Land Edom und das Land Moab und kam von Sonnenaufgang her zum Lande Moab; und sie lagerten sich jenseits des Arnon und kamen nicht in das Gebiet Moabs, denn der Arnon ist die Grenze Moabs. Und Israel sandte Boten an Sihon, den König der Amoriter, den König von Heschbon, und Israel ließ ihm sagen: Lass uns doch durch dein Land ziehen bis an meinen Ort! Aber Sihon traute Israel nicht, es durch sein Gebiet ziehen zu lassen; und Sihon versammelte all sein Volk und sie lagerten sich zu Jahaz; und er stritt wider Israel. Und der HERR, der Gott Israels, gab Sihon und all sein Volk in die Hand Israels, und sie schlugen sie. So nahm Israel das ganze Land

der Amoriter, die jenes Land bewohnten, in Besitz: sie nahmen das ganze Gebiet der Amoriter in Besitz, vom Arnon bis an den Jabbok, und von der Wüste bis an den Jordan. Und so hat nun der HERR, der Gott Israels, die Amoriter vor seinem Volke Israel ausgetrieben, und du willst uns austreiben? Nimmst du nicht das in Besitz, was Kemosch, dein Gott dir zum Besitz gibt? So auch alles, was der HERR, unser Gott, vor uns ausgetrieben hat, das wollen wir besitzen. Und nun, bist du etwa besser als Balak, der Sohn Zippors, der König von Moab? Hat er je mit Israel gerechnet, oder je wider sie gestritten? Während Israel in Heschbon wohnte und in seinen Tochterstädten und in Aroer und in all seinen Tochterstädten und in allen den Städten, die längs des Arnon liegen, dreihundert Jahre lang: warum habt ihr sie denn nicht in jener Zeit entrissen? Und nicht ich habe gegen dich gesündigt, sondern du tust übel an mir, wider mich zu streiten. Der HERR, der Richter, richte heute zwischen den Kindern Israel und den Kindern Ammon!

Aber der König der Kinder Ammon hörte nicht auf die Worte Jeftahs, die er ihm entboten hatte.«

An dieser Stelle sehen wir Jeftah in einer gänzlich anderen Rolle. Er ist hier nicht der kampfesfreudige Haudegen, sondern beginnt zunächst Verhandlungen mit dem König der Ammoniter. Sein Ziel war jedoch nicht ein fragwürdiger Waffenstillstand. Jeftah wollte Ammon, bevor es zum Kampf kam, die Wahrheit vor Augen stellen. Woher Jeftah seine Geschichtskenntnisse hatte, ist unbekannt, aber der obige Abschnitt beweist, wie gut informiert er war. Er war sich auch bewusst, dass Israels Geschichte in Wirklichkeit Gottes Geschichte war, ein Bericht dessen, was Gott für Israel getan hatte.

Deshalb schickte Jeftah Boten nach Ammon, die fragten: »Warum wollt ihr gegen uns kämpfen?« Die Antwort war: »Israel hat uns zur Zeit Josuas Land weggenommen. Deshalb gebt es jetzt kampflos zurück!« Jeftahs Reaktion auf diese Aufforderung war kurz aber eindrücklich. »Informiert euch doch bitte etwas genauer, bevor ihr solche Forderungen stellt! Wir eroberten das Land von Sihon, dem König der Amoriter, nicht von den Ammonitern, wie ihr behauptet. Außerdem haben nicht wir selbst das Land erobert. In Wirklichkeit erhielten wir es von Gott als Geschenk, und wir können nicht einfach ein Geschenk des Herrn aufgeben. Warum nehmt ihr nicht in Besitz, was euch Kemosch, euer falscher Gott, zugewiesen hat? Darüber hinaus macht euch bitte klar, dass wir jetzt 300 Jahre lang hier gelebt haben. Warum habt ihr nicht früher eure Besitzansprüche angemeldet?« Jeftah ließ kein »wenn« und »aber« in seiner Argumentation zu. Er hielt sich fest an die geschichtlichen Tatsachen. Diese feste, auf Tatsachen gegründete Haltung sollte jeder Gläubige haben. Die ersten Christen setzten nicht ihre Welt in Flammen, indem sie Wahrscheinlichkeiten diskutierten, sondern indem sie auf der einen Wahrheit bestanden, die sie erfahren hatten: dass der Herr Jesus der Sohn Gottes sei und seine Erlösungstat allen Menschen Heil bringe. Wir haben die gleiche Berufung. Wir wollen der Welt nicht von unseren Gefühlen erzählen, sondern wir haben die Aufgabe, Jesus Christus zu verkündigen. Wir sollen den Menschen sagen, wer er ist, was er für uns getan hat, und tun das auf der Basis des Evangeliums. Unser persönliches Zeugnis kann eine Ergänzung sein, doch unsere eigentliche Waffe, mit der wir Satan entgegentreten, ist Gottes heilige Wahrheit.

Der siegreiche Held

(Richter 11,29-33)

»Da kam der Geist des HERRN über Jeftah; und er zog durch Gilead und Manasse, und zog nach Mizpa in Gilead, und von Mizpa in Gilead zog er gegen die Kinder Ammon. Und Jeftah gelobte dem HERRN ein Gelübde und sprach: Wenn du die Kinder Ammon wirklich in meine Hand gibst, so soll das, was zur Tür meines Hauses herausgeht, mir entgegen, wenn ich in Frieden von den Kindern Ammon zurückkehre, es soll dem HERRN gehören, und ich werde es als Brandopfer opfern! Und so zog Jeftah gegen die Kinder Ammon, um wider sie zu streiten; und der HERR gab sie in seine Hand. Und er schlug sie von Aroer an, bis man nach Minnit kommt, zwanzig Städte, und bis nach Abel-Keramim, und er richtete eine sehr große Niederlage unter ihnen an; und die Kinder Ammon wurden gebeugt vor den Kindern Israel.«

In diesen fünf Versen sehen wir in dem Sieg, den Gott über Ammon gab, den Abschluss der Entwicklung des Ausgestoßenen zum Glaubenshelden.

In Vers 28 lesen wir, dass der König von Ammon nicht auf Jeftah hören wollte. Deshalb war die Zeit zum Handeln gekommen. Jeftah begann den Angriff in der Kraft des Heiligen Geistes. Bei all seiner

Kriegserfahrung war es doch letztlich Gott, der den Sieg schenkte. »Da kam der Geist des Herrn über Jeftah (V. 29), ... und der Herr gab sie in seine Hand« (V. 32). Jeftah wurde vom Heiligen Geist geführt und kontrolliert. Diese Führung äußerte sich nicht in Passivität bei Jeftah. Er ruhte sich nicht aus und überließ Gott die Aktivität. Nein! Er zog durch das Land, um Truppen aufzustellen, er entwickelte einen Kampfplan und führte die Attacke. Führung des Heiligen Geistes bedeutet immer Führung in die Aktivität hinein, in den Kampf für Gott.

Gideon war ein schwacher Mann, der durch Gott zu einem furchtlosen Kämpfer wurde. Jeftah war schon ein furchtloser Krieger, als Gott anfing, mit ihm zu arbeiten. Doch auch er musste durch Gottes Geist umgeformt werden, um brauchbar zu sein. Was immer unsere Stärken und Schwächen sein mögen, das Geheimnis unserer Brauchbarkeit liegt in der Bereitwilligkeit, uns Gott zur Verfügung zu stellen.

Gottes Gnade hatte Jeftah aus dem Abschaum Israels herausgeholt und zu einem Befreier seines Volkes gemacht. Was hätten wir an diesem unehelichen Gewalttäter Gutes gesehen? Gott will uns an solchen Unwahrscheinlichkeiten zeigen, dass kein Mensch zu gering ist, zu seiner Verherrlichung beizutragen, wenn wir ihm nur vertrauen.

15

Die Gefahr geistlicher Unwissenheit

K*anada und die USA haben seit langem ein gutnachbarliches Verhältnis* und sind mit Recht stolz auf die offene und unbewachte Grenze zwischen beiden Staaten.

Das war nicht immer so. Während des Krieges zwischen den USA und Großbritannien im Jahr 1812 zerstörten die Amerikaner die Stadt York in Kanada, das heutige Toronto. Die Briten nahmen Rache, indem sie Washington, D. C., die junge amerikanische Hauptstadt, niederbrannten. Der Krieg wurde schließlich am Verhandlungstisch beendet, als am 24. Dezember 1814 Vertreter der beiden Staaten in Gent in Belgien einen Waffenstillstandsvertrag unterzeichneten.

Durch einen unglücklichen Zufall verzögerte sich die Übermittlung der Nachricht, und so trafen am 8. Januar 1815 bei New Orleans die britische und die amerikanische Armee aufeinander. 2000 Mann verloren in der Schlacht bei New Orleans ihr Leben, nur weil sie nichts von dem Waffenstillstand wussten.

Ein altes Sprichwort sagt leicht ironisch: Unwissenheit ist Segen. Tatsächlich kann Unwissenheit äußerst gefährlich sein und tragische Folgen haben. Das gilt ganz besonders für geistliche Unwissenheit. Wie viel Schaden ist schon angerichtet worden, nur weil Menschen nicht den Charakter Gottes verstanden, wie er in der Schrift geoffenbart wird. Häufig sind persönliche Probleme die direkte Folge einer solchen Missachtung des göttlichen Willens. Es kommt sogar vor, dass Christen sich sagen, dass es zwar eine ganz schöne Sache sei, Gott und sein Wort zu verstehen, dass es aber doch eigentlich ein Luxus sei, der mit dem Alltag recht wenig zu tun habe. Wie schon gesagt, ist derartige geistliche Ignoranz höchst gefährlich, da sie uns nicht nur viele Segnungen Gottes vorenthält, sondern uns auch ganz großen Schaden zufügen kann.

James Packer schreibt in seinem ausgezeichneten Buch »Knowing God«[15] (Gott erkennen) folgendes: »Es ist für unser Leben ungeheuer wichtig, über Gott Bescheid zu wissen. Wären wir nicht grausam, wenn wir einen Eingeborenen aus dem Amazonasdschungel ohne jede Erklärung per Flugzeug nach England brächten und ihn, der weder die Sprache noch das Land kennt, mitten in London allein ließen?

Genauso handeln wir grausam an uns selbst, wenn wir in dieser Welt leben wollen, ohne etwas von Gott, dem die Welt gehört und der sie regiert, wissen zu wollen. Dadurch wird die Welt fremd und feindselig und das Leben eine Qual für die, die Gott nicht kennen. Wer sich vor Gott verschließt, stolpert blind und ohne Orientierung und Verständnis durchs Leben. Auf diese Weise verschwendet man sein Leben und verliert seine Seele.«

In Richter 11 und 12 lesen wir einen solchen Bericht der Folgen geistlicher Unwissenheit. Was das Studium der zwei Kapitel noch aufrüttelnder macht, ist die Tatsache, dass diese Unwissenheit bei einem Mann gefunden wird, der mit großem Eifer für Gott wirkte. Doch Eifer ohne biblisches Verständnis wird zu Fanatismus, der alles zerstört, womit er in Berührung kommt.

Natürlich war Jeftah nicht der einzige Unwissende im Alten Testament, aber gerade in seinem Leben waren die Folgen seiner Unwissenheit so tragisch, dass sie sich sogar uns schmerzhaft einprägen. Daniel sagte einst: »Das Volk, welches Gott kennt, wird sich stark erweisen und handeln« (Dan. 11,32). Bei Jeftah könnte man den Vers verändern und sagen: »Das Volk, das den Herrn nicht kennt, wird seine Dummheit zur Schau stellen und Unheil stiften.« Vor einigen Jahren wurde ein Buch veröffentlicht mit dem Titel: »Terrorist im Namen Gottes.« Der Titel ist eine gute Beschreibung von Jeftahs Lebensgeschichte. Jeftah wird als tapferer Held beschrieben. Solange sein Kampfeswille und seine Hingabe an den Herrn von Gottes Willen gezügelt wurden, war er das richtige Werkzeug zur Vernichtung der Ammoniter. Doch in dem Moment, in dem Jeftahs Eifer größer wurde als sein Verständnis, wurden seine Tugenden zu Werkzeugen des Schreckens und der Zerstörung und richteten sich nicht mehr gegen den erklärten Feind Isra-

15. James Packer, Knowing God, Downers Grove I 11. Inter-Varsity 1973, S. 14-15.

els, sondern gegen seine eigene Tochter und gegen sein Volk. Dies ist gewiss kein schönes Bild. Es ist bei der Betrachtung wichtig, dass die Abneigung gegen Jeftahs Fehlverhalten nicht unsere Augen für die wichtigen Lektionen verschließt, die wir aus Jeftahs Fehlern lernen können.

Unkenntnis der Person Gottes
(Richter 11,29-40)

»Da kam der Geist des HERRN über Jeftah; und er zog durch Gilead, und von Mizpa in Gilead zog er gegen die Kinder Ammon. Und Jeftah gelobte dem HERRN ein Gelübde und sprach: Wenn du die Kinder Ammon wirklich in meine Hand gibst, so soll das, was zur Tür meines Hauses herausgeht, mir entgegen, wenn ich in Frieden von den Kindern Ammon zurückkehre, es soll dem HERRN gehören, und ich werde es als Brandopfer opfern! Und so zog Jeftah gegen die Kinder Ammon, um wider sie zu streiten; und der HERR gab sie in seine Hand. Und er schlug sie von Aroer an, bis man nach Minnit kommt, zwanzig Städte, und bis nach Abel-Keramim, und er richtete eine sehr große Niederlage unter ihnen an; und die Kinder Ammon wurden gebeugt vor den Kindern Israel. Und als Jeftah nach Mizpa, nach seinem Hause kam, siehe, da trat seine Tochter heraus, ihm entgegen, mit Tamburinen und mit Reigen; und sie war nur die einzige; außer ihr hatte er weder Sohn noch Tochter. Und es geschah, als er sie sah, da zerriss er seine Kleider und sprach: Ach, meine Tochter! Tief beugst du mich nieder; und du, du bist unter denen, die mich in Trübsal bringen! Denn ich habe meinen Mund gegen den HERRN aufgetan und kann nicht zurücktreten! Und sie sprach zu ihm: Mein Vater, hast du deinen Mund gegen den HERRN aufgetan, so tue mir, wie es aus deinem Munde hervorgegangen ist, nachdem der HERR dir Rache verschafft hat an deinen Feinden, den Kindern Ammon. Und sie sprach zu ihrem Vater: Es geschehe mir diese Sache: Lass zwei Monate von mir ab, dass ich hingehe und auf die Berge hinabsteige und meine Jungfrauschaft beweine, ich und meine Freundinnen. Und er sprach: Gehe hin. Und er entließ sie auf zwei Monate. Und sie ging hin, sie und ihre Freundinnen, und beweinte ihre Jungfrauschaft auf den Bergen. Und es geschah am Ende von zwei Monaten, da kehrte sie zu ihrem Vater zurück. Und er tat an ihr das

Gelübde, das er gelobt hatte. Sie hatte aber keinen Mann erkannt. Und es wurde zum Gebrauch in Israel: von Jahr zu Jahr gehen die Töchter Israels hin, um die Tochter Jeftahs, des Gileaditers, zu preisen vier Tage im Jahre.«

Im ersten Teil des Kapitels lasen wir, wie Gott das Volk Israel zu Jeftah führte, um ihn zu ihrem Führer gegen die Ammoniter zu machen. Wir lasen, wie Jeftah zunächst mit dem König der Ammoniter verhandelte und schließlich eine Armee aufstellte und in der Kraft des Geistes zum Kampf auszog.

Doch bevor der Kampf begann, versuchte Jeftah einen Handel mit Gott abzuschließen, indem er ein Gelübde ablegte (V. 30 u. 31). Es ist wichtig, genau zu verstehen, was Jeftah gelobte. »Gott, wenn wir nicht gewinnen, werden wir für immer versklavt sein. Deshalb will ich mit dir einen Handel abschließen. Wenn du mir den Sieg gibst, werde ich dir die erste Person als Brandopfer darbringen, die nach dem Sieg aus meinem Haus kommt, um mich zu grüßen.« Das war ein abscheuliches Gelübde, das im Gegensatz zur Aussage der Bibel steht. Doch bevor wir uns darüber Gedanken machen, warum Jeftah ein solches Versprechen machte, wollen wir versuchen, das zu verstehen, was das Alte Testament über Gelübde sagt.

Grundsätzlich war ein Gelübde ein öffentliches Bekenntnis einer Gebetserhörung, und Mose gab dazu in 5. Mose 23,21-23 folgende Anweisung:

»Wenn du dem HERRN, deinem Gott, ein Gelübde tust, so sollst du nicht zögern, es zu bezahlen; denn der HERR, dein Gott, wird es gewisslich von dir fordern, und es wird Sünde an dir sein. Wenn du es aber unterlässt, zu geloben, so wird keine Sünde an dir sein. Was über deine Lippen gegangen ist, sollst du halten und tun, so wie du dem HERRN, deinem Gott, freiwillig gelobt, was du mit deinem Munde geredet hast.«

Ein Gelübde war ein freiwilliger Akt; doch einmal ausgesprochen, war man unlösbar daran gebunden. Deshalb warnt Gott davor, leichtfertig Gelübde abzulegen. In Sprüche 20,25 lesen wir: »Ein Fallstrick des Menschen ist es, vorschnell zu sprechen: Geheiligt! und nach den Gelübden zu überlegen«, und in Prediger 5,4-5: »Wenn du Gott ein Gelübde tust, so säume nicht, es zu bezahlen; denn er hat kein Gefallen an den Toren. Was du gelobst, bezahle. Besser, dass du nicht gelobst, als dass du gelobst und nicht bezahlst.«

Nun bleibt uns immer noch die Frage, warum Jeftah dem Herrn ein Menschenopfer gelobte, obwohl die Bibel das so eindeutig verbietet (3. Mose 18,21; 20,2-5; 5. Mose 12,31; 18,10).

Viele Theologen sind der Meinung, Jeftah könne solch ein Gelübde nicht abgelegt haben, und dass man diese Schriftstelle anders verstehen müsse. Doch erinnern wir uns an die Zeit, in der er lebte. Es herrschte allgemeiner Abfall von Gott; das Wort Gottes war weithin unbekannt, und es gab das schreckliche Vorbild der heidnischen Religionen. Jahre später, selbst nachdem Samuel so lange und eindrucksvoll in Israel gewirkt hatte, war Saul bereit, seinen Sohn Jonatan zu töten, wegen eines törichten Gelübdes, das er abgelegt hatte.

Der eigentliche Fehler in Jeftahs Leben war nicht einmal sein Mangel an Ernsthaftigkeit. Sein Gelübde kam von Herzen, aus tiefem Eifer für Gott. Trotzdem ging er einen gänzlich falschen Weg. Wir brauchen nämlich nicht einfach einen ernsten Glauben, unser Glaube muss ernst und verständig sein. Jeftahs Eifer war deshalb so destruktiv, weil er Gott falsch sah; denn er glaubte, dass man mit Gott handeln und ihn bestechen könne. Jeftah glaubte, er könne Gottes Hilfe auf Kosten eines menschlichen Lebens erkaufen. Er hätte sich auf Gottes Verheißungen berufen können – statt dessen schlug er Gott einen Handel vor. Statt in Gottes Gnade zu ruhen, kämpfte er um Gottes Hilfe und bezahlte einen furchtbaren Preis.

Jeftah sah Gott falsch, weil er glaubte, dass es Gott gefiele, zu verletzen. Für Jeftah war Gott ein Sadist und nicht ein Gott, langsam zum Zorn und überströmend an Liebe. Jeftah kannte nicht den Gott, der sagte: »Denn ich weiß ja die Gedanken, die ich über euch denke. Gedanken des Friedens und nicht zum Unglück, um euch Ausgang und Hoffnung zu gewähren.« (Jesaja 29,11). Jeftah sah Gott falsch, weil er glaubte, dass Gott ihn auf halbem Wege verlassen würde. Vers 29 sagt deutlich, dass der Heilige Geist über Jeftah kam. Doch Jeftah glaubte nicht, dass Gott das zu Ende führen würde, was er begonnen hatte, deshalb fing er an zu handeln. Hinter allem steht die große Unwissenheit um Gottes Wort. Jeftah eiferte für Gott. Doch Eifer ohne Wahrheit ist gefährlich. Hingabe ohne Verständnis erzeugt Fanatismus. Das Wichtigste an einem Menschen ist das, was er über Gott weiß und denkt. Man kann nur dann richtig über Gott denken, wenn man ein biblisch begründetes Wissen von Gott hat.

Viele junge Menschen haben eine ähnliche Vorstellung von Gott, wie Jeftah sie hatte. Für sie ist der Herr ein strenger, verletzender, gesetzlicher Gott, der dem Leben jede Freude nimmt und das Unangenehme liebt. Das ist nicht der Gott der Bibel. Solange wir nicht Gott in Wahrheit kennen, können wir nicht in Wahrheit leben.

Die Erfüllung des Gelübdes

Gott schenkt aus seiner großen Liebe für sein Volk den Sieg über Ammon. Jeftahs Gelübde hatte keinen Einfluss darauf. Gott half trotz – nicht etwa wegen – Jeftahs Gelübde.

Dann, im Augenblick seines größten Triumphes begann die größte Tragödie in Jeftahs Leben. Als er sich nach dem Sieg seinem Haus näherte, kam ihm seine Tochter entgegen. Voller Freude und Lebenslust tanzte sie ihrem Vater entgegen, um ihn zu begrüßen. Sie war Jeftahs einziges Kind und deshalb besonders kostbar für ihn. In ihr ruhten alle seine Hoffnungen für die Zukunft. All seine Freude, alle seine Hoffnungen waren plötzlich zunichte gemacht, als Jeftah seine Tochter so voller Freude auf sich zukommen sah.

Das junge Mädchen hatte einen bemerkenswerten Charakter. Jeftah mag nicht sehr viel über Gott gewusst haben, doch das galt sicherlich nicht für sie. Kaum hatte sie von dem fürchterlichen Schwur des Vaters gehört, als sie sich ihm auch schon unterwarf. Er hatte Gott ein Gelübde abgelegt, und das war bindend für sie. Sie bat nur um einen Aufschub von zwei Monaten, und während dieser Zeit weinte und trauerte sie, nicht etwa darüber, dass sie sterben musste, sondern dass sie kinderlos sterben musste. Kinderlos zu sterben, war das Schlimmste, was einer israelitischen Frau widerfahren konnte. Ihr Tod bedeutete das Ende von Jeftahs Familie, und auch das war schlimmer als ihr Tod.

Dann lesen wir in Vers 39: »Und es geschah am Ende von zwei Monaten, da kehrte sie zu ihrem Vater zurück. Und er vollzog an ihr das Gelübde, das er gelobt hatte.« Viele Ausleger glauben, dass Jeftah seine Tochter nicht tötete, sondern sie Gott in einem Leben der ewigen Jungfrauschaft im Dienst an der Stiftshütte weihte. Ich möchte das gern glauben, es ist mir allerdings unmöglich. Der Text sagt ganz deutlich aus, dass Jeftah seine Tochter Gott als Opfer darbrachte. Das ist auch die Interpretation der frühen jüdischen und christlichen Gelehrten.

So fürchterlich Jeftahs Tun war, gibt es doch einen positiven

Aspekt darin. Jeftah legte ein Gelübde ab, das er sehr ernst nahm, trotz quälender Folgen für ihn selbst. Es ist so leicht, ihn zu kritisieren. Natürlich war seine Handlungsweise grotesk und unerträglich. Aber machen wir nicht auch oft Gott Versprechungen, allerdings ohne sie dann einzuhalten? Haben wir es nicht auch schon erlebt, dass wir vielleicht durch einen Bibelvers oder eine Predigt angesprochen wurden und sagten: »Herr, ich möchte dies oder das für dich tun?« Dabei blieb es dann. Es blieb bei einer billigen Gefühlsregung ohne Auswirkung auf unser Leben. Hatte Jeftah in dieser Beziehung nicht mehr Ehre vor Gott als die, die so treulos handeln?

Tragisch an Jeftahs Gelübde war, dass er glaubte, es nicht zurücknehmen zu können. Er hatte sich Gott verpflichtet, und dabei blieb es. Und doch hätte er eine biblische Lösung finden können, ohne seine Tochter töten zu müssen. Gott hatte dazu in 3. Mose 27 ganz klare Anweisungen gegeben. Dort heißt es, dass nach einem Gelübde das Leben eines Menschen durch Zahlung einer bestimmten Geldsumme eingelöst werden kann. Wenn Jeftah nur von dieser Möglichkeit gewusst hätte, wenn jemand ihn in Gottes Wort unterwiesen hätte, wäre der Tod seiner Tochter nicht nötig gewesen. Tatsächlich gibt ein jüdischer Kommentar zum Buch Richter die Erklärung, dass die jährlichen Erinnerungstage an Jeftahs Tochter deshalb abgehalten wurden, »damit niemand seinen Sohn oder seine Tochter als Brandopfer darbringen wie Jeftah tat und nicht Pinehas, den Priester, um Rat fragte.«[16]

Hätte Jeftah das getan, so wäre seine Tochter durch eine Geldsumme gerettet gewesen.

Wir sehen, welch schreckliche Folgen Unkenntnis des Wortes Gottes haben kann. Jeftahs Tochter musste deshalb sterben. Unsere eigene Unwissenheit mag nicht solch tragische Konsequenzen haben, doch dass sie Folgen haben wird, ist sicher.

Unwissenheit zeugt Unwissenheit. Im ersten Vers von Richter 12 haben wir ein Beispiel dafür. Dieses Mal sehen wir sie nicht bei Jeftah, sondern bei Gideons alten Freunden, den Männern von Ephraim.

---

16. *Targum of Jonatan*, zitiert von F. W. Farrar »The Book of Judges«, in »The Layman's Handy Bible Commentary Series, Grand Rapids, Zondervan, 1961, S. 150.

Unwissenheit über persönliche Verantwortung
(Richter 12,1-4)

»Und die Männer von Ephraim versammelten sich und zogen hinüber nach Norden, und sie sprachen zu Jeftah: Warum bist du durchgezogen, um wider die Kinder Ammon zu streiten, und hast uns nicht gerufen, dass wir mit dir gingen? Wir werden dein Haus über dir mit Feuer verbrennen! Und Jeftah sprach zu ihnen: Einen heftigen Streit haben wir gehabt, ich und mein Volk, mit den Kindern Ammon; und ich rief euch, aber ihr habt mich nicht aus ihrer Hand gerettet. Und als ich sah, dass du nicht helfen wolltest, da setzte ich mein Leben aufs Spiel und zog wider die Kinder Ammon. Und der HERR gab sie in meine Hand. Warum seid ihr denn an diesem Tage gegen mich heraufgezogen, um wider mich zu streiten? Und Jeftah versammelte alle Männer von Gilead und stritt mit Ephraim; und die Männer von Gilead schlugen Ephraim, weil sie gesagt hatten: Flüchtlinge Ephraims seid ihr, ihr Gileaditer, inmitten Ephraims und inmitten Manasses!«

Wenn die Auswirkungen dieser Auseinandersetzung nicht so ernst wären, könnte man die Geschichte als absurd ansehen: 18 Jahre lang hatten die Ammoniter das Gebiet Gileads unterdrückt, und Ephraim hatte die Not seiner Brüder völlig ignoriert. Nicht einer erhob die Waffe im Zorn gegen die Unterdrücker. Doch nun, als der Kampf vorüber war, kamen sie über den Jordan, bis an die Zähne bewaffnet und forderten Jeftah heraus: »Warum bist du durchgezogen, ohne uns zum Kampf gegen Ammon aufzurufen? Wir werden dein Haus über dir verbrennen!«

So drohten sie Jeftah, weil er sie nicht mit zum Kampf genommen hatte. Kann man sich eine scheinheiligere Haltung vorstellen? Ähnlich hatten sie sich Gideon gegenüber verhalten bei dessen Kampf gegen Midian. Ephraim erschien immer besonders tapfer, wenn eine Schlacht vorüber war. Offensichtlich waren die Ephraimiter außergewöhnlich arrogant, kritisch und neidisch. Obwohl ein sehr kleiner Stamm, waren sie sehr auf ihre Rechte bedacht, ohne sich um die damit verbundenen Pflichten zu kümmern. Sie waren immer bereit, gegen ihre israelitischen Brüder zu kämpfen, nie aber gegen Feinde von außen. Hier machten sie jedoch einen großen Fehler. Jeftah war nicht bereit, wie Gideon gute Miene zum bösen Spiel zu machen und die Ephraimiter bei all ihrer Unverschämtheit bei Laune zu halten. Zwar reagierte er zunächst recht sanft und wies darauf hin, dass er Ephraim gerufen habe, sie aber nicht gekommen seien und machte ihnen weiterhin klar, dass er dann unter Einsatz seines Lebens ohne ihre Hilfe in die Schlacht gegangen sei.

Ephraim wollte von alledem nichts wissen. Man fuhr fort, Jeftah und seine Männer anzugreifen, zu beleidigen, kurz, auf jede mögliche Art zu verunglimpfen, bis die so Behandelten ihren Ärger nicht länger zügeln konnten und sich mit der Waffe in der Hand gegen Ephraim wandten und es bestraften.

Wir müssen uns klarmachen, wie sich hier die Unwissenheit Ephraims äußerte. Sie wussten nicht Bescheid über ihre ihnen von Gott gegebene Verantwortung. Wenn es darum ging, Beute zu sammeln, oder ihre Rechte und Privilegien zu verteidigen, waren sie schnell zur Stelle; doch ging es um unbequeme Dinge, wurden sie unwillig und warteten lieber ab, bis andere die schmutzige Arbeit erledigt hatten.

Ich fürchte, auch unter den heutigen Christen gibt es viele Ephraimiter, die ihre Verantwortung sehr einseitig sehen. Bei ihnen müssen immer die anderen die Frohe Botschaft verkündigen, die Sonntagschularbeit tun, Altenbesuche machen und all die kleinen »unwichtigen« Dienste erledigen, die in einer Gemeinde anfallen. Trotzdem behalten sie sich das Recht vor, sozusagen von der Zuschauertribüne aus zu kritisieren und zu verdammen, was die anderen tun. Solche Menschen sind sehr leicht bei der Hand mit liebloser Kritik an ihren Geschwistern, tun selbst aber nichts im Kampf gegen den Feind.

Ich denke hierbei an eine Episode, die D. L. Moody erzählte: Ein Mann kam zu ihm und sagte: »Mr. Moody, ich muss Ihnen sagen, dass mir Ihre Methode, das Evangelium zu verkünden, überhaupt nicht zusagt!« – »Wissen Sie«, sagte Moody, »ich lerne immer gern dazu! Erzählen Sie mir doch, nach welcher Methode Sie vorgehen.- »Tja«, antwortete der Mann, »ich habe eigentlich gar keine.« – Darauf erwiderte Moody: »Mir gefällt die Art, wie ich das Evangelium verkünde besser, als die Art in der Sie es nicht tun.«

Eine ephraimitische Einstellung wirkt destruktiv und trennend. Die Gemeinde Jesu Christi braucht keine Lehnstuhlgeneräle, sondern Gläubige, die die ihnen übertragene Verantwortung sehen und ihr nachkommen. Die Haltung, die die Ephraimiter zeigten, verdient nur Verachtung. Lasst uns daher nicht kritisieren und anklagen, sondern durch gutes Vorbild zur Ermutigung und Erbauung beitragen.

Am Ende dieser Geschichte haben wir noch einmal Jeftah vor uns. Wieder sehen wir, wie zerstörerisch Eifer ohne Verständnis sein kann.

Unwissenheit aufgrund von Gesetzlichkeit

(Richter 12,5-7)

»Und Gilead nahm Ephraim die Furten des Jordan. Und es geschah, wenn ein Flüchtling von Ephraim sprach: Lass mich hinübergehen! so sprachen die Männer von Gilead zu ihm: Bist du ein Ephraimiter? Und er sagte: Nein! so sprachen sie zu ihm: Sage doch: Schibbolet! Und sagte er: Sibbolet, und brachte es nicht fertig, richtig zu sprechen, dann ergriffen sie ihn und schlachteten ihn an den Furten des Jordan. Und es fielen in jener Zeit von Ephraim 42 000. Und Jeftah richtete Israel sechs Jahre; und Jeftah, der Gileaditer, starb und wurde in einer der Städte Gileads begraben.«

Man kann den Kampf mit Ephraim nicht Jeftah anlasten. Ephraim hatte diese Lektion mehr als verdient. Doch am Ende der Lehre, die er Ephraim erteilte, zeigte Jeftah wieder, wie wenig er Gottes Willen und Art kannte.

Ephraim war geschlagen, und die Krieger strömten zurück zum Jordan, um in ihre Heimat zu fliehen. Jeftah und seine Männer besetzten die Furten des Jordan und legten jedem Flüchtling einen einfachen Text vor. Häufig kann man die Herkunft eines Menschen an seinem Dialekt oder seinem Akzent erkennen. Offensichtlich konnten die Ephraimiter kein »Sch« aussprechen. Deshalb sprachen sie das Wort »Schibbolet« wie »Sibbolet« aus. Alle, die sich so als Angehörige von Ephraim verrieten, wurden getötet, 42 000 im ganzen.

Erkennen wir das Problem? Jeftah behandelte seine israelitischen Brüder, als ob sie Ammoniter wären. Es ist doch ein großer Unterschied, ob man zum Kampf provoziert wird oder ob man kaltblütig Fluchtwege abschneidet und Tausende von Ephraimitern abschlachtet. Jeftah zeigt hier harte Gesetzlichkeit. Zwar hatte er Gottes Gnade in seinem Leben erfahren; doch in seinen Beziehungen zu anderen praktizierte er sie nicht. Die Liebe und Gnade Gottes weiterzugeben verstand er nicht. Jeftah steht mit dieser Haltung leider nicht allein. Oft haben Christen ihre Brüder wie Feinde behandelt.

Martin Luther führte die Menschen zurück zu der Wahrheit der

Rechtfertigung aus Glauben und der alleinigen Autorität des Wortes Gottes, aber er wandte sich zornig gegen die Wiedertäufer, die gemäß dem Wort Gottes leben wollten.

Die Puritaner verließen England, weil sie in Amerika religiöse Freiheit suchten, weigerten sich dann aber, die gleichen Rechte Roger Williams[17] und anderen zuzugestehen. Viele andere Christen haben Meinungsunterschiede zum Anlass genommen, Brüder und Schwestern wie Feinde des Evangeliums zu behandeln.

Gesetzlichkeit ist eine tödliche Sache. Jeftah sah Gott als strengen, freudlosen, unerbittlichen Richter, der dem Leben jede Freude nahm. Deshalb ist es traurig, Gläubige in der Gebundenheit der Gesetzlichkeit zu sehen.

Sicherlich ist die Ehrfurcht ein bestimmendes Element in unserem Verhältnis zu Gott. Aber ebenso ist es die Freude. Die traurige Geschichte eines Jeftah zeigt uns, wie gefährlich geistliche Unwissenheit ist. Gottes Wort, und damit seinen Willen, nicht zu kennen, ist der kürzeste Weg ins geistliche Verderben. Es gibt keinen Ersatz dafür.

17. Roger Williams, einer der Väter der Baptistengemeinden in Nordamerika.

16

Absonderung – und was sie bedeutet

Z*uerst wusste ich nicht, was ich davon halten sollte:* Wir waren auf einer vielbefahrenen Landstraße unterwegs, als wir plötzlich einem schwarzen Pferdewagen ausweichen mussten, auf dem ein Mann saß, der von Kopf bis Fuß schwarz gekleidet war. Mein Gastgeber erzählte mir, dass der Mann nicht etwa gegen die hohen Benzinpreise protestierte, sondern ein Angehöriger einer religiösen Sekte war, die sich völlig vom Lebensstil des 20. Jahrhunderts abgewandt hatte. Im Namen ihrer Religion glauben sie dem Gebrauch von Autos, Elektrizität und leuchtenden Farben entsagen zu müssen. Diese Menschen leben zwar im 20. Jahrhundert, sind aber ganz gewiss kein Teil davon. Solche Gruppen zeigen oft recht große Ernsthaftigkeit, haben jedoch allzu oft keinen persönlichen Glauben an Jesus Christus. Ihr Christentum ist zu einer Lebenskultur geworden. Trotzdem musste ich mich fragen, als ich den Mann mit seinem schwarzen Pferdekarren sah, was es überhaupt bedeutet, von der Welt abgesondert zu sein. Wie soll sich das in unserem Leben äußern, wenn wir zwar in der Welt, aber nicht von der Welt sind?

Wer aufmerksam Gottes Wort liest, dem kann nicht entgehen, dass es konkrete Aussagen darüber macht, wie das Verhältnis eines Gläubigen zur Welt aussehen soll. In 1. Johannes 2,15 lesen wir zum Beispiel: »Liebt nicht die Welt noch was in der Welt ist! Wenn jemand die Welt liebt, ist die Liebe des Vaters nicht in ihm!« Jakobus geht noch einen Schritt weiter: »... wisst ihr nicht, dass die Freundschaft der Welt Feindschaft gegen Gott ist? Wer nun ein Freund der Welt sein will, erweist sich als Feind Gottes« (Jakobus 4, 4). Ganz offensichtlich kann die Welt für den Gläubigen und sein Verhältnis zu Gott eine große Gefahr bedeuten. Das ist aber noch nicht alles, was die Bibel zu dem

Thema sagt. Der Herr Jesus fordert uns auf, in der Welt zu seiner Verherrlichung zu leben. Er sagt, wir seien das Salz der Erde und das Licht der Welt. Salz ist nur dann von Nutzen, wenn es den Behälter verlässt und die Speisen durchdringt; Licht kann nur dann seine Aufgabe erfüllen, wenn es in der Dunkelheit scheint. Wir sind in die Welt gesandt, um alle Nationen zu Jüngern zu machen, und Paulus sagt in 1. Korinther 5,10, dass das bedeutet, dass wir mit unmoralischen, sündigen Menschen Umgang haben.

Wie sollen wir das miteinander vereinbaren: In der Welt, doch von ihr abgesondert; mit der Welt Umgang haben, aber sie nicht lieben; die Welt gebrauchen, aber kein Teil von ihr werden?

Christen haben von jeher Schwierigkeiten gehabt, diese Gebote zu verwirklichen. Viele haben die Absonderung besonders betont, und gewöhnlich verläuft ihr Weg in drei Phasen. Sie beginnen, indem sie die Absonderung von der Sünde predigen, was eigentlich selbstverständlich ist. Der nächste Schritt ist dann die Forderung, dass Christen sich von bestimmten Praktiken fernhalten sollen, Praktiken, die die Bibel nicht ausdrücklich verbietet, die aber von einigen Gläubigen als gefährlich angesehen werden. Schließlich geht man so weit, zu fordern, dass die Gläubigen sich von den Sündern absondern sollten. Ein weiser Christ, so sagen sie, hat so wenig wie möglich mit Ungläubigen zu tun. Dann kommt es dazu, dass ein so »abgesonderter« Christ oft ein isolierter Christ ist, der in einem geistlichen Getto lebt und sorgsam von der Außenwelt abgeschirmt ist.

Andere Gläubige lehnen diese Art zu leben kategorisch ab. Sie haben erkannt, dass diese Art von Isolierung eine Verdrehung der biblischen Wahrheit ist. Sie wollen den Auftrag, für Jesus in die Welt zu gehen, ernst nehmen. Leider sind hier gerade viele junge Christen ins andere Extrem verfallen und haben sich der Welt angeglichen. Der Umgang mit der Welt war ihnen so wichtig, dass sie dabei die Werte und den Lebensstil der Ungläubigen übernommen haben. Zu oft führte der intensive Kontakt mit Ungläubigen zum Kontakt mit der Sünde, und dadurch ging ihre Besonderheit, ihre Andersartigkeit als Gläubige verloren.

Die Frage bleibt bestehen: Was versteht die Bibel unter Absonderung? Auch hier findet man die Lösung nicht in den Extremen. Isolation, äußere Trennung ist genau so wenig biblisch, wie vollkommene Angleichung. Wir sollen keine Chamäleons sein, die sich ihrer Umgebung anpassen, und auch keine Einsiedler, die sich von der Welt der

Menschen ausschließen. Wir können die richtige Antwort eigentlich nur dann bekommen, wenn wir unsere Vorurteile ablegen und aufmerksam dem Wort Gottes zuhören.

Das Leben Simsons kann uns in dieser Hinsicht viel sagen. Leider sind nicht alle Lehren, die wir aus seinem Leben ziehen, positiv. Eigentlich war Simson ein Versager. Doch die Niederlagen in seinem Leben sind sehr lehrreich.

Weltförmigkeit
(Richter 13,1)

»Und die Kinder Israel taten wiederum was böse war in den Augen des HERRN; und der HERR gab sie in die Hand der Philister vierzig Jahre.«

Wieder einmal begegnen wir dem bekannten Geschehen. Man hat den Eindruck, als ob die Schallplattennadel hängen geblieben sei und immer wieder dasselbe gespielt werde. Nur die Namen wechseln. Vers 1 ist jedoch keine einfache Wiederholung. Wir erfahren zwei Tatsachen, deren Kenntnis für ein volles Verständnis des Lebens und Dienstes Simsons notwendig sind.

Die Philister

In der Zeit Simsons waren sie der Hauptfeind Israels. Zwar traten sie schon einmal kurz während der Zeit Schamgars auf (Kap. 3,31), aber erst jetzt werden sie zu einer ernsten Bedrohung. Die Philister waren aus der Ägäis vertrieben worden. Auf ihrer Suche nach einer neuen Heimat hatten sie zunächst um 1200 vor Christi Geburt Ägypten angegriffen und nach ihrer Niederlage sich in den südlichen Küstengebieten von Palästina angesiedelt. Zu Simsons Lebzeiten hatten sie das Gebiet mit den fünf wichtigsten Städten Gaza, Aschdod, Askalon, Ekron und Gath fest in ihrer Hand.

Was die Philister besonders gefährlich machte, war die Methode, mit der sie Israel unterjochten.

Durch die Kunst des Eisenschmelzens besaßen die Philister ein großes militärisches Übergewicht, denn sie konnten Waffen aus Eisen herstellen. In direktem Angriff wäre Israel unterlegen gewesen. Die

Philister taktierten jedoch ganz anders. Statt in einer offenen Feldschlacht suchten sie die Entscheidung auf anderem Weg. Ihre Waffen waren Handel und Heirat. Wenn die Israeliten einen Pflug oder eine Axt brauchten, mussten sie zu den Philistern gehen (s. 1. Samuel 13,19-21). Auch hatten die Philister nichts gegen Ehen mit Israeliten einzuwenden, im Gegenteil. In jedem Fall wurden die Israeliten von ihnen abhängig und merkten nicht, wie sie von den Philistern allmählich durch Kompromiss und Angleichung erstickt wurden. Israel wurde nicht durch militärische Übermacht, sondern durch geistliche und kulturelle Verführung versklavt.

Die Apathie Israels

Damit kommen wir zur zweiten Tatsache, die wir aus Vers 1 lesen können. Wir müssen eigentlich zwischen den Zeilen lesen. Manchmal ist Schweigen beredter als Worte, so auch hier. In jedem anderen Fall im Buch Richter, wenn Israel durch Sünde und Ungehorsam eine Zeit der Unterdrückung durchmachte, kam der Zeitpunkt, an dem es als Volk seine Missetat bereute und zu Gott schrie. Wir suchen hier vergeblich nach dieser Reaktion. Das Volk merkte gar nicht die Gefahr, in der es schwebte.

Wie sollte es auch? Es war eine Zeit des Wohlstandes, und man sah keinen Grund zur Reue. Israel verlor langsam aber sicher seine Identität und war so verblendet, dass es, als Gott Simson sandte, ihn lieber den Philistern auslieferte, als diese zu verärgern.

Diese beiden Punkte, die Angleichung an die Philister und die Teilnahmslosigkeit der Israeliten, waren der Schlüssel für Gottes Absichten mit Simson.

Die Situation war einzigartig. Israel hatte nicht als Volk Buße getan. Deshalb sandte Gott auch keinen nationalen Befreier. Simson war ein Individualist, der persönliche Kämpfe ausfocht. Die anderen bekannten Richter Otniel, Ehud, Debora, Gideon und Jeftah führten ein reuiges Volk gegen den Feind. Simson dagegen kämpfte allein, und seine Kämpfe hatten ganz persönliche Gründe. Nie hatte er auch nur einen Mann zur Seite. Deshalb müssen wir beim Betrachten seines Lebens und seiner Fehler doch immer wieder anerkennen, dass er als einzelner die Gefahr der Philister bannte und ihre Kontrolle über Israel beendete. Er allein verstand, dass Gemeinschaft mit der Welt und Gemeinschaft mit Gott sich gegenseitig ausschließen.

Simsons Lebensumstände machen ihn zu einer aktuellen Gestalt. Als Christen des 20. Jahrhunderts stehen wir in gleicher Weise der Gefahr der Weltförmigkeit gegenüber, diesem fast unmerklichen Einfluss, der uns stetig stärker die Werte der Welt aufzwingen will. Deshalb hat Gottes Wirken mit und durch Simson für uns besondere Bedeutung.

Simson – der einzigartige Mann Gottes
(Richter 13,2-25)

»Und es war ein Mann aus Zora, vom Geschlecht der Daniter, sein Name war Manoach. Und seine Frau war unfruchtbar und gebar nicht. Und der Engel des HERRN erschien der Frau und sprach zu ihr: Siehe doch, du bist unfruchtbar und gebierst nicht; aber du wirst schwanger werden und einen Sohn gebären. Und nun, hüte dich doch und trinke weder Wein noch starkes Getränk, und iss nichts Unreines! Denn siehe, du wirst schwanger werden und einen Sohn gebären; und kein Schermesser soll auf sein Haupt kommen, denn ein Nasiräer Gottes soll der Knabe sein von Mutterleibe an; und er wird anfangen, Israel aus der Hand der Philister zu retten.

Und die Frau kam und sprach zu ihrem Mann und sagte: Ein Mann Gottes ist zu mir gekommen, und sein Ansehen war wie das Ansehen eines Engels Gottes, sehr furchtbar; und ich habe ihn nicht gefragt, woher er sei, und seinen Namen hat er mir nicht kundgetan. Und er sprach zu mir: Siehe, du wirst schwanger werden und einen Sohn gebären; und nun, trinke weder Wein noch starkes Getränk, und iss nichts Unreines; denn ein Nasiräer Gottes soll der Knabe sein von Mutterleib an bis zum Tage seines Todes. Da flehte Manoach zu dem HERRN und sprach. Bitte, Herr, der Mann Gottes, den du gesandt hast, möge doch nochmals zu uns kommen und uns lehren, was wir tun sollen mit dem Knaben, der geboren werden soll. Und Gott erhörte die Stimme Manoachs; und der Engel Gottes kam nochmals zu der Frau, als sie auf dem Felde saß, und Manoach, ihr Mann, nicht bei ihr war. Da eilte die Frau und lief und berichtete es ihrem Mann, und sie sprach zu ihm: Siehe, der Mann ist mir erschienen, der an jenem Tage zu mir gekommen ist. Und Manoach machte sich auf und ging seinem Weibe nach; und er kam zu dem Mann und sprach zu ihm: Bist du der Mann, der zu der Frau geredet hat? Und er sprach: Ich bin's.

Und Manoach sprach: Wenn nun dein Wort eintrifft, was soll die Weise des Knaben sein und sein Tun? Und der Engel des HERRN sprach zu Manoach: Vor allem, was ich der Frau gesagt habe, soll sie sich hüten: von allem was vom Weinstock kommt, soll sie nicht essen, und Wein und starkes Getränk soll sie nicht trinken, und soll nichts Unreines essen; alles was ich ihr geboten habe, soll sie beobachten.

Und Manoach sprach zu dem Engel des HERRN: Lass dich doch von uns aufhalten, so wollen wir dir ein Ziegenböcklein zubereiten. Und der Engel des HERRN sprach zu Manoach: Wenn du mich auch aufhieltest, ich würde nicht von deinem Brote essen; willst du aber ein Brandopfer opfern, so opfere es dem HERRN. Denn Manoach wusste nicht, dass es der Engel des HERRN war. Und Manoach sprach zu dem Engel des HERRN: Wie ist dein Name, dass wir dich ehren, wenn dein Wort eintrifft? Und der Engel des HERRN sprach zu ihm: Warum fragst du denn nach meinem Namen? Er ist ja wunderbar! Da nahm Manoach das Ziegenböcklein und das Speisopfer und opferte es dem HERRN auf dem Felsen. Er aber handelte wunderbar, und Manoach und sein Weib sahen zu; und es geschah, als die Flamme von dem Altar gen Himmel emporstieg, da fuhr der Engel des HERRN in der Flamme des Altars hinauf. Und Manoach und sein Weib sahen zu und fielen auf ihr Angesicht zur Erde. Und der Engel des HERRN erschien Manoach und seinem Weibe fortan nicht mehr. Da erkannte Manoach, dass es der Engel des HERRN war.

Und Manoach sprach zu seinem Weibe: Wir werden gewisslich sterben, denn wir haben Gott gesehen! Aber sein Weib sprach zu ihm: Wenn es dem HERRN gefallen hätte, uns zu töten, so hätte er nicht ein Brandopfer und Speisopfer aus unserer Hand angenommen, und er hätte uns dies alles nicht gezeigt, noch uns zu dieser Zeit dergleichen vernehmen lassen.

Und das Weib gebar einen Sohn; und sie gab ihm den Namen Simson. Und der Knabe wuchs, und der HERR segnete ihn. Und der Geist des HERRN fing an ihn zu treiben zu Machaneh-Dan zwischen Zora und Eschtaol.«

Wie wir schon bemerkt haben, war alles an Simson und seiner Zeit einzigartig und noch nie in dieser Form da gewesen. Drei Dinge sind besonders erwähnenswert:

a) seine einzigartige Geburt

In Vers 2 lernen wir Simsons Eltern kennen. Im Gegensatz zur Mehrheit der Angehörigen des Stammes Dan waren sie nicht nach Lajisch im Norden gezogen, sondern in dem Gebiet geblieben, das dem Stamm von Gott zugewiesen worden war. Manoach und seine Frau wohnten in Zora, einer Grenzstadt zwischen dem Gebiet Israels und dem der Philister. Aus dem Bibeltext geht hervor, dass sie gottesfürchtige Leute waren, denen es wichtig war, Gottes Wort zu gehorchen. In einer Zeit der allgemeinen Abwendung von Gott muss diese Haltung sie zu außergewöhnlichen Menschen gemacht haben.

Im Leben dieses Ehepaares gab es einen großen Kummer. Es hatte keine Kinder, würde nie welche haben können, denn Manoachs Frau war unfruchtbar. Dieser Zustand war für eine Hebräerin eine beschämende und deprimierende Situation.

Doch dann griff Gott in das Leben des Paares ein. Plötzlich erschien der Engel des Herrn der Frau und verkündete: »Siehe doch, du bist unfruchtbar und gebierst nicht; aber du wirst schwanger werden und einen Sohn gebären« (V. 3). Sie saugte jedes seiner Worte auf und eilte zu ihrem Mann. Sie war sich gar nicht einmal sicher, wer es war, der zu ihr gesprochen hatte, nannte ihn einen Mann Gottes, einen Propheten und beschrieb ihn wie einen Engel. Sein Name, seine Herkunft waren ihr jedoch unbekannt. Erstaunlicherweise tat Manoach diesen Bericht nicht als hysterische Reaktion einer entmutigten Frau ab. Er glaubte ihren Worten und betete für eine Bestätigung der Ankündigung.

Genau das geschah. Der Engel des Herrn erschien ein zweites Mal. Er fügte seinen vorigen Worten nur einige spärliche Hinweise über seine eigene Person hinzu.

Da wurde den beiden klar, dass Gott etwas Besonderes mit ihnen vorhatte. Gott wollte auf übernatürliche Weise in den Körper einer unfruchtbaren Frau eingreifen und ein ganz besonderes Kind hervorbringen. Zur Ankündigung dieser großen Tatsache schickte er einen Engel. Er wird »der Engel des HERRN« genannt, und aus der Vergangenheit erinnern wir uns an den Unterschied, den die Bibel zwischen »Engel« und »Engel des HERRN« macht. Ein Engel ist ein erschaffenes Wesen, ein himmlischer Bote, der von Gott mit bestimmten Aufträgen betraut wird. Der »Engel des HERRN« dagegen ist kein anderer als Gott selbst, der den Menschen erscheint, um ihnen seinen Willen mitzuteilen. Wie wir bei Gideon sahen, müssen wir davon ausgehen, dass der »Engel des HERRN« der Herr Jesus Christus ist, der vorübergehend menschliche Gestalt annahm.

Der Engel tat drei Dinge, um darauf hinzuweisen, wer er war. In Vers 18 sagte er: »Warum fragst du denn nach meinem Namen? Er ist ja wunderbar.« Diese Worte gehen über die Feststellung hinaus, dass es sich um einen wunderbaren Namen handelt. Für die Israeliten lässt der Name eines Menschen Rückschlüsse auf seinen Charakter zu. Der Engel gebrauchte hier den gleichen Namen, den Jesaja prophetisch dem Heiland in Jesaja 9,6 gab. Nicht nur ist sein Name wunderbar, er selbst ist wunderbar.

Der Herr Jesus tat Wunder, während Manoach und seine Frau zusahen. Am Ende bestätigte er seine Identität durch das geheimnisvolle Verschwinden in der Flamme des Feuers. Manoach erkannte nun die Bedeutung des Geschehenen und zitterte vor Furcht: »Wir haben Gott gesehen.« All das sollte betonen, dass es sich bei Simson um ein Kind besonderer Art handeln würde. In der ganzen Bibel ist nur ein weiteres Mal bekannt, bei dem ein Kind von Gott persönlich angekündigt wurde. Dieses Kind war Isaak. Johannes der Täufer, auch der Sohn einer unfruchtbaren Mutter, wurde Zacharias von Gabriel angekündigt. Gabriel ist ein Engel und nicht der »Engel des HERRN«. Wir sehen daran, welch wichtigen Platz Simson im Plan Gottes hatte.

b) seine einzigartige Lebensweise

Nicht nur die Art, auch der Inhalt der Ankündigung von Simsons Geburt war beispiellos. In Vers 5 lesen wir: »Siehe, du wirst schwanger werden und einen Sohn gebären; und kein Schermesser soll auf sein Haupt kommen, denn ein Nasiräer Gottes soll der Knabe sein von Mutterleibe an.«

Im Hebräischen bedeutet das Wort »Nasiräer« so viel wie »abgesondert«. Ein Nasiräer war ein Mensch, der Gott geweiht war, oder sich Gott geweiht hatte.

In 4. Mose 6 lesen wir grundsätzliche Aussagen über das nasiritische Gelöbnis, und vier Punkte werden besonders hervorgehoben:

1. *Das Gelöbnis war freiwillig.* Es war ein Akt spontaner, persönlicher Hingabe an den Herrn, die motiviert war von Liebe und Glauben.

2. *Der Sinn des Gelöbnisses war, sich von allen anderen Dingen fernzuhalten* – immer wieder wird in 4. Mose 6 das Wort »absondern« erwähnt -, so dass man sich völlig Gott weihen konnte.
3. *Das Gelöbnis hatte symbolischen Charakter.* Ein Nasiräer musste drei Dinge beachten:
   - Er durfte nichts von der Frucht des Weinstocks zu sich nehmen, nicht etwa, weil Wein, Trauben oder Rosinen als sündig angesehen wurden, sondern weil sie Zeichen eines luxuriösen Lebens waren. Der Nasiräer sollte während der Dauer seines Gelöbnisses einfach leben.
   - Er sollte sein Haar nicht schneiden. Dieses Gebot sollte offensichtlich den öffentlichen Charakter des Gelöbnisses sicherstellen. Im allgemeinen war es nicht gegen Gottes Willen, sich die Haare zu schneiden, in 1. Korinther 11 sagt Paulus sogar das Gegenteil. Doch das lange Haar des Nasiräers war das Zeichen seines Gelöbnisses.
   - Er musste jeden Kontakt mit Toten vermeiden. Dies war das Zeichen der Vorherrschaft Gottes in seinem Leben. Der Nasiräer hatte gelobt, in ständiger Gemeinschaft mit Gott zu sein, doch Kontakt mit dem Tod verunreinigte den Menschen.
4. *Das Gelöbnis war nicht auf Lebenszeit gedacht,* sondern hatte nur vorübergehende Dauer.

Auch Simson war an diese Bedingungen gebunden mit einem Unterschied: Sie hatten für ihn lebenslange Geltung. Sogar schon vor seiner Geburt musste seine Mutter sich danach richten, und er war nicht Nasiräer aufgrund einer persönlichen Entscheidung, sondern durch göttlichen Befehl.

c) sein einzigartiger Dienst

Das dritte bestimmte Merkmal Simsons war seine Aufgabe, die ihm direkt von Gott übertragen war. In Vers 5 sagt der Engel: »Er wird anfangen, Israel aus der Hand der Philister zu retten.« Das entscheidende Wort an dieser Stelle ist »anfangen«. Simsons Lebenswerk sollte nicht von ihm beendet werden. Da Israel noch keine Buße getan hatte, war Gott nicht bereit, das Joch der Philister völlig wegzunehmen. Doch er wollte Israel auch nicht ganz verlassen. Er berief Simson, um den Befreiungsprozess zu beginnen. Simson würde nie einen vollkommenen militärischen Sieg erfahren wie die anderen Richter. Seine Aufgabe war es, eine vollkommene Niederlage zu verhindern.

Schon früh spürte er das Wirken des Heiligen Geistes in sich, wie Vers 25 uns sagt. Eine direkte Auswirkung war Simsons legendäre Körperkraft. Auch darin unterschied er sich von seinen Vorgängern im Richteramt. Sie waren große Menschenführer, er dagegen, ohne jegliche menschliche Hilfe, war Gottes Einzelkämpfer.

Gottes Absicht mit Simson

Erinnern wir uns noch einmal daran, dass es in Gottes Handeln keine Zufälligkeiten gibt. So hatte er auch mit Simson einen ganz bestimmten Plan. Er wollte durch ihn seinem Volk eine unvergessliche Lehre erteilen bezüglich der Absonderung von seinen heidnischen Nachbarn.

1. *Absonderung ist positive Hingabe an den Herrn Jesus.* Der enge Kontakt mit den Philistern brachte Angleichung und Identitätsverlust mit sich. Im Gegensatz dazu war Simson verkörperte Absonderung, ein Nasiräer, auf Lebenszeit unter dem Gelübde. Er musste sich natürlich nur gewisser Dinge enthalten; vor allem aber war er dem Herrn abgesondert. Genau in diesem Punkt beginnt Simsons Tragödie. Zwar gehorchte er den Bedingungen, doch verstand er nicht das Konzept, das diesen Bedingungen zugrunde lag.
   Der Grundgedanke war nämlich nicht Absonderung von gewissen Dingen, sondern abgesondert für Gott.
   Wie schon gesagt, er gehorchte den Bedingungen aber nicht aus Liebe zu Gott, sondern aufgrund seiner Stellung. Er hatte sich nicht in seinem Herzen Gott, dessen Willen er tat, hingegeben. Seine Absonderung war formal und gesetzlich. Viele Gläubige verstehen unter Absonderung das gleiche wie Simson. Negative Absonderung aber ist nicht das, was die Bibel will. Wenn geistliche Gesinnung dadurch bestimmt würde, was ein Mensch nicht tun kann, dann wäre ein vollkommen Gelähmter auf dem besten Weg in die Absonderung.
   Gott will nicht, dass wir in Isolation oder in lebensverneinender, freudloser Askese leben. Absonderung ist vor allem eine positive, freudevolle Beziehung zum Herrn Jesus Christus. Ein wahrhaft abgesonderter Christ ist ein Mensch, dessen Herz und Leben Gott gänzlich vorbehalten sind.

2. *Aus der Absonderung erwächst Kraft.* Um Simson herum lebten Hunderttausende von Israeliten, von denen keiner auch nur einen Finger gegen die Philister hob. Sie waren alle kompromissbereit und hatten sich mit ihren Bedrückern arrangiert. Simson bezog seine Kraft aus seiner Abgesondertheit, und als er deren letztes Zeichen, sein Haar, verlor, da verließ ihn auch seine Kraft.
   Es ist nicht leicht, den rechten Weg zwischen Isolation und Angleichung an die Welt zu finden, zwar in der Welt zu leben, aber nicht ihr gleich zu werden. Genau das will Gott von uns. Assimilation ist einfacher, manchmal scheint sie sogar notwendig zu sein. Trotzdem kommt Gottes Kraft nur aus der Absonderung.
3. *Absonderung ist immer begleitet von Befähigung.* Gott rief Simson in ein Leben der Absonderung. Gleichzeitig rüstete er ihn zu, um dieses Leben zu bewältigen. Dies geschah durch den Heiligen Geist.
   Unser Verhältnis zum Heiligen Geist ist ein ganz anderes als Simson es hatte. Das Wirken des Geistes in unserem Leben ist viel reicher, voller und tiefer als alles, was Simson je erfahren durfte. Gott schickt uns nicht mitten unter die Philister und sagt: »Tu dein bestes, aber werde nicht wie die Philister.« Er gibt uns seinen Geist, dass wir deutlich erkennbar in der Welt für ihn leben können.
4. *Der Herr Jesus ist unser Vorbild für die Absonderung der Gläubigen.* Wir können viel an Simsons Leben lernen. Leider kommen diese Erfahrungen aber nur aus seinem Versagen. Wie sieht unsere Absonderung nun aus, wenn sie nicht in Isolation noch in Weltförmigkeit ausarten soll?
   Wir finden die beste Antwort in den Worten des Herrn Jesu in Johannes 17,15-17, wo er zum Vater betet:

> *»Ich bitte nicht, dass du sie aus der Welt wegnimmst, sondern dass du sie bewahrst vor dem Bösen. Sie sind nicht von der Welt, wie ich nicht von der Welt bin. Heilige sie durch die Wahrheit: dein Wort ist Wahrheit.«*

Der Grundgedanke dieses Gebetes ist sehr einfach. Von der Welt getrennt, abgesondert zu sein, bedeutet, die gleiche Beziehung zur Welt zu haben wie Jesus. Wir gehen nicht aus der Welt, wir leben in ihr für ihn.

Der Herr Jesus war nicht räumlich von den Sündern getrennt. Er verbrachte seine Zeit mit ihnen und diente ihnen. Mehr noch, er suchte ganz bewusst die sündigen Menschen auf, um ihnen Gottes Botschaft zu bringen. Gleichzeitig hatte er nichts gemein mit den Aktivitäten der Sünder. Er tat nicht, was sie taten, und er tolerierte auch keine Sünde. Er machte sich nie die Werte der Menschen zu eigen. Johannes 17,17 macht das sehr deutlich. Gott sondert uns ab (heiligt uns) in der Wahrheit. Sein Mittel dazu ist sein Gotteswort. Ein abgesonderter Christ ist demnach bibelorientiert und von Christus kontrolliert. Gottes Charakter wird in ihm durch den Heiligen Geist reproduziert.

17

Verschleuderte Talente

In einer kleinen Stadt in Florida lebte eine alte Frau, die von allen ihren Nachbarn »Müll-Marie« genannt wurde. Jeden Tag konnte man sie sehen, wie sie in alte Lumpen gekleidet durch die Straßen ging und Mülleimer durchwühlte, um nach Essbarem und anderen brauchbaren Dingen zu suchen. Sie hatte eine winzige Wohnung und sogar einen uralten Wagen, aber keine Freunde oder Verwandte. Jeder, der sie kannte, hielt sie für eine arme, irre Frau, die am Existenzminimum dahinvegetierte. Nach langer Zeit wurde »Müll-Marie« von der Polizei aufgegriffen und danach in ein psychiatrisches Krankenhaus eingewiesen. Als dann einige Beamte in ihre Wohnung kamen, um einige Habseligkeiten einzupacken, entdeckten sie zu ihrer großen Verwunderung große Summen von Geld. Überall verstreut lagen in ihrer Wohnung und in dem Auto Sparbücher, Aktien, Bohrrechte, Grundstücksbriefe und Bargeld. Als man alles zusammengerechnet hatte, kam eine Summe von über einer Million Dollar heraus. Auch erfuhr man, dass Marie keine alte Frau, sondern eine 48-jährige Akademikerin war, die ein großes Vermögen geerbt hatte, als ihr Vater im Jahr 1974 starb. Sie hatte zwei gescheiterte Ehen hinter sich, und man nahm an, dass diese ihren Geisteszustand verursacht hatten. Was immer die Ursache für diese Entwicklung war, mag dahingestellt bleiben. Die große Tragödie ist, dass eine Frau, die alle geistigen, körperlichen und materiellen Möglichkeiten hatte, diese ungenutzt verkommen ließ.

»Müll-Marie« ist ein ganz besonders krasser Fall, aber viele Menschen vernachlässigen und verschleudern auf ähnliche Weise ihre Talente, ohne sich das einzugestehen. Simson war auch solch eine Art geistlicher »Müll-Marie«.

Er war der Führer seines Volkes, ein berühmter Held. Aber er verschleuderte und ignorierte die Talente, die Gott ihm gegeben hatte. Er besaß ein solch großes Potential, und doch endete sein Leben tragisch, weil er nicht verstand, dieses Potential zu nutzen. Geht es uns nicht auch oft so? In Jesus Christus stehen uns unbegrenzte Reserven zur Verfügung, weit mehr als Simson je kannte. In Jesus haben wir alles, was wir für unser Leben brauchen. Und doch tun wir oft so, als wüssten wir gar nichts davon und vegetieren geistlich nur so dahin. Lernen wir, was Simson nie lernte: Selbstdisziplin und ganze Hingabe an den Herrn Jesus.

Lesen wir, was Richter 14,1-20 uns sagen will:

»Und Simson ging nach Timna hinab; und er sah in Timna eine Frau von den Töchtern der Philister. Und er ging hinauf und berichtete es seinem Vater und seiner Mutter und sprach: Ich habe in Timna eine Frau gesehen von den Töchtern der Philister; und nun nehmet sie mir zur Frau. Und sein Vater und seine Mutter sprachen zu ihm: Ist unter den Töchtern deiner Brüder und unter meinem ganzen Volke keine Frau, dass du hingehst, eine Frau zu nehmen von den Philistern, den Unbeschnittenen?

Und Simson sprach zu seinem Vater: Diese nimm mir, denn sie ist recht in meinen Augen. Sein Vater und seine Mutter wussten aber nicht, dass es von dem HERRN war; denn er suchte eine Gelegenheit an den Philistern. Und in jener Zeit herrschten die Philister über Israel.

Und Simson ging mit seinem Vater und seiner Mutter nach Timna hinab; und als sie an die Weinberge von Timna kamen, siehe, da brüllte ein junger Löwe ihm entgegen. Und der Geist des HERRN geriet über ihn, und er zerriss ihn, wie man ein Böcklein zerreißt; und er hatte gar nichts in seiner Hand. Und er tat seinem Vater und seiner Mutter nicht kund, was er getan hatte. Und er ging hinab und redete zu der Frau, und sie war recht in den Augen Simsons. Und er kehrte nach einiger Zeit zurück, um sie zu nehmen; und er bog ab, um das Aas des Löwen zu besehen, und siehe, ein Bienenschwarm war in dem Körper des Löwen und Honig. Da nahm er ihn heraus in seine Hände, und ging und aß im Gehen; und er ging zu seinem Vater und zu seiner Mutter und gab ihnen, und sie aßen, aber er tat ihnen nicht kund, dass er den Honig aus dem Körper des Löwen herausgenommen hatte.

Und sein Vater ging zu der Frau hinab, und Simson machte

daselbst ein Mahl; denn also pflegten die Jünglinge zu tun. Und es geschah, als sie ihn sahen, da nahmen sie dreißig Gesellen; und sie waren bei ihm. Und Simson sprach zu ihnen: Ich will euch einmal ein Rätsel aufgeben; wenn ihr es mir in den sieben Tagen des Mahles kundtut und es erratet, so werde ich euch dreißig Hemden und dreißig Wechselkleider geben; wenn ihr es mir aber nicht kundtun könnt, so sollt ihr mir dreißig Hemden und dreißig Wechselkleider geben. Und sie sprachen zu ihm: Gib dein Rätsel auf, dass wir es hören! Und er sprach zu ihnen: Aus dem Fresser kam Fraß, und aus dem Starken Süßigkeit. Und sie vermochten das Rätsel nicht kundzutun drei Tage lang. Und es geschah am siebenten Tage, da sprachen sie zu der Frau Simsons: Berede deinen Mann, dass er uns das Rätsel kundtue, damit wir nicht dich und deines Vaters Haus mit Feuer verbrennen! Um uns zu berauben habt ihr uns geladen, nicht wahr? Und Simsons Frau weinte an ihm und sprach: Du hassest mich nur und liebst mich nicht. Das Rätsel hast du den Kindern meines Volks aufgegeben, und mir hast du es nicht kundgetan. Und er sprach zu ihr: Siehe, meinem Vater und meiner Mutter habe ich es nicht kundgetan, und dir sollte ich es kundtun? Und sie weinte an ihm sieben Tage, da sie das Mahl hatten. Und es geschah am siebenten Tage, da tat er es ihr kund, denn sie drängte ihn. Und sie tat das Rätsel den Kindern ihres Volkes kund. Da sprachen die Männer der Stadt zu ihm am siebenten Tage, ehe die Sonne unterging: Was ist süßer als Honig? Und was ist stärker als der Löwe? Und er sprach zu ihnen:

Wenn ihr nicht mit meinem Kalbe gepflügt hättet, so hättet ihr mein Rätsel nicht erraten.

Und der Geist des HERRN geriet über ihn; und er ging hinab nach Aschkelon und erschlug von ihnen dreißig Mann und nahm ihre ausgezogenen Gewänder und gab die Wechselkleider denen, welche das Rätsel kundgetan hatten. Und sein Zorn entbrannte und er ging hinauf in das Haus seines Vaters. Und die Frau Simsons wurde einem seiner Gesellen gegeben, den er sich zugesellt hatte.«

Man kann es natürlich nicht beweisen, aber es ist möglich, dass Simson der stärkste Mann war, der je gelebt hat. Und doch war er, trotz all seiner Kraft schwach, weil er nie Selbstdisziplin gelernt hatte. Die Worte aus Sprüche 16,32 könnten direkt an ihn gerichtet sein: »Wer seinen Geist beherrscht, (ist besser) als der, der eine Stadt erobert.«

Obwohl Simson in der Lage war, ganz allein eine Stadt einzunehmen, konnte er nicht seine eigenen Wünsche und Lüste kontrollieren und war deshalb im Grunde ein Schwächling.

In Richter 13 lasen wir den Bericht von Simsons Geburt und seinen Jugendjahren. In Kapitel 14 erleben wir ihn als Erwachsenen. In der ersten Begebenheit, von der berichtet wird, beginnen drei Themen, die sich durch sein ganzes Leben ziehen: seine enormen Möglichkeiten unter Gott, seine Schwäche, die diese Möglichkeiten nicht zur vollen Entfaltung kommen lässt und die göttliche Fürsorge in seinem Leben.

Simsons große Möglichkeiten

Fast nebenbei gibt uns der Heilige Geist einen Eindruck von Israels Situation zu diesem Zeitpunkt. »In jener Zeit herrschten die Philister über Israel« (V. 4). Diese Herrschaft sollte noch fortdauern und sich festigen bis zur Schlacht bei Afek (1. Samuel 4), wo die Bundeslade erobert und Israel zutiefst beschämt wurde. Israel wurde von den Philistern nicht nur beherrscht, sondern geradezu aufgesogen. Mischehen und kulturelle Integration waren an der Tagesordnung, und in kurzer Zeit wäre Israel ohne Kampf völlig vernichtet gewesen. Ganz besonders tragisch war, dass die Priester keine geistliche Führung vermittelten. Das Priestertum stand unter der Kontrolle der beiden Söhne des Eli. Beide waren völlig gottlose und korrupte Männer, die Opfer stahlen und offensichtlich in der Stiftshütte eine Art von Prostitution betrieben, was eine typische kanaanitische Perversion ist (1. Samuel 2,12-25). Es war eine Zeit großer geistlicher Finsternis, und die beiden führenden Priester waren am tiefsten in die Sünde verstrickt. Das Wort Gottes urteilt über diese Zeit: »Und das Wort des Herrn war selten in jenen Tagen« (1. Samuel 3,1).

In diese Zeit hinein schickte Gott Simson, der unter Gottes Führung mehr Möglichkeiten hatte als beinahe jeder andere im Alten Testament. Schon durch sein Elternhaus hatte er gute Voraussetzungen. Manoach und seine Frau waren gottesfürchtige Leute mit einem persönlichen Verhältnis zu Gott. Sie gehorchten ihm in einer Zeit, als das nur wenige taten. Darüber hinaus verdankte Simson sein Dasein dem direkten Eingreifen Gottes im Leben seiner Eltern. Diese Tatsache konnte ihm bei seinen Aufgaben großes Vertrauen geben. Schließlich hatte er die Verheißung des Heiligen Geistes, ihm in bestimmten Situationen ungeahnte Körperkräfte zu verleihen. Diese beispiellose Befähigung wurde ganz plastisch illustriert durch die zwei Begebenheiten in Richter 14, die erste in den Versen 5-9 und die zweite in Vers 19.

Beide Episoden zeigen uns, in welch umfassender Weise Gott Simson auf seine Aufgabe vorbereitete. Der Gläubige ist in der gleichen Lage. Gott hat uns sogar noch größere Kraftquellen zur Verfügung gestellt, als Simson sie hatte; denn der Heilige Geist lebt in uns dauernd, um uns für alle Notfälle unseres Lebens Beistand zu geben. Paulus drückt den Reichtum des Gläubigen mit folgenden Worten aus: »Aus ihm aber kommt es, dass ihr in Christus Jesus seid, der uns geworden ist Weisheit von Gott und Gerechtigkeit und Heiligkeit und Erlösung« (l. Korinther 1,30). »Denn in ihm wohnt die ganze Fülle der Gottheit leibhaftig, und ihr seid in ihm zur Fülle gebracht« (Kolosser 2,9-10).

Die große Segnung der Rechtfertigung ist, dass durch sie der Gläubige auf ewig mit dem Herrn Jesus vereint ist. Er ist in Christus durch Gott, den Vater, und Gott, den Heiligen Geist. Zur Verdeutlichung ein kleines Beispiel: Angenommen, ich nehme einen Zettel und lege ihn in meine Bibel. Wenn ich den Zettel sehen will, muss ich zuerst meine Bibel ansehen; um ihn anzufassen, muss ich zuerst meine Bibel berühren. Der Zettel ist in der Bibel. Genau so verhält es sich mit meiner Stellung in Jesus. Bevor der Vater mich sieht, sieht er den Sohn, den er liebt. Er handelt nicht mit mir, ohne zuerst mit dem Sohn zu handeln. Mein Leben ist verborgen in Jesus (Kolosser 3,3), und mein Verhältnis zu Jesus ist immer die Grundlage für Gottes Handeln mit mir.

Mein obiges Beispiel hat einen Schwachpunkt: Der Zettel kann aus der Bibel fallen, beide können voneinander getrennt werden. Der Gläubige kann nicht von Jesus getrennt werden. Er ist auf Dauer mit Christus verbunden, und zwar enger, als wir uns das vorstellen können. Ich bin auf ewig in ihm, durch seine Gnade. Es ist wunderbar, dass ich in Christus bin; aber Gottes Wort geht noch weiter. Es sagt mir, dass er in mir ist und dass er meine Lebenskraft ist. Paulus meint das, wenn er sagt: »In ihm wohnt die ganze Fülle der Gottheit leibhaftig; und ihr seid in ihm zur Fülle gebracht« (Kolosser 2,9-10).

Simson hatte einen ständigen Vorrat an großer Körperkraft durch den Heiligen Geist. Wir haben weit mehr als das. Wir haben den Heiligen Geist, der in uns wohnt und für uns die lebenerweckende Kraft Gottes in jeder Situation unseres Lebens bereithält. »Seine göttliche Kraft hat uns alles zum Leben und zur Gottseligkeit geschenkt.« (2. Petrus 1,3). Warum denken wir nur so selten an dieses große Angebot und machen so wenig Gebrauch davon? Bei all seinen Möglichkeiten hatte Simson eine große Schwäche, die ihn dazu brachte, ein Leben in der Art der oben erwähnten Müll-Marie zu führen. Er hätte so viel für den Herrn tun können und tat es nicht. Den Grund dafür sehen wir in Richter 14.

Simsons großer Fehler

Eines Tages sah Simson in einer Stadt der Philister ein Mädchen und verliebte sich auf Anhieb. Die gesellschaftlichen Verhältnisse der damaligen Zeit waren sehr verschieden von unseren heutigen Gewohnheiten. Deshalb machte Simson auch keine eigenen Versuche, das Mädchen kennen zu lernen, sondern veranlasst seine Eltern, die Brautwerbung zu beginnen.

Als Manoach und seine Frau hörten, dass es sich um ein Mädchen von den Philistern handelte, brach für sie eine Welt zusammen. Sie wussten ja selbst aus erster Hand von Simsons wunderbarer Geburt und dem damit verbundenen Auftrag. Nun wollte ihr Sohn, dem Gott ein Leben der Absonderung auferlegt hatte, eine Angehörige eines feindlichen Volkes heiraten. Das war nicht nur Verrat an seinem Auftrag, sondern stand im direkten Gegensatz zu Gottes ausdrücklichem Gebot in seinem Wort, wo er Heiraten mit Angehörigen heidnischer Völker verbot (5. Mose 7,3-4).

Simson beachtete alle elterlichen Vorhaltungen nicht und antwortete in einem einzigen Satz, der tiefen Einblick in seinen Charakter gibt: »Diese nimm mir, denn sie ist recht in meinen Augen.« Was sagt uns dieser Satz über den Menschen Simson? – Zuerst einmal erfahren wir, dass Simson keine Autorität anerkennt. Es gab zwei Gründe deretwegen er die philistinische Frau nicht hätte heiraten sollen. Er verstieß damit gegen Gottes Gebot, und außerdem entsprach diese Heirat nicht dem Wunsch seiner Eltern. Er unterwarf sich der elterlichen Autorität ebensowenig wie der Gottes. Sein Lebensprinzip war damit klar ausgedruckt: Wenn ich etwas tun will, dann tue ich es!

Simson beendet die Diskussion mit seinem Vater mit den Worten: »Nimm sie mir, denn sie ist recht in meinen Augen!«

Gott fasst im Buch Richter zweimal seine Meinung über den geistlichen Verfall Israels mit den gleichen Worten zusammen. In Richter 17,6 und 21,25 sagt er: »In jenen Tagen war kein König in Israel; ein jeder tat, was recht war in seinen Augen.«

Simson gebraucht die gleichen Worte und zeigt damit, dass er die gesellschaftlichen Werte seiner heidnischen Zeitgenossen übernommen hatte. Das macht Simson eigentlich zu einem sehr modernen Menschen. Wenn es einen Satz gibt, der die Lebensart der westlichen Gesellschaft unseres Jahrhunderts beschreibt, ist es der Satz: Jedermann tut, was recht ist in seinen Augen. Wenn es dir Spaß macht, tu es doch! Man muss kein Genie sein, um zu erkennen, dass wir in einer Zeit moralischer, geistlicher und ethischer Anarchie leben. Besonders traurig ist, wenn man sieht, dass Gläubige die Normen der Welt übernehmen. Dafür gibt es die vielfältigsten und raffiniertesten Gründe. Letztlich ist aber entscheidend, ob wir uns Gottes Autorität unterwerfen oder das tun, was in unseren Augen recht ist. Weiterhin erfahren wir über Simson, dass er nicht nur gegen elterliche und göttliche Autorität rebellierte, sondern auch außerdem nicht in der Lage war, Selbstdisziplin zu üben. Sein Gehorsam Gott gegenüber war gesetzlich und unvollkommen. »Diese nimm mir, denn sie ist recht in meinen Augen.« Er hielt sein nasiritisches Gelübde, zumindest teilweise, aber er übersah die moralische und ethische Seite. Wenn eine Sache nicht ausdrücklich durch sein Gelübde verboten war, konnte nichts und niemand Simson davon abhalten, seinen Wünschen und Lüsten nachzugeben. Es war nicht viel wert, sein Haar nicht zu scheren, wenn er auf andere Weise das Gebot der Absonderung missachtete. Absonderung bedeutete für ihn eine lästige Anhäufung von Geboten und war nicht etwa ein Konzept der Heiligung. John Milton, der große englische Dichter des 17. Jahrhunderts, schreibt in seinem Gedicht »Simson Agonistes« eine Lebensbeschreibung des Simson: »Was nützt es, an einem Tor den Feind abzuwehren, ihn aber zu anderen hereinzulassen?«

Genau das tat Simson, weil er seine Leidenschaft nicht zügeln konnte. Zwar hielt er sich an die äußere Form seines Gelübdes, aber das war auch alles. Es blieb hohle Form und war nicht mit Liebe gefüllt.

Ich bin persönlich davon überzeugt, besonders wenn ich an mein eigenes Leben denke, dass Gläubige nichts so schwierig finden, wie Selbstdisziplin in ihrem Leben zu üben. Wir achten auf gesetzliche Weise darauf, bestimmte Dinge nicht zu tun, aber da sind immer noch weite Bereiche, wo wir nach dem Prinzip vorgehen: »... was in unseren Augen recht ist.«

Simsons große Schwäche war die Geschlechtlichkeit (oder: der

Sex). Gewiss, es war leicht für einen Mann seines Aussehens willige Philisterinnen zu finden. Auch sah er keinen Grund, seine Lüste zu zügeln. Auch in unserer Welt sehen wir oft, dass Christen gerade wegen sexueller Verfehlungen ihre Wirksamkeit für den Herrn Jesus verlieren. Sex ist aber nicht das einzige Gebiet, auf dem Selbstdisziplin problematisch ist. Es gibt so viele verschiedene Problembereiche, wie es Menschen gibt.

Wenn ich mein Leben nicht unter Kontrolle halte, zerrinnt mir die gottgegebene Kraft unter den Fingern. Der große Wunsch des Apostels Paulus war es, seinen Leib so zu disziplinieren, dass er von keinem anderen als dem Herrn Jesus beherrscht wurde. So viele Dinge außer dem Sexualtrieb können Jesus von der ersten Stelle in unserem Leben vertreiben: Sport, Musik, Beruf, um nur einige zu nennen. Das mögen Dinge sein, die, für sich betrachtet, gut und schön, aber auch sehr schädlich werden, wenn sie die erste Stelle in unserem Leben einnehmen. Simson bekam nie eine echte Kontrolle über seine Neigungen; deshalb konnte er auch nicht all das erreichen, was im Bereich seiner Möglichkeiten stand. Selbstdisziplin bedeutet nicht, dass wir unsere Triebe, unsere Wünsche verleugnen. Es bedeutet nur, dass wir sie Gott, seinem Willen und seinem Zeitplan unterordnen.

Simsons Fehler war nicht, dass er die Philisterin attraktiv fand. Sein Fehler war, sich von seinem Trieb beherrschen zu lassen und sich so der Kontrolle des Herrn zu entziehen. Gott will reiche Frucht in meinem Leben hervorbringen. Deshalb darf ich nicht im Fleisch wandeln, sondern muss mich unter die Herrschaft des Geistes Gottes begeben.

Gottes Voraussicht

Simsons Ungehorsam hatte direkte tragische Folgen: unerfülltes Verlangen und bittere Enttäuschung. Die Frau, die er sich so sehnlichst gewünscht hatte, wurde mit einem seiner Gefährten verheiratet und, was die größere Tragödie war, er wurde nie zu dem Mann, der er nach Gottes Plan werden sollte.

Trotz des Ungehorsams wurde Gottes Absicht durchgeführt. Wie Vers 4 andeutet, suchte Gott »eine Gelegenheit an den Philistern«. Gott veranlasste Simson nicht zu Ungehorsam; aber zur gleichen Zeit gab er auch nicht seinen Plan auf wegen Simsons Sünde. In Wirklichkeit sah es so aus, als ob Simsons Fehler die Gelegenheiten gegen die Philister verursachten.

Wir tragen die Verantwortung für unsere Sünden, aber in Gottes weiser Voraussicht triumphieren seine Absichten.

Simsons Ungehorsam leitete seinen Niedergang ein. Eine Sünde folgte auf die andere. Wir wollen seinen Weg ins geistliche Verderben in vier Schritten verfolgen.

1. *Der Weg nach unten* (Verse 7-9).
   Wir lesen, dass Simson hinab nach Timna ging. Das ist mehr als eine geographische Angabe. Man muss diesen Satz auch als geistliche Entwicklung verstehen. Auf einer dieser Reisen aß er Honig aus dem Kadaver eines Löwen, was eine klare Verletzung eines der Gebote für einen Nasiräer war: Er durfte keinen Kontakt mit dem Tod haben. Kein Wunder, dass er seinen Eltern nicht sagen konnte, woher der Honig kam. Er hatte ein schlechtes Gewissen.
2. *Das Trinkgelage* (Vers 10).
   In Timna verstieß Simson gegen einen weiteren Teil seines Gelübdes. Wir lesen in Vers 10, dass er ein Mahl machte. Das Wort »Mahl« lässt im Urtext die Annahme zu, dass es sich um ein Gelage mit alkoholischen Getränken handelte, und da es unwahrscheinlich ist, dass alle anderen tranken, nur Simson nicht, verstieß er auch gegen das Verbot starken Getränkes.
3. *Das Rätsel* (Verse 11-14).
   Mitten in der Feier und wahrscheinlich nicht mehr ganz nüchtern, schloss Simson mit seinen Trinkgenossen eine Wette ab. Die Kleider, um die die Wette ging, waren Ausdrucksformen der damaligen Mode und nicht gerade billig. So ist auch diese Wette kaum der Vorschlag eines Mannes, der vom Geist geleitet ist.
4. *Die Folgen des Kompromisses* (Verse 15-20).
   Die Philister waren schlechte Verlierer. Sie bedrohten Simsons Braut und brachten sie zum Verrat an ihrem zukünftigen Mann. Für Simson waren das zwei bittere Lehrstunden. Einmal wurde ihm klar, dass man immer die Verwandten einer Frau »mit heiratet« und zum anderen, dass es schwer ist, den Tränen einer Frau zu widerstehen. Zu spät erkannte er, dass er durch seine Schwäche seine Wette, seine Ehre und seine Frau verloren hatte.

Einige Jahre nach Simsons Tod wurde ein anderer Mann Richter in Israel. Samuel war in mancher Weise Simson sehr ähnlich. Auch er hatte gottesfürchtige Eltern und war ihnen durch direktes Eingreifen

Gottes geschenkt worden. Auch er war der Führer Israels, als die Philister das Volk völlig unterdrückten in einer Zeit fast allgemeinen Abfalls von Gott.

Doch an dieser Stelle hört die Ähnlichkeit auf. Simson focht ein paar persönliche Kämpfe gegen die Philister aus. Er vermochte aber weder sein Volk zu befreien, noch dessen Herzen zu Gott zu wenden. Samuel dagegen änderte den Lauf der Geschichte Israels. Durch seinen Dienst wurde jeder Lebensbereich in Israel zum Guten verändert, und als er starb, trauerte die ganze Nation um ihn.

Warum solch ein Unterschied? Wir finden ihn in Samuels Worten zu Saul. Saul hatte, ähnlich wie Simson große Möglichkeiten, die er nie nutzte. Lesen wir 1. Samuel 15,22-23:

> *»Und Samuel sprach zu Saul: Hat der HERR Lust an Brandopfern und Schlachtopfern, wie daran, dass man der Stimme des HERRN gehorcht? Siehe, Gehorchen ist besser als Schlachtopfer, Aufmerken besser als das Fett der Widder. Denn wie Sünde der Wahrsagerei ist Widerspenstigkeit, und der Eigenwille wie Abgötterei und Götzendienst. Weil du das Wort des HERRN verworfen hast, so hat er dich verworfen, dass du nicht mehr König seiest.«*

Samuel hatte gelernt, Gott zu gehorchen. Er liebte Gott. Sein Gehorsam war die selbstverständliche Folge. Simsons geistliche Entwicklung war in den Kinderschuhen steckengeblieben. Durch seine Disziplinlosigkeit und Unreife verschleuderte er die großen Talente, die Gott ihm gegeben hatte.

Gleicht dein geistliches Leben dem der Müll-Marie? Gott will dir ein reiches, geistgefülltes Leben schenken. Bist du bereit die Kraftquelle anzunehmen, die er dafür bereithält? Dann musst du dein Leben der Autorität Gottes und der Herrschaft Jesu Christi unterordnen.

18

Gottes Freiheitskämpfer

Im Frühjahr 1977 erregte das Buch und die darauf basierende Fernsehserie »Roots« von Alex Haley in den USA großes Aufsehen und verursachte ein soziales Phänomen. Menschen aller Rassen versuchten mehr über ihre Wurzeln (= roots), also ihre Herkunft herauszufinden. »Roots« beginnt mit der Geschichte des Afrikaners Kunta Kinte im 18. Jahrhundert. Im Alter von 18 Jahren wird er von Sklavenhändlern aus seiner Heimat in Afrika entführt und unter entwürdigenden Bedingungen nach Virginia transportiert. Kunta konnte sich nicht mit einem Leben in Sklaverei abfinden. Nach Monaten in Ketten, gesundheitlich ein Wrack, versuchte er, im erstmöglichen Augenblick zu entkommen. Er wird wieder eingefangen, doch sein Freiheitswille ist ungebrochen. Immer und immer wieder setzt Kunta Gesundheit und Leben bei seinen Befreiungsversuchen auf's Spiel. Die anderen Schwarzen lehnen schließlich jeden Kontakt mit ihm ab. Für sie ist er wie ein wildes Tier. Ebensowenig Verständnis hat Kunta für sie. Wie können sie sich mit dem Leben in Sklaverei abfinden? Wenn man das Buch liest oder die Fernsehserie verfolgt, muss man einfach Kunta Kintes leidenschaftliches Eintreten für die Freiheit bewundern.

Simson war ein Mann mit vielen Schwächen und Fehlern, aber er hatte auch eine große Tugend. Leidenschaftlich trat er für die Freiheit ein und kannte in dieser Hinsicht keine Kompromissbereitschaft. Seine Landsleute, die Juden, waren für Nachgiebigkeit gegenüber den Philistern; doch er war entschlossen, für die Freiheit einzutreten.

Vor einiger Zeit hörte man von einer Herde von etwa 300 Walen, die in dem flachen Wasser einer kleinen Bucht gestrandet waren. Zoologen vermuteten den Grund für dieses unerklärliche Geschehen in der Tatsache, dass die Wale in blindem Eifer einen Schwarm Sardinen gejagt hatten und durch das Einsetzen der Flut auf Grund gelaufen waren.

Während des größten Teils seines Lebens war Simson wie ein solcher Wal, der Sardinen jagt: eine große Macht, die ein kleines Ziel verfolgt. Auch er ging letzten Endes zugrunde an der Verfolgung seiner ureigenen »Sardine«, der sexuellen Befriedigung.

Hier in Richter 15 sehen wir jedoch Simson auf dem geistlichen Höhepunkt seines Lebens, wenn wir von den Ereignissen um seinen Tod absehen. Wir erfahren etwas von der enormen Kraft dieses Mannes zu dem Zeitpunkt, in dem er Gott vertraut, und bekommen eine Ahnung davon, wie viel er hätte vollbringen können, wenn er ständig unter Gottes Führung gelebt hätte.

Simsons persönliche Rache

(Richter 15,1-8)

»Und es geschah nach einiger Zeit, in den Tagen der Weizenernte, da besuchte Simson seine Frau mit einem Ziegenböcklein. Und er sprach: Ich will zu meiner Frau ins Gemach gehen; aber ihr Vater gestattete ihm nicht hineinzugehen. Und ihr Vater sprach: Ich habe gewisslich gedacht, dass du sie hasstest, und so habe ich sie deinem Gesellen gegeben. Ist nicht ihre jüngere Schwester schöner als sie? Möge sie doch dein werden an ihrer Statt. Da sprach Simson zu ihnen: Diesmal bin ich schuldlos an den Philistern, wenn ich ihnen Übles tue. Und Simson ging hin und fing dreihundert Schakale; und er nahm Fackeln und kehrte Schwanz an Schwanz und tat eine Fackel zwischen je zwei Schwänze in die Mitte, und er zündete die Fackeln mit Feuer an. Und er ließ sie los in das stehende Getreide der Philister und zündete sowohl Garbenhaufen als stehendes Getreide und Olivengärten an. Und die Philister sprachen: Wer hat das getan? Und man sagte: Simson, der Schwiegersohn des Timniters, weil er ihm seine Frau genommen und sie seinem Gesellen gegeben hat.

Da zogen die Philister hinauf und verbrannten sie und ihren Vater mit Feuer. Und Simson sprach zu ihnen: Wenn ihr also tut, – es sei denn, dass ich mich an euch gerächt habe, danach will ich aufhören! Und er schlug sie, Schenkel samt Hüfte, und richtete eine große Niederlage unter ihnen an. Und er ging hinab und wohnte in der Kluft des Felsen Etam.«

Die Episode beginnt mit der Erkenntnis Simsons, dass er fürchterlich hintergangen worden ist. Es war nicht seine Art, die andere Wange hinzuhalten. Er dachte sich eine angemessene Rache aus. Sie richtete sich jedoch nicht gegen seine ehemalige Braut und deren Vater, sondern gegen die Menschen, die das Mädchen zu dem Verrat erpresst hatten, die Philister.

Er fing 300 Schakale, band sie zu je zweien an den Schwänzen zusammen und tat eine Fackel dazwischen, die er anzündete. Das alles geschah zur Erntezeit mitten in den Feldern der Philister. Man kann sich vorstellen, wie die 150 Schakalpaare von der Angst vor den brennenden Fackeln getrieben in alle Himmelsrichtungen auseinander stoben, und welche verheerenden Auswirkungen das in der Ernte der Philister hatte.

Simsons Absicht war jedoch nicht nur eine persönliche Rache. Wenn das der Fall gewesen wäre, hätte er einfach seine verräterische Braut entführen oder ihre Familie direkt bestrafen können. Er nahm vielmehr sein persönliches Problem zum Anlass einer Strafaktion gegen die Philister. »Dieses Mal bin ich schuldlos an den Philistern.« Er nahm den Ruf Gottes ernst, und über seine persönliche Rache hinaus gehorchte Simson der göttlichen Berufung.

Wenn es seine Absicht gewesen war, die Philister aufzurütteln, gelang ihm dies völlig. Als er in Aschkelon 30 von ihnen tötete, hören wir von keiner Reaktion. Jetzt, wo die ganze Ernte in Flammen aufging, war jeder einzelne direkt betroffen und der allgemeine Zorn groß. Deshalb zogen die Philister nach Timna und verbrannten die junge Frau und ihren Vater bei lebendigem Leibe in ihrem Haus.

Die Frau hatte Simson verraten, weil die Philister ihr gedroht hatten, sie sonst zu verbrennen. Obwohl sie unter dieser Drohung klein beigegeben und getan hatte, was von ihr verlangt worden war, wurde sie verbrannt – von den Philistern. Satan ist ein harter Herr; er fühlt sich nicht an seine Versprechen gebunden.

Gewalt hat die schreckliche Eigenschaft, wieder neue Gewalt zu zeugen. Ist man erst einmal in dem Teufelskreis von Rache und Vergeltung gefangen, schafft man den Absprung nur unter großen Schwierigkeiten. So geschah es auch hier. Simsons Zorn wurde zur Weißglut. »Wenn ihr also tut, – es sei denn, dass ich mich an euch gerächt habe, danach will ich aufhören.« Nun, er irrte, was den letzten Teil seiner Rede betraf, aber er bekam seine Rache. Die Einzelheiten werden uns nicht genannt, doch irgendwo stand Simson einer Armee der Philister gegenüber und erschlug sie alle. Dann versteckte er sich im Gebirge aus Furcht vor Vergeltung. Bis zu diesem Punkt scheint die ganze Geschichte nichts weiter zu sein als eine Aufzählung der traurigen Folgen von Kompromiss und Ungehorsam im Leben des Simson.

Wenn er der Mann geworden wäre, der er nach Gottes Plan hätte sein sollen, wäre diese persönliche Tragödie nie geschehen. Wir sehen hier den langen Schatten des Ungehorsams, eine Erinnerung an die Tatsache, dass wir uns zwar für die Sünde entscheiden können, aber auf die Folgen der Sünde keinen Einfluss haben. Der Lohn der Sünde ist unausweichlich. Die Geschichte endet aber nicht an dieser Stelle. In den Versen 9-17 bewegt sie sich nicht mehr auf der Ebene eines persönlichen Rachefeldzuges, sondern zeigt uns etwas von Simsons Glauben und Gottes Kraft.

Durch Glauben siegreich
(Richter 15,9-17)

»Und die Philister zogen herauf und lagerten sich in Juda und breiteten sich aus in Lehi. Und die Männer von Juda sprachen: Warum seid ihr wider uns heraufgezogen? Und sie sprachen: Um Simson zu binden, sind wir heraufgezogen, dass wir ihm tun, wie er uns getan hat. Da zogen dreitausend Mann von Juda zur Kluft des Felsens Etam hinab und sprachen zu Simson: Weißt du nicht, dass die Philister über uns herrschen? Und warum hast du uns das getan? Und er sprach zu ihnen: Wie sie mir getan, also habe ich ihnen getan. Da sprachen sie zu ihm: Um dich zu binden sind wir herabgekommen, dass wir dich in die Hand der Philister liefern. Und Simson sprach zu ihnen: Schwöret mir, dass ihr nicht über mich herfallen werdet! Und sie sprachen zu ihm und sagten: Nein, sondern binden wollen wir dich und dich in ihre Hand liefern; aber töten wollen wir dich nicht. Und sie banden ihn mit zwei neuen Stricken und führten ihn aus dem Felsen herauf.

Als er nach Lehi kam, da jauchzten ihm die Philister entgegen; aber der Geist des HERRN geriet über ihn, und die Stricke, welche an seinen Armen waren, wurden wie Flachsfäden, die vom Feuer versengt sind, und seine Bande schmolzen weg von seinen Händen. Und er fand einen frischen Eselskinnbacken, und er streckte seine Hand aus und nahm ihn und erschlug damit tausend Mann.

Und Simson sprach: Mit dem Eselskinnbacken einen Haufen,

zwei Haufen! Mit dem Eselskinnbacken habe ich tausend Mann erschlagen! Und es geschah, als er ausgeredet hatte, da warf er den Kinnbacken aus seiner Hand; und er nannte selbigen Ort Ramat-Lehi.«

Die Philister hatten offensichtlich erkannt, dass das einzige Mittel gegen Simson ein schnelles, entschlossenes, stoßtruppartiges Unternehmen war. Deshalb marschierten sie nach Juda mit dem erklärten Ziel, Simson gefangenzunehmen und zu töten. Ihr Unternehmen richtete sich nicht gegen Israel im allgemeinen. Deshalb setzten die Israeliten ihnen auch keinen Widerstand entgegen. Wir erfahren nicht, wie viele Philister an der Strafexpedition teilnahmen, aber da Simson allein 1 000 von ihnen tötete, kann man mit ziemlicher Sicherheit annehmen, dass es etwa 3 000 bis 5 000 waren, die gegen einen einzigen Mann auszogen.

Am auffallendsten an der ganzen Episode ist die geistliche Verfassung des Volkes Juda. Sie schickten eine Delegation zum Feind mit der Frage. »Was wollt ihr hier? Habt ihr ein Problem?« Als die Philister antworteten, dass sie Simson gefangennehmen wollten, machten die Israeliten überhaupt keine Anstalten, ihn in irgendeiner Weise zu schützen. Im Gegenteil. Ohne lange zu überlegen zogen sie mit 3 000 Mann zu Simsons Versteck, um ihn den Philistern auszuliefern.

Drei Punkte sind dabei besonders bemerkenswert, wenn wir die Verse 10-12 betrachten, und es ist auffallend, wie genau die Juden des 11. Jahrhunderts vor Christi Geburt unsere geistlichen Situation von heute illustrieren:

1. *Das Volk hatte sich an den geistlichen Status quo gewöhnt* (Vers 11). Es konnte sich nicht vorstellen, warum die Philister kämpfen wollten, und war voller Angst, weil Simson Anlass zum Streit gegeben hatte. »Weißt du nicht, dass die Philister über uns herrschen? Warum hast du uns das getan?« Diese Fragen zeigen uns, dass Gläubige an den Punkt kommen können, an dem sie Unfreiheit der Freiheit vorziehen, an dem der Kompromiss mit dem Feind bequemer ist als völlige Hingabe an Gott. Juda hatte in jenem Augenblick eine einmalige Chance, sich von den Philistern zu befreien. Es hatte einen Führer von übermenschlicher Kraft und eine Armee von 3 000 Mann und darüber hinaus einen lebendigen Gott, der den Sieg verheißen hatte. Wenn es nur in Simson den

Mann Gottes erkannt und sich um ihn geschart hätte, wäre die Herrschaft der Philister beendet gewesen.

Doch so gedemütigt waren die Israeliten durch das ständige Nachgeben, dass sie, anstatt Simson zu unterstützen, ihm auch noch Vorwürfe machten, und ihn als Unruhestifter beschimpften. Ihr Frieden war in Wirklichkeit eine Niederlage. Ich denke an eine eindrucksvolle Stelle in »Roots«, in der Bell, Kuntas Frau, ausspricht, was Kunta nicht einmal zu denken wagt: »Ganz egal, wie gut der Massa (Sklavenenglisch für Master = Herr) zu uns ist, manchmal hab ich das Gefühl, dass ich weglaufen würde, wenn ich jünger wäre. Aber ich glaube, ich bin zu alt und habe zu viel Angst.«[18]

Für Bell und Kunta war das der schreckliche Moment der Selbsterkenntnis, des letztlichen Abfindens mit der eigenen Machtlosigkeit. Juda und auch wir Christen heute sind nicht in solch auswegloser Situation wie Bell und Kunta. Und trotzdem geschieht es, dass wir uns so an die Lebensweise der Welt gewöhnt, uns so mit der Gegenwart der Sünde in unserem Leben abgefunden haben, dass wir die Waffen strecken. Wir glauben gar nicht mehr richtig daran, dass wir eine Änderung bewirken können. Deshalb geben wir den Kampf auf.

Eine weitere Erkenntnis, die wir aus dem Verhältnis Judas zu den Philistern gewinnen, ist die Tatsache, dass Menschen, die kompromissbereit sind, kein Verständnis für solche haben, die kämpfen wollen. Simson war für Juda eine peinliche Erinnerung an eigenes Versagen. Deshalb wollte man ihn lieber tot sehen, als sich ändern zu müssen. Christen, die im Glauben wachsen und in ihrem Dienst an Jesus Christus aufgehen, machen des öfteren die Erfahrung, dass sie von anderen Gläubigen, die sich an ein blutarmes, oberflächliches geistliches Leben gewöhnt haben, am meisten in ihrer Arbeit behindert werden.

2. *Juda wurde vom Feind ignoriert* (Vers 10). Die Philister sahen keinen Grund, mit den Israeliten zu kämpfen, denn sie fühlten sich nicht von ihnen bedroht. Satan verlor keine Zeit mit Juda. Er kennt den Wert seiner Arbeitszeit und verschwendet sie nicht unnötig da, wo seine Arbeit sich von selber tut. Er setzt bei engagierten Christen an, die in vorderster Linie stehen, und versucht, sie zu Fall zu bringen. Wenn dir in deinem Leben für Christus der Wind ins

18. A. Haley, Roots, Garden City, N. Y. 1976, S. 335.

Gesicht weht, dann danke Gott, denn es beweist dir, dass Satan in dir eine Gefahr für sich sieht.
Ein Mann kam zu einem Evangelisten und sagte: »Was ist das immer für ein Gerede um Satan? Ich habe ihn noch nie in meinem Leben getroffen!« – Blitzschnell kam die Antwort: »Natürlich nicht, wie sollten Sie auch? Man trifft nie jemanden, wenn man den gleichen Weg geht. Wenden Sie sich um, und Sie werden ihn sehr bald treffen!«

3. *Juda erledigte die Arbeit für den Feind* (Vers 12). Im so genannten Glaubenskrieg gibt es keine Neutralität, da gibt es keine Schweiz, die in Ruhe auf das Ende der Auseinandersetzungen ihrer Nachbarvölker wartet. Wer sich nicht in positiver Weise für den Herrn Jesus einsetzt, der wird zum Hindernis und arbeitet gegen ihn.

Simsons Glaube

Gegen diese Art geistlicher Verwässerung hebt sich Simsons Glaube deutlich ab. An jenem Tag setzte er sein ganzes Vertrauen auf Gott, und das zeigte sich in drei Punkten:

1. *In der Art, wie er mit den Juden umging.* Er behandelte sie eigentlich recht nachsichtig. Hätte er nicht Anlass gehabt, zornig über ihre verräterische Haltung zu sein? Statt dessen tat er alles, um sie vor seinem Zorn zu schützen. Deshalb nahm er ihnen das Versprechen ab, ihn nicht zu töten und unterwarf sich lieber der tiefsten Demütigung, von ihnen gebunden und den Philistern übergeben zu werden. Simsons Haltung lässt sich nur mit der tiefen Überzeugung der Größe seiner Aufgabe für Gott erklären. Nur deshalb konnte er das große Unrecht, das seine jüdischen Brüder an ihm begingen, überhaupt ertragen.
2. *In Simsons Einstellung zum Feind* haben wir den zweiten Beweis für seinen Glauben. Stellen wir uns die Szene einmal vor: Simson, mit zwei starken Stricken gebunden, geht umringt von 3 000 Juden geradenwegs in die Hände von Tausenden von blutdürstigen Philistern, die in lautes Triumphgeheul ausbrechen, als sie ihn kommen sehen.
   Wer sich diese Szene vorstellen kann, weiß, welch große Glaubenskraft Simson in diesen Augenblicken bewies. Nur so ist seine tiefe Ruhe verständlich. Simson hatte bestimmt große und entscheidende

Schwächen; doch niemand kann sagen, er sei ein Feigling gewesen. Er kannte seinen Gott, und durch ihn bekam er seine Kraft.

3. *Der dritte Punkt ist Simsons Sieg durch seinen Glauben.* Gottes Geist kam mit großer Gewalt über ihn. Er zerriss die Stricke, als seien es schwache Fäden, und ergriff den Kieferknochen eines Esels, der dalag und in Simsons Hand zu einer furchtbaren Waffe wurde. Als der Kampf vorüber war, lagen 1000 Philister tot auf dem Schlachtfeld.
Was konnte Simson vollbringen, wenn er Gott vertraute! Man hatte ihn gebunden in die Hände der Feinde überliefert. Diesen war er nicht nur entkommen, nein, er hatte auch noch für sein Volk einen großen Sieg erkämpft. In Vers 20 lesen wir, dass durch diesen Sieg die Israeliten 20 Jahre relative Ruhe hatten, ohne große Belästigung seitens der Philister. Kompromiss ist gleichbedeutend mit Niederlage, sowohl in Simsons Leben wie auch im Leben des Volkes Israel. Gottvertrauen und völlige Hingabe an den Willen des Herrn bedeutet siegreiches Leben.

Gottes Fürsorge

(Richter 15,18-20)

»Und es dürstete ihn sehr, und er rief zu dem HERRN und sprach: Du hast durch die Hand deines Knechtes diese große Rettung gegeben, und nun soll ich vor Durst sterben und in die Hand der Unbeschnittenen fallen! Da spaltete Gott die Höhlung, die zu Lehi ist, und es kam Wasser aus ihr hervor; und er trank und sein Geist kehrte zurück, und er lebte wieder auf. Daher gab man ihr den Namen: Quelle des Rufenden, die zu Lehi ist, bis auf diesen Tag. Und er richtete Israel in den Tagen der Philister zwanzig Jahre.«

Simsons Gebet

Abgesehen von Simsons Gebet in Kapitel 16,28, kurz vor seinem Tod, ist dies das einzige Mal, dass berichtet wird, dass Simson betet. Auf dem Höhepunkt in Simsons Leben, seinem Sieg über die Philister, folgt unmittelbar tiefe Verzweiflung. Wir können diese Entwicklung sogar im Wortlaut des Gebetes verfolgen.

Simson wusste, dass sein Sieg das Werk Gottes war. »Du hast durch die Hand deines Knechtes diese große Rettung gegeben«, sagte er und erkannte damit seine Abhängigkeit von Gott an; er nannte sich selbst »Gottes Knecht«. Simson wusste schon vorher, wie seine Stellung vor Gott war; doch nur hier handelt er entsprechend. Genau das gleiche Prinzip trifft auf uns zu. Wir erfahren siegreiches Leben nur dann, wenn wir auf der Grundlage unserer Stellung in Christus leben.

Ebenso war Simson sich voll der Gefahr bewusst, die der Feind darstellte. Manoach, sein Vater, hatte die Philister einst »die Unbeschnittenen« genannt und seinen Sohn davor gewarnt, sich mit ihnen abzugeben, ohne Erfolg. Doch jetzt hatte Simson die wahre Natur des Feindes erkannt.

Auf uns übertragen heißt das, dass wir erst dann unsere Feinde, die Welt, das Fleisch und Satan, besiegen können, wenn wir sie und die Gefahr, die von ihnen ausgeht, erkannt haben. Simsons Gebet ist ein Zeichen seines geistlichen Wachstums. Genauso drückt es aber auch tiefe Verzweiflung aus: »Nun soll ich vor Durst sterben und in die Hand der Unbeschnittenen fallen. « War das nicht eine erstaunliche Reaktion für einen Mann, der kurz zuvor furchtlos auf Tausende von Feinden zugeschritten war?

Auch diese Erfahrung trifft nicht nur auf Simson zu. Sieg macht uns oft verwundbar. Vom Gipfel der Siegesfreude zur Talsohle der Depression ist oft nur ein kurzer Weg. Deshalb müssen wir uns vorsehen, dass wir gerade nach einem Sieg nicht die Gemeinschaft mit dem Herrn Jesus vernachlässigen. Darüber hinaus ist es notwendig, uns selbst auf die unausweichliche Ernüchterung vorzubereiten, die auf große Erlebnisse folgt.

Zwischen unserem physischen und dem geistlichen Zustand gibt es eine enge Verbindung. Wir Menschen bestehen nicht nur aus Geist, nicht nur aus Leib. Was Simson in diesem Augenblick am nötigsten brauchte, war nicht etwa eine Bibelkonferenz, sondern ganz schlicht ein Schluck Wasser.

Oft ignorieren wir diese einfachen Lebensbedürfnisse, sowohl in geistlicher, wie auch physischer Hinsicht.

Unausgewogene Nahrung, Schlafmangel, Krankheit, sie alle können unseren geistlichen Zustand beeinflussen. Manchmal ist ein guter Schlaf das beste Mittel zur Verbesserung unseres geistlichen Lebens. Körperliche Erschöpfung ist oft der Grund für ein gestörtes Verhältnis zum Herrn.

Gottes Antwort

Der Herr beantwortete Simsons Schrei auf zweifache Weise. Zuerst gab er ihm Wasser.

Können wir uns nicht auch darüber freuen, dass unser Gott sich um unsere körperlichen Bedürfnisse genau so sorgt, wie um unsere geistlichen? Hier spaltete der Herr die Felsen und öffnete eine Quelle, die nicht nur für Simson, sondern auch für viele Generationen nach ihm eine Wohltat war, eine ständige Erinnerung daran, dass Gott Gebete erhört.

Dann erst bestätigte Gott seinen Diener in seinem Richteramt. Es gibt keine Berichte über Simsons weitere Richtertätigkeit. Zwischen Richter 15 und 16 ist eine Lücke von 20 Jahren. Doch die Kenntnis, die wir haben, lässt annehmen, dass Israel bereit war, sich zumindest in begrenzter Weise von Simson führen zu lassen.

Vor seinem Sieg war es entschlossen, ihn den Philistern auszuliefern; jetzt war es bereit, seiner Führung zu folgen.

Vergessen wir nie, dass Simson bei all seinen Schwächen als einziger in Israel für Gott aufstand. Die ganze Nation war für einen Kompromiss mit dem Feind, der auch der Feind Gottes war. Nur Simson trat für die Freiheit unter dem Herrn ein. Gott konnte Simson gebrauchen, weil er es wagte, Gott zu glauben.

Geht es dir auch so um Gottes Sache? Spürst du das Drängen, deiner Generation nach dem Willen Gottes durch entschlossene Jüngerschaft zu dienen?

19

Das Spiel mit der Versuchung

Als ich noch ein Junge war, ähnelte mein Zimmer einer Leichtathletikgedenkstätte. An allen Wänden hingen die Bilder meiner Helden, und mein Kopf war ein einziger Datenspeicher für Zeiten, Höhen und Weiten. Sogar heute kommen noch gelegentlich Namen der Leichtathletikhelden vergangener Tage in mein Bewusstsein. Manche von ihnen haben sich mittlerweile auf anderen Gebieten einen Namen gemacht, die meisten jedoch sind in die Anonymität des großen amerikanischen Mittelstandes zurückgesunken, aus dem sie einst emporgestiegen waren. Hin und wieder hört man aber auch, dass Menschen nicht ihren plötzlichen Ruhm und Reichtum verkraften konnten und einen traurigen Weg in Verderbtheit und Kriminalität gingen.

Richter 16 beschreibt eine ähnliche Entwicklung. Beim Betrachten der Hauptfigur ist man versucht zu fragen: »Warst du nicht Simson?« Es ist fast unglaublich, dass dieser hilflose Sklave, der mit angeketteten Füßen, geschorenem Haupt und geblendeten Augen Frauenarbeit tut, der sagenhafte Simson sein soll, jener stolze und mächtige Mann, der ganz allein die Philister schlug. Es ist eine Geschichte, über die man die beiden sprichwörtlichen Warnungen aus der Schrift setzen könnte: »Hoffart geht dem Sturze, und Hochmut dem Fall voraus« (Sprüche 16,18), und »daher, wer zu stehen meint, sehe zu, dass er nicht falle« (l. Korinther 10,12)!

Die Geschichte von Simson und Delila ist eine der bekanntesten der ganzen Bibel. Ihre Mischung von Liebe, Sex, Gewalt und Verrat birgt alle Elemente der klassischen Tragödie. Deshalb ist sie zu allen Zeiten erzählt worden.

Die Erfahrung, die Simson in dieser tragischen Geschichte macht, teilt er mit den meisten Christen, die ihre geistliche Kraft aus den gleichen Gründen wie er verloren haben. Wenn ich mir selbst gegenüber ehrlich bin, muss ich zugeben, dass auch ich dazu neige, mit der Versuchung zu spielen, anstatt ihr von vornherein zu widerstehen. Es ist so leicht, mit der Sünde zu spielen; wir alle kennen ihren verführerischen Einfluss.

Versuchung ist ein ständiger Bestandteil im Leben des Gläubigen. Wie wir schon hörten, stehen wir einem dreifachen Feind gegenüber: der Welt, dem Fleisch und dem Satan. Deshalb kommt auch die Versuchung in verschiedenen Formen auf uns zu, und wir wollen aus der alten Geschichte vom Fall Simsons einige Lehren für unser Leben ziehen.

Simson und die Hure in Gaza
(Richter 16,1-3)

»Und Simson ging nach Gaza, und er sah daselbst eine Hure und ging zu ihr ein. Und es wurde den Gazitern berichtet, und gesagt: Simson ist hierher gekommen. Und sie umstellten ihn und lauerten die ganze Nacht auf ihn im Stadttore; und sie verhielten sich still die ganze Nacht und sprachen: Bis der Morgen hell wird, dann wollen wir ihn erschlagen. Und Simson lag bis Mitternacht. Um Mitternacht aber stand er auf und ergriff die Flügel des Stadttores und die beiden Pfosten, und riss sie samt dem Riegel heraus und legte sie auf seine Schultern; und er trug sie auf den Gipfel des Berges, der gegen Hebron hin liegt.«

Oscar Wilde[19] schrieb einmal: »Ich kann allem widerstehen ... nur nicht der Versuchung.« Dieser Ausspruch könnte auch Simsons Situation in den obigen Versen beschreiben. Paulus schreibt in 1. Korinther 10,13: »Keine Versuchung hat euch ergriffen als nur eine menschliche; Gott aber ist treu, der nicht zulassen wird, dass ihr über euer Vermögen versucht werdet, sondern mit der Versuchung auch den Ausgang schaffen wird, so dass ihr sie ertragen könnt.« Simson versagte nicht, weil die Versuchung zu groß oder unumgänglich war. Er versagte, weil er

19. Engl. Schriftsteller des ausgehenden 19. Jahrhunderts. Bekannt für seine Ironie und Gesellschaftskritik.

mit der Sünde spielte bis er schließlich so von ihr gefangen war, dass er keinen Ausweg mehr sah.

Der erste Teil von Simsons Fall ist nicht so sehr bekannt. Man kann aber schon in seinem Ungehorsam in Zusammenhang mit der Hure in Gaza den Keim zu seiner späteren Niederlage sehen. Die Saat, die er in Gaza legte, erntete er später in Sorek bei Delila. Man kann höchstens Vermutungen darüber anstellen, wann in Simsons 20jähriger Richterzeit sich diese Episode ereignete. Es wird aber angenommen, dass es gegen deren Ende war. Wir wissen auch nicht, warum er überhaupt nach Gaza ging, denn die Stadt war eines der fünf Zentren der Philister. Dort konnte er bestimmt keine Sympathiekundgebungen erwarten.

Ich glaube, dieser Punkt verdient große Beachtung; er zeigt uns nämlich eine große Schwäche in Simsons Charakter. Ganz bewusst setzt er sich den Gefahren und Einflüssen des Feindes aus, mit einem Selbstbewusstsein, das an Sorglosigkeit grenzt. Während er dort in Gaza war, ließ er sich mit einer Prostituierten ein und wurde durch sie endgültig in die Sünde verstrickt.

Zweifellos hatte Simson zu jenem Zeitpunkt keine Gemeinschaft mit Gott. Zwar war er voller Vertrauen, doch dieses Vertrauen wurzelte völlig im Fleisch. Bewusst steuerte er in eine Konfliktsituation mit dem Willen Gottes. Er hatte anscheinend nichts aus den Folgen seiner Sünde der Sinneslust (Kapitel 14 u. 15) gelernt. Dieses fleischliche Selbstvertrauen, der Glaube an seine Unbesiegbarkeit, machte Simson wie Teig in den Händen Delilas.

Als die Philister erfuhren, dass Simson in der Stadt war, wollten sie die Gelegenheit nicht ungenutzt verstreichen lassen. Sie verriegelten die Stadttore und legten einen Hinterhalt. Gegen Mitternacht stand Simson auf und machte sich auf den Heimweg. Als er das Tor verschlossen fand, riss er es kurzerhand samt Pfosten aus der Verankerung und trug es auf den Schultern davon, bis »auf den Gipfel des Berges, der gegen Hebron hin liegt«. Wegen der ungenauen geographischen Angabe kann man davon ausgehen, dass er dabei eine Entfernung von mindestens 30 und höchstens 60 km zurücklegte, genug, um die Philister wieder einmal vor Schreck erstarren zu lassen. Vom sportlichen Standpunkt aus betrachtet ist dies eine der größten Kraftleistungen der Weltgeschichte. Doch das unterstreicht Simsons Tragödie um so mehr. Simson besaß Macht ohne Reinheit, Kraft ohne Selbstdisziplin, und da er nicht wusste, was Heiligung bedeutete, war seine Niederlage nur eine Frage der Zeit. 20 Jahre lang durfte er erfahren, was es heißt, siegreich zu sein. Nie hatte er eine Niederlage hinnehmen müssen. Hätte er nicht voll Dankbarkeit gegenüber seinem Gott sein müssen? Statt dessen spulte sich sein geistliches Leben in gleichgültiger Selbstgefälligkeit ab. Es bedeutete ihm wenig, ein Nasiräer, ein für Gott Abgesonderter zu sein. Jeden Teil seines Gelübdes hatte er übertreten, mit Ausnahme des Teiles, der seine Haare betraf und immer noch bewies Gott Langmut. Bei all seinen Übertretungen hatte Gott nicht eingegriffen, und je mehr Simson sündigte, desto größer erfuhr er Gottes Gnade. Auf die Frage des Apostels Paulus: Sollen wir denn weiter sündigen, damit die Gnade noch größer werde? (vgl. Römer 6,1) hätte Simson bestimmt mit einem lauten »Ja!« geantwortet. Natürlich drückte er das nie in Worten aus, so aber war offensichtlich seine Einstellung. Deshalb konnte es auch zu seiner Affäre mit Delila kommen, durch die er schließlich doch noch die Früchte seiner früheren bösen Taten ernten musste. Diese Erfahrung vollzieht sich in zwei Stufen, deren erste wir in den Versen 4-14 sehen.

Die Versuchung
(Richter 16,4-14)

»Und es geschah hernach, da liebte er eine Frau im Tale Sorek, ihr Name war Delila. Und die Fürsten der Philister gingen zu ihr hinauf und sprachen zu ihr: Berede ihn und sieh, worin seine große Stärke besteht, und wodurch wir ihn überwältigen können, dass wir ihn binden, um ihn zu bezwingen; und wir wollen dir ein jeder tausend und hundert Sekel Silber geben. Da sprach Delila zu Simson: Tue mir doch kund, worin deine große Stärke besteht, und womit du gebunden werden kannst, dass man dich bezwinge. Und Simson sprach zu ihr: Wenn man mich bände mit sieben frischen Stricken, die nicht ausgetrocknet sind, so würde ich schwach werden und würde sein wie ein anderer Mensch. Und die Fürsten der Philister brachten sieben frische Stricke, die nicht ausgetrocknet waren, zu ihr hinauf, und sie band ihn damit. Es saßen aber Auflauerer bei ihr im Gemach; und sie sprach zu ihm: Philister über dir, Simson! Da zerriss er die Stricke, wie eine Schnur von Werg zerreißt, wenn sie Feuer riecht; und seine Stärke ward nicht kund.

Da sprach Delila zu Simson: Siehe, du hast mich getäuscht und Lügen zu mir geredet. Nun tue mir doch kund, womit du gebunden werden kannst! Und er sprach zu ihr: Wenn man mich fest bände mit neuen Seilen, mit denen keine Arbeit geschehen ist, so würde ich schwach werden und würde sein wie ein anderer Mensch. Da nahm Delila neue Seile und band ihn damit, und sie sprach zu ihm: Philister über dir, Simson! Es saßen aber Auflauerer im Gemach. Und er riss sie von seinen Armen wie einen Faden. Da sprach Delila zu Simson: Bisher hast du mich getäuscht und Lügen zu mir geredet. Tue mir kund, womit du gebunden werden kannst! Und er sprach zu ihr: Wenn du die sieben Flechten meines Hauptes mit dem Gewebe verwertest. Und sie heftete sie mit dem Pflocke und sprach zu ihm: Philister über dir, Simson! Da wachte er auf von seinem Schlafe und riss den Webpflock und das Gewebe heraus.«

Die Quelle der Versuchung

Von Delila wissen wir nur so viel, dass sie eine sehr attraktive Frau war, und dass Simson ein Liebesverhältnis mit ihr begann. Es gibt keine Hinweise dafür, dass sie miteinander verheiratet waren, und auch für ihre Nationalität gibt es keine Anhaltspunkte. Man vermutet, dass Delila, trotz ihres semitischen Namens, eine Philisterin mit hebräischem Blut war.

Simson war mittlerweile für die Philister zu einem Problem geworden, das die Existenz der ganzen Nation bedrohte, und die Führer des Volkes waren entschlossen, sich seiner ein für allemal zu entledigen. Aus 1. Samuel 6,4 wissen wir, dass sie fünf Fürsten hatten, die in fünf verschiedenen Städten herrschten. Diese fünf Fürsten kamen nun zu Delila mit dem Vorschlag, den wir in obigen Versen gelesen haben. Sie waren sich nicht sicher, welchem Geheimnis Simson seine Kraft verdankte; doch die Auflösung war ihnen eine Menge Geld wert, so viel, dass Delila sofort bereit war, ihren Geliebten zu verraten.

Delila ist hier die Verkörperung der Versuchung, und wir können hier drei wichtige Prinzipien ablesen, die auch für unser Leben zutreffen, wenn wir in Versuchung kommen und ihr nachgeben:

1. *Zugeständnisse an die Unmoral machen verwundbar.* Hätte Simson nicht das sündige Verhältnis mit Delila begonnen, wäre er nie dieser Versuchung ausgesetzt gewesen. In Simsons Fall sind die Tatsachen ganz klar ersichtlich, während in unserem Leben die Versuchung oft in geschickten Verkleidungen auf uns zukommt: in dem, was wir lesen, in den Fernsehprogrammen, und in moralischen Wertbe-

griffen, die wir übernehmen. Wir fallen nicht plötzlich von einer »moralischen Klippe«, sondern unser Weg gleicht mehr einer Schlittenbahn: die Abwärtsbewegung fängt langsam an und wird immer schneller, bis man kaum mehr anhalten kann. Nur ganz drastischer Einsatz vermag noch eine Richtungsänderung oder eine Umkehr zu bewirken. Deshalb ist persönliche Reinheit von solch großer Bedeutung für uns Gläubige. Jeder Kompromiss, auch in unseren Gedanken, macht uns verwundbar.

2. *Die Versuchung kommt mit einem angenehmen Äußeren.* Die Philister wussten, warum sie sich mit ihrem Anliegen an Delila wandten und nicht einen ihrer kräftigsten Krieger mit der Aufgabe betrauten. Delila war schön, und Simson hatte großes Verlangen nach ihr.
   Sünde kommt nie als etwas Hässliches, Zerstörerisches auf uns zu, sondern immer als etwas Erstrebenswertes, Gutes, Erfüllendes. Erst nachdem Simson in Delilas Falle gegangen war, lernte er ihren wahren Charakter kennen.
   Das ist grundsätzlich Satans Taktik, sein Gift versteckt zu verabreichen. Das dritte Prinzip wird wahrscheinlich sehr altmodisch klingen, doch ich möchte betonen, dass es durch und durch biblisch ist.
3. *Die Versuchung kommt, wenn wir die falsche Gesellschaft (falsche Freunde) suchen.* Simson hatte die unselige Neigung, sich immer wieder das falsche Mädchen auszusuchen. Zuerst das Mädchen in Timna, dann die Hure in Gaza und nun Delila. Durch diese Verbindungen, die aus dem Ungehorsam kamen, wurde sein Charakter und schließlich auch er selbst zerstört.
   Nichts formt den Charakter eines Menschen mehr als die Menschen, mit denen er Umgang hat. In 1. Korinther 15,33 sagt Paulus: »Böser Verkehr verdirbt gute Sitten.«
   Wenn ich sehe, wie meine Kinder in Schule und Freizeit mit den Einflüssen einer heidnisch gesonnenen Gesellschaft fertig werden müssen, erscheint es mir wichtiger denn je, ihnen beizubringen, mit Entschiedenheit »Nein!« sagen zu können und bewusst anders als die Mehrheit zu sein. Diese Fähigkeit, nein sagen zu können, wird im späteren Leben noch wichtiger.
   Gott will nicht, dass wir uns in eine heilige Isolation zurückziehen. Doch wir sollten uns bei der Wahl unserer Freunde überlegen, ob diese uns nicht etwa von Jesus Christus wegziehen. Viele Menschen können deshalb nicht im Glauben wachsen, weil ihre Freunde sie immer wieder nach unten ziehen.

Simsons letzter und entscheidender Stolperstein war Delila, die Verkörperung der Versuchung. Hast du in deinem Leben eine Delila, mit der du noch nicht fertiggeworden bist?

Das Prinzip der Versuchung

Delila ging mit all ihrem verführerischen Charme ans Werk, um Simson das Geheimnis seiner Kraft zu entlocken. Zunächst antwortete er mit Ausflüchten und Lügen, die zu nichts führten, weil Delila hartnäckig die Unwahrheit aufdeckte. Man sollte annehmen, dass Simson allmählich argwöhnisch geworden wäre, weil Delila so unablässig seinem Geheimnis auf der Spur war. Doch das ist die Eigenart der Versuchung, dass sie uns einlullt, wenn wir mit ihr spielen. Das Neue Testament befiehlt uns, bestimmte Arten von Versuchung nicht zu bekämpfen, sondern zu fliehen: »Fliehet die Hurerei« (1. Korinther 6,18), »Fliehet den Götzendienst« (1. Korinther 10,14); »Du aber, o Mensch Gottes, fliehe diese Dinge« (1. Timotheus 6,11, – Hier ist die Rede von materiellen Dingen); »Die jugendlichen Lüste aber fliehe« (2. Timotheus 2,22).

Fliehen ist nicht so leicht, wie man denkt. Simson empfand tiefe Zuneigung zu Delila. Er entschloss sich, vor der Versuchung nicht zu fliehen, und verlor seinen Charakter.

Gibt es Dinge in deinem Leben, vor denen du flüchten solltest, wenn du mit ganzem Herzen für Jesus Christus leben willst? Das mag eine drastische Änderung deines Lebensstiles, deiner Freizeitgestaltung oder sogar deines Berufes bedeuten. Fliehen ist schwer; aber Gott fordert dich auf, die Versuchung zu fliehen.

Unser Selbstvertrauen hat einen ähnlich einschläfernden Effekt, wie das Spiel mit der Versuchung. Man überschätzt sich selbst und unterschätzt die Kraft der Sünde. Simson glaubte, sein Verhältnis zu Delila sei ein Spiel, bis er merkte, dass es eine todernste Sache war, die er nicht mehr kontrollieren konnte.

Du magst, ebenso wie Simson, zwei- oder dreimal davongekommen sein. Einmal wird der Zeitpunkt kommen, wo die Sünde dich, wie Simson, in ihren Klauen behält.

Simsons Fall
(Richter 16,15-22)

»Da sprach sie zu ihm: Wie kannst du sagen: Ich habe dich lieb, so doch dein Herz nicht mit mir ist? Nun dreimal hast du mich getäuscht und mir nicht kundgetan, worin deine große Stärke besteht. Und es geschah, als sie ihn alle Tage mit ihren Worten drängte und ihn plagte, da wurde seine Seele ungeduldig zum Sterben; und er tat ihr sein ganzes Herz kund und sprach zu ihr: Kein Schermesser ist auf mein Haupt gekommen, denn ein Nasiräer Gottes bin ich von Mutterleibe an; wenn ich geschoren würde, so würde meine Stärke von mir weichen, und ich würde schwach werden und würde sein wie alle Menschen.

Und als Delila sah, dass er ihr sein ganzes Herz kundgetan hatte, da sandte sie hin und rief die Fürsten der Philister und sprach: Kommet diesmal herauf, denn er hat mir sein ganzes Herz kundgetan. Und die Fürsten der Philister kamen zu ihr hinauf und brachten das Geld mit sich. Und sie ließ ihn auf ihren Knien einschlafen, und rief einen Mann und ließ die sieben Flechten seines Hauptes abscheren; und sie fing an, ihn zu bezwingen, und seine Stärke wich von ihm. Und sie sprach: Philister über dir, Simson! Da wachte er auf von seinem Schlafe und dachte: Ich werde davonkommen wie die anderen Male und mich herausschütteln. Er wusste aber nicht, dass der HERR von ihm gewichen war. Und die Philister griffen ihn und stachen ihm die Augen aus; und sie führten ihn nach Gaza hinab und banden ihn mit ehernen Fesseln, und er musste mahlen im Gefängnis. Aber das Haar seines Hauptes begann wieder zu wachsen, sobald es geschoren war.«

Delila war eine sehr ausdauernde Person. Ihre Hartnäckigkeit ist für uns eine gute Erinnerung an die Eigenschaften Satans. Wenn er dreimal versuchte, den Herrn Jesus zu Fall zu bringen, können wir sicher sein, dass er bei uns nicht eher aufgibt.

Delila griff nach drei Fehlschlägen zu ihrem letzten Mittel. Unter Tränen sagte sie: »Wie kannst du sagen, dass du mich liebst, wenn du mich so belügst.« Wieder einmal erwiesen sich die Tränen einer Frau als stärker.

Wie umwölkt muss Simsons Geist gewesen sein, dass er nach dieser Mitteilung auch noch sein Haupt in Delilas Schoß legte und einschlief! Wieder hörte er den schon bekannten Ruf: »Philister über dir!«

Er sprang auf, doch nicht nur sein Haar war nicht mehr da. Vers 20b ist eine der traurigsten Aussagen der Bibel: »Er wusste nicht, dass der HERR von ihm gewichen war.«

In Vers 21 lesen wir dann von den fürchterlichen Folgen der Sünde: Der Mann, der die Tore der Stadt Gaza auf seinen Schultern davongetragen hatte, musste blind und hilflos im Gefängnis der Stadt, die er einst gedemütigt hatte, die Arbeit einer Sklavin tun. All das war das Ergebnis von Simsons selbstzerstörerischem Stolz und der Nachgiebigkeit sich selbst gegenüber.

Auch wir können einen solchen Weg nehmen, wenn wir im Vertrauen auf unsere Fähigkeiten, unser Können und Wissen mit der Versuchung spielen.

Doch wir wollen Simson nicht an dieser Stelle verlassen. Gott hatte ihn nicht völlig verlassen, obwohl er ein solcher Versager war. Was sagt Vers 22? »Aber das Haar seines Hauptes begann wieder zu wachsen, sobald es geschoren war.«

Mitten im Versagen arbeitete Gott an Simson, war dabei, ihn wiederherzustellen. Ich zweifle nicht daran, dass Simson echte Buße tat, und dass Gott ihn deshalb nicht aufgab.

Vielleicht weißt auch du, was es bedeutet, so wie Simson zu versagen. Du hast der Versuchung nachgegeben und bist zutiefst beschämt. Ich habe einmal einen wunderbaren Aufkleber an einem Auto gesehen, worauf zu lesen war: »Christen sind nicht vollkommen – aber sie haben Vergebung.« – Das Haar kann wieder wachsen. Gott will uns wieder gebrauchen. Sogar wenn wir versagen, verlässt er uns nicht. Deshalb komme zu ihm, wenn du versagt hast, und bitte den Herrn um Vergebung, und er wird mit seiner heilenden Gnade in deinem Leben wirken.

20

Die Wiedergutmachung eines Versagens

E*in Konvoi von Kreuzern der britischen Marine nahm an einem Hochseemanöver teil.* Sie dampften in Formation hintereinander her, als plötzlich der Befehl für eine Wende um 90 Grad kam. Alle Kreuzer führten den Befehl ordnungsgemäß aus, mit Ausnahme eines Schiffes, dessen Kapitän das Signal zur Wende übersehen hatte. Dadurch verursachte er fast eine Kollision mit dem vorausfahrenden Kreuzer, und der gesamte Konvoi geriet in heilloses Durcheinander. Nur durch das seemännische Geschick der anderen Schiffsführer wurde ein schweres Unglück vermieden.

Als schließlich die vorgesehene Formation hergestellt war, sandte der Admiral auf dem Flaggschiff eine Botschaft an den Kapitän, der das Durcheinander verursacht hatte: »Kapitän, was sind ihre Pläne für die Zukunft?« fragte er. Die unmittelbare Antwort des Unglücksraben war: »Sir, ich beabsichtige, einen Bauernhof zu kaufen!« Er wusste, dass seine Karriere in der Marine beendet war, ohne dass ihm dies besonders mitgeteilt worden wäre. Versagen bedeutete für ihn so viel wie das Trockendock für ein Schiff.

Versagen ist eine der Realitäten im Leben, mit denen man rechnen muss, ganz besonders im Leben eines Christen. Es gibt keinen Gläubigen, mag er noch so reif und im Glauben gefestigt sein, der nicht irgendwann einmal erfährt, was es bedeutet zu versagen. Wer glaubt, dass er eine Ausnahme sei, betrügt sich selbst. Auch Gläubige versagen; aber was tut Gott, wenn das geschieht? Schickt er uns ins geistliche »Trockendock«, wo wir für den Rest unseres Lebens still vor uns hin rosten, während andere die Arbeit tun, zu der wir nicht mehr in der Lage sind?

Auch auf diese Frage finden wir die beste Antwort im Wort Gottes, im Leben von Menschen, die auch versagten. Man braucht gar nicht lange zu suchen, schon in Hebräer 11 gibt es ausreichend Beispiele. In diesem Kapitel ist kaum ein Charakter ohne einen ernsten Fehler in seinem Leben. Doch Gott will Versagen nicht bestrafen. Der große Grundsatz der Gnade Gottes ist es, den Versager wiederherzustellen und ihn dazu zu bringen, Gottes Heilungsprozess zu akzeptieren.

Ein lehrreiches Beispiel für die heilende Gnade des Herrn ist Simson. Wenige sind so tief gefallen wie er; und doch war er immer in erreichbarer Nähe der Gnade Gottes. Es ist auch für uns tröstlich, wenn wir lesen, wie wunderbar Gott Simson am Ende seines Lebens wieder gebrauchte:

> *»Und die Philister griffen ihn und stachen ihm die Augen aus; und sie führten ihn nach Gaza hinab und banden ihn mit ehernen Fesseln, und er musste mahlen im Gefängnis. Aber das Haar seines Hauptes begann wieder zu wachsen, sobald es geschoren war.*
>
> *Und die Fürsten der Philister versammelten sich, um ihrem Gott Dagon ein großes Schlachtopfer zu opfern und um ein Freudenfest zu feiern; denn sie sprachen: Unser Gott hat Simson, unseren Feind, in unsere Hand gegeben. Und als das Volk ihn sah, priesen sie ihren Gott; denn sie sprachen: Unser Gott hat unseren Feind in unsere Hand gegeben, und den Verheerer unseres Landes und den, der unserer Erschlagenen viel machte. Und es geschah, als ihr Herz fröhlich war, da sprachen sie: Rufet Simson, dass er vor uns spiele. Und sie riefen Simson aus dem Gefängnis, und er spielte vor ihnen; und sie stellten ihn zwischen die Säulen. Und Simson sprach zu dem Knaben, der ihn bei der Hand hielt: Lass mich, dass ich die Säulen betaste, auf welchen das Haus ruht, und mich an sie lehne. Das Haus war aber voll von Männern und Frauen, und auf dem Dache waren bei dreitausend Männer und Frauen, welche zusahen, wie Simson spielte. Und Simson rief zu dem HERRN und sprach: Herr, HERR! Gedenke doch meiner, und stärke mich doch nur diesmal, o Gott, dass ich an den Philistern eine einmalige Rache nehme für meine beiden Augen! Und Simson umfasste die beiden Mittelsäulen, auf welchen das Haus ruhte (und er stützte sich darauf), die eine mit seiner Rechten und die andere mit seiner Linken; und Simson sprach: Meine Seele sterbe mit den Philistern! Und er bog sich mit Kraft; da fiel das Haus auf die Fürsten und auf alles Volk, das darin war; und es waren der Toten, die er in seinem Tode tötete, mehr als derer, die er in seinem Leben*

getötet hatte. Und seine Brüder und das ganze Haus seines Vaters kamen herab und hoben ihn auf; und sie gingen hinauf und begruben ihn zwischen Zora und Eschtaol, im Grabe Manoachs, seines Vaters. Er hatte aber Israel zwanzig Jahre gerichtet« (Richter 16,21-31).

Wenn Thomas Alva Edison an einer seiner Erfindungen arbeitete, pflegte er Experiment nach Experiment zu machen. Es wird glaubhaft überliefert, dass er bis zu 50 000 verschiedene Experimente durchführte, bevor ihm die Entwicklung des Gesuchten gelang. Jedesmal, wenn wieder ein Versuch danebengegangen war, kam er zum Mittagstisch mit der freudigen Bemerkung: »Heute hatte ich gute Ergebnisse! Ich weiß nun einen weiteren Weg, wie es nicht geht.« Der kritische Punkt in unserem Leben ist nicht, dass wir versagen, sondern wie wir versagen. Man kann aus seinen Fehlern lernen und Gott um Vergebung bitten. Andererseits kann man in Schuldgefühlen, Selbstmitleid, Entschuldigungen und Anklagen verstrickt bleiben und so letztlich auf dem Weg des Versagens bleiben. Der Mensch, der sich seiner Fehler überhaupt nicht bewusst wird, ist eine ganz besonders traurige Figur, denn ohne Selbsterkenntnis ist kein Lernprozess möglich.

Gott diszipliniert Simson

Simson gehörte zu dieser letzten Gruppe. Immer und immer wieder hatte er versagt und nie etwas dazugelernt. Wahrscheinlich hat er sich nie selbst als Versager gesehen. Doch er hatte Gottes Gesetze übertreten, er hatte sein Gelübde gebrochen und seine großen Fähigkeiten verschwendet. Verglichen mit dem, was Simson hätte sein können, war er ein ganz großer Versager.

Dennoch war Gottes Gesetz immer noch gültig. »Irret euch nicht, Gott lässt sich nicht spotten. Denn was ein Mensch sät, das wird er auch ernten. Denn wer auf sein Fleisch sät, wird vom Fleisch Verderben ernten« (Galater 6,7-8).

Am Ende des 20. Verses sehen wir das Verderben, das Simson erntet. Gott hatte ihm seinen Heiligen Geist gegeben, doch Simson wollte nach dem Fleisch leben.

Zwei Faktoren bestimmten zu diesem Zeitpunkt sein Leben: das starrsinnige, fleischliche Selbstvertrauen und die Verführungskünste der Delila. Simsons Denkfähigkeit war durch diese beiden Einflüsse derart eingeengt, dass ihm rationale Entscheidungen unmöglich waren. Genau den gleichen Einfluss hat die Sünde auf uns alle.

Als Simson erwachte, war sein Haupt geschoren, seine Kraft von ihm gewichen und seine Gemeinschaft mit Gott unterbrochen. Was die Sache noch tragischer machte, war, dass er keine Ahnung hatte, dass die Kraft des Geistes von ihm gewichen war.

Beachten wir, wie seine eigene Sünde in Vers 21 wie ein Bumerang auf ihn zurückfällt. Simson hatte das getan, was in seinen Augen recht war, er hatte der Augenlust nachgegeben; nun stachen ihm die Philister die Augen aus. Er hatte nie irgendwelche Disziplin in seinem Leben gekannt; nun war er der Gefangene und Sklave seiner ärgsten Feinde. Er hatte in Gaza eine Hure aufgesucht und war ohne Schaden davongekommen; nun war er in Gaza gefangen. Er hatte den Frauen der Philister nachgestellt; nun musste er für die Philister Frauenarbeit tun.

Simson lernte jetzt die Realität der göttlichen Zucht kennen, genauso wie Hebräer 12,4-11 es jedem verlorenen Sohn verheißt.

Doch dies war noch nicht genug der Schande. Die Philister töteten ihn nicht sofort, um ihn noch tiefer zu erniedrigen. Bei ihrer Siegesfeier sollte er der Hauptunterhalter seiner und seines Volkes Todfeinde sein. Wir können uns die Situation, die in den Versen 23 bis 25 geschildert wird, gut vorstellen. Wie grausam brach die Freude der Philister auf, als sie den ehemals unbesiegbaren Helden als gedemütigtes, menschliches Wrack vor sich stehen sahen.

Gott kennt keine Zufälle, und so war auch dieses Ereignis nur ein Stein in Gottes Mosaik. So hart es für Simson war, aber diese Leiden waren doch ein Teil der Gnade Gottes in seinem Leben. Manchmal muss Gott uns alles wegnehmen, was für uns Wert und Bedeutung hat. Es mag eine schmerzliche Erfahrung sein, doch er muss uns durch Zucht läutern, wenn wir nicht auf ihn hören wollen. Gott will uns nicht zerbrechen, sondern uns aufnahmebereit machen für seine Worte. Was er im Leben eines Simson tat, mag auch in dem unseren nötig werden.

Gottes Disziplinierungsmaßnahmen sind nie von seiner wieder aufrichtenden Gnade getrennt. Er will den Versager nicht bestrafen, sondern ihn wieder zu einem nützlichen Werkzeug machen und zum Wachsen im Glauben bringen.

Gottes wiederherstellende Gnade

Wir haben bereits die Aussage von Vers 22 registriert: »Aber das Haar seines Hauptes begann wieder zu wachsen, sobald es geschoren war.« Diejenigen unter uns, deren Stirn von Jahr zu Jahr höher wird, sind bestimmt von diesem Vers fasziniert, doch leider bietet der hebräische Text kein Heilmittel gegen Haarausfall an. In der Tat bezieht sich der Vers überhaupt nicht so sehr auf das biologische Geschehen auf Simsons Haupt, sondern ist vielmehr ein Hinweis auf die Veränderung, die in Simsons Verhältnis zu Gott stattgefunden hatte.

Vers 22 ist ein kurzer Vers mit einer ungeheuren Aussage. Zuerst erinnert er uns daran, dass wir nie aus der Reichweite der göttlichen Vergebung gelangen, wie groß auch unser Versagen sein mag.

In seiner absoluten Schwäche und Erniedrigung wandte Simson sich zum Herrn, und der Herr nahm ihn bedingungslos an. David machte die gleiche Erfahrung. Er hatte mit Batseba die Ehe gebrochen und ihren Mann töten lassen. Man kann sich kaum ein niedrigeres Verbrechen vorstellen. Und doch wusste er, dass Gott ihm vergeben hatte, als er ihm seine Sünden bekannte (Psalm 32,1-2).

Petrus verleugnete den Herrn dreimal, nachdem er vorher selbstbewusst behauptet hatte, er würde nie seinen Meister verlassen. Der Herr Jesus vergab Petrus seine Treulosigkeit, mehr noch, er machte ihn zu einem seiner Apostel, einem führenden Evangelisten in der Urgemeinde.

Vor Jahren wirkte in Großbritannien ein gesegneter Evangelist. Für unzählige Menschen war er ein geistliches Vorbild gewesen, bis eines Tages bekannt wurde, dass er einige Monate lang ein Leben der Ausschweifung geführt hatte. Der Skandal war dermaßen, dass Einzelheiten sogar in die Schlagzeilen der Tageszeitungen gerieten. Er glaubte, er sei für den Rest seines Lebens ruiniert, bis er erkannte, welch ein Narr er gewesen war, und wie der verlorene Sohn zu Gott zurückkam. Er erfuhr die gleiche Liebe, die der verlorene Sohn erfahren hatte. Der Vater nahm ihn mit offenen Armen auf und stärkte und segnete ihn. Nach einiger Zeit fühlte er wieder den Ruf in den Evangelisationsdienst. Zwar hatte er noch Hemmungen wegen seiner Vergangenheit, doch im Bewusstsein der Vergebung Gottes und in der Hoffnung, dass Gras über die Sache gewachsen war, fing er wieder an zu evangelisieren.

Eines Abends, er hatte gerade eine Evangelisationswoche in Aberdeen, bekam er einen Brief. Kurz vor der Veranstaltung las er das anonyme Schreiben. Darin wurden Einzelheiten von seinen Sünden in der Zeit seines Abgleitens geschildert. Der Brief endete mit den Worten: »Wenn Sie die Frechheit besitzen, heute abend zu predigen, werde ich aufstehen und Sie bloßstellen!«

Er ging auf die Knie und betete. Einige Minuten später stand er am Rednerpult. Zu Beginn seiner Botschaft verlas er den Brief und fügte dann hinzu: »Ich möchte klarmachen, dass alle Aussagen dieses Briefes völlig der Wahrheit entsprechen. Ich schäme mich für das, was ich gelesen und getan habe. Ich spreche hier zu Ihnen, nicht als einer der vollkommen ist, sondern als einer, der Vergebung erlangt hat.« Der Brief und die darauffolgende Botschaft wurden an jenem Abend reich von Gott gesegnet, so dass viele Menschen zu Jesus Christus kamen.

Gott ist Fachmann im Ausbügeln von menschlichen Fehlern. Vergebung ist nicht nur ein schönes Wort. Es ist eine segensreiche Realität für alle, die 1. Johannes 1,9 für sich in Anspruch nehmen: »Wenn wir unsere Sünden bekennen, ist er treu und gerecht, dass er uns die Sünden vergibt und uns reinigt von aller Ungerechtigkeit.«

Durch Jesu Erlösungswerk am Kreuz stehen wir gereinigt vor Gott; unsere Sünden sind bedingungslos vergeben, weil Jesus für sie bezahlt hat. Durch ihn sind wir frei.

Man muss jedoch verstehen, was Vergebung bedeutet, und hier kann Simsons Erfahrung uns eine zweite Lehre vermitteln.

Vergebung der Sünden erfolgt unmittelbar; die Wiederherstellung ist dagegen eine allmähliche Entwicklung. Es dauerte eine Zeit, bis sein Haar wieder gewachsen war. In dem Augenblick, in dem ich mich auf der Grundlage von 1. Johannes 1,9 an den Herrn wende, sind meine Sünden vergeben. Doch es dauert etwas länger, bis ich wieder ein völlig intaktes Werkzeug bin. Dafür gibt es einen wichtigen Grund. Wenn ich in meinem geistlichen Leben auf schwerwiegende Weise versage, ist das nicht das Ergebnis einer momentanen Schwäche. Fast immer ist es das Resultat einer längeren Zeit des Ungehorsams, die sich sogar über Jahre erstrecken kann. Diese sündigen Gewohnheiten müssen abgebaut werden, und neue, geistliche Gewohnheiten müssen ihren Platz einnehmen. Der Herr will nicht nur unsere Vergangenheit vergeben, sondern vor allem auch unsere geistliche Zukunft absichern. Dieser Wiederaufbau braucht Zeit.

Eine dritte Erfahrung, die wir von Simson lernen können, ist, dass die Folgen der Sünde nicht automatisch mit der Sündenvergebung weggenommen werden. Zwar wuchsen Simsons Haare wieder; aber er bekam nicht sein Augenlicht zurück. Die Geburt eines unehelichen Kindes kann durch keine Buße, sei sie noch so tief, wieder rückgängig gemacht werden. Davids Buße brachte Uria nicht ins Leben zurück. David und seine ganze Familie litten auf Jahre hinaus an den Folgen seiner Sünde. Seine Schuld war von ihm genommen worden, doch er musste bis zum Tod mit der Frucht seiner Sünde leben.

Dieser Tatsache müssen wir ganz offen ins Auge sehen. Nicht in jedem Fall wird Gott uns den vollen Umfang unserer vorigen Fähigkeiten wiedergeben. Simson war blind. Nie mehr würde er Dinge vollbringen können, zu denen er vorher in der Lage war. Trotzdem hatte er volle Vergebung, und der Herr hatte auch noch eine große Aufgabe für ihn.

Man darf bestimmt nicht die Sünde und ihre Folgen verniedlichen. Auf der anderen Seite dürfen wir auch nicht die Realität der göttlichen Vergebung übersehen. Simson bekam nicht sein Augenlicht zurück; doch durch seine Blindheit konnte er etwas tun, was ihm als Sehendem unmöglich gewesen wäre. So kann Gott sogar die Folgen unserer Sünde zu seiner Verherrlichung gebrauchen.

In Vers 28 dürfen wir noch einen Blick in Simsons Herz tun. Es ist das zweite Mal, dass wir ihn beten hören. Es ist ein Gebet, das ein Mann, der von Gott geläutert wurde, im Glauben spricht: Umringt von 3 000 betrunkenen, lärmenden Philistern betet Simson: »Herr, gedenke doch meiner, und stärke mich doch nur diesmal, o Gott, dass ich an den Philistern eine einmalige Rache nehme für meine beiden Augen!« Beachten wir drei Punkte an diesem Gebet:

1. *Simson hatte Gottes Vergebung akzeptiert.* Er war nicht voller Gewissensbisse wegen seiner Vergangenheit. Seine Sünde war ein für allemal vergeben; er brauchte sie nicht mehr vor Gott zu bringen.
   Gläubige machen immer wieder den Fehler, Dinge zu vergessen, woran sie sich eigentlich erinnern sollten, und sich an Dinge zu erinnern, die sie eigentlich vergessen sollten. So geschieht das oft mit unserer Sünde. Wenn sie vergeben ist, gehört sie der Vergangenheit an. Es ist eine Art geistlicher Selbstquälerei, die uns ständig glauben machen will, wir müssten uns selbst für unsere Sünden bestrafen, wenn wir Gott wohlgefallen wollen.

Damit machen wir einen großen Fehler. Wir sollen sofort nach Golgatha kommen, wenn wir gesündigt haben und dort beanspruchen, was der Herr Jesus für uns tat.

Das Kreuz ist der Weg auf dem Irreparables wieder gutgemacht wird, wo Unvergebenes vergeben wird für alle Ewigkeit. Daran müssen wir uns erinnern. Unsere Vergebung beruht auf nichts weniger, als auf dem Wort Gottes und dem Blut Jesu Christi. Deshalb denke nicht immer wieder an die Sünde vergangener Tage! Denke lieber an das, was Gott dir aufträgt!

2. *Simson vertraute Gott von ganzem Herzen.* Er sagte nicht etwa: »Wenn ich ganz feste versuche, schaffe ich es bestimmt!« Er verließ sich nicht darauf, dass sein Haar wieder wuchs. Nein, Simson war jetzt in völliger Abhängigkeit von Gott. In Vers 28 nannte er drei verschiedene Namen für Gott, um seine totale Abhängigkeit zu betonen: »Herr, HERR! Gedenke doch meiner und stärke mich doch nur diesmal, o Gott.« Hier hören wir einen ganz anderen, neuen Simson, einen Mann, der sich nur noch auf Gott verlässt und nicht auf sich selbst.
3. *Simson gab sich ohne Vorbehalte der Sache Gottes hin.* Sein Gebet war keine religiöse Formsache, die sich im privaten Bereich abspielte. Er rief zu Gott inmitten einer Menge blutrünstiger Philister, und was er vom Herrn erbat, würde seinen eigenen Tod bedeuten. Genauso gut hätte Simson vor Gewissensbissen, Furcht und Schande gelähmt sein können. Doch er sah seine Situation als eine Gelegenheit, für Gott zu kämpfen und für Israel einen Sieg zu erstreiten. Ich glaube nicht, dass Simson je ein klareres Verständnis des Willens Gottes hatte als zu jenem Zeitpunkt. Für ihn ging es um viel mehr als um persönliche Rache; auch dürfen wir seinen Wunsch nicht als Selbstmordgedanken eines Menschen sehen, der vom Leben nichts mehr erwartete. Wir sehen hier einen Mann, der bereit war, für Gott den Sieg zu erringen, selbst um den Preis seines eigenen Lebens.

Simson hatte in Gottes Schule gelernt. Sein Gebet beweist das. Wenn dieser Lernprozess nur schon früher eingesetzt hätte! Ein neuer Simson steht vor uns, der seine Kraft und Energie von Gott bezieht. Zum ersten Mal in seinem Leben betet er, bevor er seine Kraft für Gott einsetzt. Endlich wird seine Kraft vom Glauben kontrolliert.

Gottes Sieg durch Simson
(Richter 16,29-31)

Vor seinem Gebet bat Simson den Knaben, der ihn führte, ihn an die Säulen der Halle zu führen, damit er sich anlehnen konnte. In dieser Bitte lag nichts Besonderes und auch keine Gefahr, denn Simson war ja ein schwacher blinder Mann.

Erkennen wir, was hier geschieht? Wäre Simson gesund gewesen, hätten die Philister ihn nie in die Nähe jener Säulen kommen lassen. Immerhin ruhte die ganze Konstruktion des Gebäudes auf ihnen. Doch niemand fürchtete einen blinden Simson; er war ja ein Versager.

Gott macht sich gerade die offensichtliche Schwachheit zunutze, um einen Sieg zu erringen. Simson war bereit, Gott zu vertrauen, und obwohl er kein Recht hatte, irgend etwas von Gott zu verlangen, wurde sein Gebet in wunderbarer Weise erhört.

Als Simson die Säulen umfasste und sie umriss, wurde er zum Beweis der Gnade Gottes. Vergebung und Wiederherstellung beruhen nicht auf unseren Werken, obwohl Satan uns das immer wieder einreden will. »Ich muss Gottes Gnade würdig sein, bevor er mich lieben und gebrauchen kann!« Wie falsch ist das! Simson konnte keine Werke tun. Auf dem Höhepunkt seiner körperlichen Kraft war er ein elender Versager gewesen. Doch nun waren alle seine Felle weggeschwommen, er war völlig am Boden zerstört und hatte keine Ansprüche an den Herrn. In Erkenntnis dieser Lage rief er zu Gott, und der gab ihm nach seiner Bedürftigkeit.

In seiner unendlichen Güte kann Gott blinde, geschlagene Sünder für seinen Plan gebrauchen, wenn ihre Sünden vergeben sind und sie ihr Versagen bekannt haben. Er kann sogar ihre Blindheit gebrauchen, die das Resultat ihres Versagens ist. Diese Tatsache dürfen wir nie vergessen. Im Herrn Jesus finden wir ein grenzenloses Meer an Gnade.

Simsons Gebet wurde sofort und auf spektakuläre Weise erhört. Im Glauben konnte er die beiden Säulen umreißen, und das ganze Gebäude fiel tod- und verderbenbringend in sich zusammen. Innerhalb weniger Augenblicke lagen 3 000 Philister und Simson tot unter den Trümmern. Vers 30 macht eigentlich eine traurige Feststellung: »... und es waren der Toten, die er in seinem Tode tötete, mehr als derer, die er in seinem Leben getötet hatte.« – Noch einmal werden wir daran erinnert, wie sehr Simson in seinem Leben seine unvorstellbaren Gaben in fleischlichen Lüsten verschwendet hatte. Wie viel hätte er tun können, wenn er dem Herrn mit ganzem Herzen gefolgt wäre! Gleichzeitig offenbart sich in diesem Vers aber auch die Gnade Gottes: Simsons Tod war keine Niederlage, sondern ein Sieg. In der dunkelsten Stunde des Zweiten Weltkrieges, als fast ganz Europa unter deutscher Besatzung stand und jede Nacht Tausende von Bomben auf London regneten, ermutigte Winston Churchill das britische Volk mit den Worten: »Dieses ist nicht das Ende. Es ist nicht einmal der Anfang vom Ende. Vielleicht ist es erst das Ende des Anfangs.« Churchill hatte mit seinem Wortspiel recht. Militärisch gesehen hatten die Alliierten versagt. Trotzdem waren sie noch nicht am Ende. Da sie aus ihren Fehlern lernten, standen sie vor dem ersten Schritt zum Sieg.

Durch Gottes Gnade kann ebenfalls sogar unser Versagen zum Wachstum im Glauben beitragen. Wir haben einen Gott, der Fehler wieder gutmacht. Gott stellt Versager nicht aufs Abstellgleis.

Bist du ein Versager? Selbstverständlich bist du einer. Es gibt nämlich keinen vollkommenen, fehlerlosen Christen. »Dereinst werden wir vollkommen sein« singt der Dichter eines Liedes. Aber was jetzt? Kannst du mit deinem Versagen fertigwerden? Bekenne es!

Sieh dich so, wie du bist – blind, geschoren, gekettet. Du bist kein geistlicher Kraftprotz.

- *Nimm Gottes Vergebung an!*
  1. Johannes 1,9 ist ein Vers, den man nicht nur auswendig lernen sollte; es ist eine Wahrheit, die man erleben und ausleben muss. Lebe in der Nähe von Golgatha und ergreife das Vorrecht, das Jesu Tod am Kreuz dir anbietet!
- *Sei geduldig!*
  Heilung braucht Zeit. Der Herr will Gewohnheiten in deinem Leben aufbauen, die dich befähigen ein beständiger Christ zu sein, so dass du stets in seinem Wort bleibst, wie es der Psalmdichter in Psalm 119,67 ausdrückt: »Bevor ich gedemütigt wurde, irrte ich. Jetzt aber halte ich dein Wort.«
- *Vertraue darauf,*
  dass Gott dich gebrauchen wird! Bitte ihn darum, dir zu zeigen, dass sogar die Narben, die deine Sünden hinterlassen haben, Werkzeuge zu seiner Verherrlichung werden.

21

Geistliches Naschwerk

V*on der Spitze des Sulphur Mountain, nahe der Stadt Banff in den kanadischen Rocky Mountains,* hat man einen unvorstellbar eindrucksvollen Blick. Bis an den Horizont sieht man Gipfel um Gipfel, ein wahres Felsenmeer, und wenn dann der Schnee im Sonnenschein glitzert, steht man über einem geradezu atemberaubenden Bild.

Auf dem Gipfel ist ein kleines Restaurant, und um dieses herum grast eine kleine Herde von etwa 30 Bergschafen. Diese sind im Lauf der Jahre sehr zahm und zutraulich geworden und betteln sogar die Touristen um Leckerbissen an. Besonders lieben sie alles, was salzig und pikant ist, und hier beginnt das Problem. Diese Schafe verhungern praktisch bei lebendigem Leibe, weil sie nur noch Erdnüsse, Kartoffelchips, Popcorn, Hamburger, Lakritze und sogar salzige Plastikbeutel fressen und nicht mehr ihre natürliche Nahrung: Gras. Die Konsequenz dieser einseitigen Nahrungsaufnahme ist, dass die Tiere abmagern und die Muttertiere nicht genügend Milch für die Jungen produzieren. Einer der Parkwärter sagte: »Die Schafe haben eine Vorliebe für diese Knabbereien entwickelt. So traurig es ist, aber wir können nur sehr wenig dagegen tun. Ich wollte, die Leute würden erkennen, dass ihre Tierliebe in Wirklichkeit Grausamkeit ist.« Die Schafe sind tatsächlich abhängig von derartigem Naschwerk geworden.

Nicht nur vierbeinige Schafe haben solche Ernährungsprobleme. Viele Schafe aus Gottes Herde sind abhängig von geistlichem Naschwerk, und die Folge ist drastische Unterernährung.

Derartiges Knabberzeug ist faszinierend. Es schmeckt nicht schlecht. Das ist gerade das Problem, dass es sehr gut schmeckt. Es ist auch nicht direkt schädlich. Das Schlimme ist, dass es keinen, zumindest aber kaum einen Nährwert hat – und uns den Appetit verdirbt.

Diese Qualifizierung trifft auch auf das geistliche Naschwerk zu. Es befriedigt uns oberflächlich und macht uns schließlich abhängig und verdirbt uns den Appetit für Gottes solide Hausmannskost. Folglich leiden wir nach einiger Zeit an geistlicher Unterernährung und gefährden damit geistliches Leben: unser eigenes und das der Menschen, denen wir dienen sollen.

Der Abschnitt aus dem Buch der Richter, den wir jetzt erforschen wollen, führt uns drei verschiedene Arten dieses Naschwerkes vor. Auf den ersten Blick mögen sie vielleicht für unsere Situation nicht zutreffend sein. Doch wenn wir etwas tiefer schürfen, werden wir erkennen, dass das Grundprodukt, obwohl Bezeichnung und Verpackung sich während der letzten 3 500 Jahre verändert haben, doch immer noch dasselbe ist. Ich bin davon überzeugt, dass es keinen Gläubigen unserer Tage gibt, der nicht schon einmal von der einen oder anderen Variante dieser Naschereien verlockt worden wäre.

Geistliche Anarchie

In 16 Kapiteln des Buches der Richter haben wir gesehen, wie das Volk Israel sich in immer demselben Teufelskreis aus Sünde, Knechtschaft, Flehen, Errettung und wiederholter Sünde nach unten bewegte. Obwohl Gott durch Warnungen, wunderbare Errettungen, aber auch durch Niederlagen zu ihnen sprach, weigerten sich die Israeliten, Gott in Gehorsam zu dienen. In jenen 16 Kapiteln richtete sich die Aufmerksamkeit der Betrachtung auf die Befreier, die Gott berufen hatte und hier wiederum besonders auf die bekanntesten Richter: Otniel, Ehud, Debora, Gideon, Jeftah und Simson. In den letzten fünf Kapiteln verändert sich der Schwerpunkt der Betrachtung. Wir lesen zwei Geschichten, die uns einen Einblick in den moralischen Zustand der Zeit geben sollen. Sie folgen nicht chronologisch auf die Zeit Simsons, sondern sind vielmehr Rückblenden auf eine frühere Zeit, nicht lange nach Josuas Tod. Diese beiden Geschichten sind mit einer ganz bestimmten Absicht eingefügt. Sie sollen uns zeigen, was geschieht, wenn wir die Autorität des Wortes Gottes verneinen und uns religiöser und moralischer Anarchie zuwenden.

Ein Vers, der zweimal in diesen Kapiteln wiederholt wird, ist der Schlüssel, nicht nur für den anstehenden Textabschnitt, sondern für die ganze Zeit der Richter. Dieser Vers wird zum erstenmal in Kapitel 17,6 erwähnt: »In jenen Tagen war kein König in Israel; ein jeder tat, was recht war in seinen Augen.« Und in Kapitel 21,25, dem letzten Vers des Buches, lesen wir die genau entsprechenden Worte. Beide Verse machen eine ungeheuer wichtige und aktuelle Aussage. Die Israeliten taten nicht, was in ihren Augen falsch war. Im Gegenteil. Sie waren überzeugt, dass ihre Handlungsweise recht war. Es war eine Gesellschaft, in der Gewalt, Götzenanbetung, grobe Unmoral das Leben bestimmten, und doch dachten die Menschen, dass ihre Taten recht seien. Ihr Wertsystem, ihr Moralstandard, ihre religiösen Lehren und Praktiken hatten allen Kontakt mit der Realität und der Wahrheit Gottes verloren. Was blieb, war der Sumpf des Relativismus.[20] Deshalb ist das Buch der Richter für die Gläubigen des 20. Jahrhunderts so praktisch. Auch wir leben in einer Gesellschaft, die keine absoluten Wertmaßstäbe kennt. Die Lebensphilosophie des modernen Menschen ist: »Wenn es dir recht ist (d. h. in deinen Augen recht ist), dann tu es.« Die beiden Geschichten, die das Buch der Richter beschließen, stehen in einem ursächlichen Verhältnis zueinander. Die erste ist eine Schilderung geistlicher und religiöser Anarchie, die zweite (Kapitel 19-21) ein schockierender Bericht über den moralischen Zerfall. Beide Berichte gehören zusammen, denn sie demonstrieren das Gesetz von Ursache und Wirkung. Abwendung von Gott führt direkt zu moralischem Zerfall.

Der erste Bericht schildert drei verschiedene Arten falscher geistlicher Nahrung, die wir als »Naschwerk« und große Gefahr für echtes geistliches Leben bezeichnet haben.

Die Gefahr einer selbstgemachten Religion

(Richter 17,1-6)

»Und es war ein Mann vom Gebirge Ephraim, sein Name war Micha. Und er sprach zu seiner Mutter: Die tausend und hundert Sekel Silber, die dir genommen worden sind, und worüber du einen Fluch getan und auch vor meinen Ohren geredet hast, – siehe, das Silber ist bei mir; ich habe es genommen. Da sprach seine Mutter: Gesegnet sei mein Sohn von dem HERRN! Und er gab die tausend und hundert Sekel Silber seiner Mutter zurück. Und seine Mutter sprach: Das Silber hatte ich von meiner Hand dem HERRN gehei-

20. Ethischer Relativismus: Die Ansicht, dass Gut oder Böse, Richtig oder Falsch nicht absolut ist, sondern variabel, relativ, abhängig von Person, Umständen und sozialen Bedingungen.

ligt für meinen Sohn, um ein geschnitztes Bild und ein gegossenes Bild zu machen; und nun gebe ich es dir zurück. Und er gab das Silber seiner Mutter zurück. Und seine Mutter nahm zweihundert Sekel Silber und gab sie dem Goldschmied, und der machte daraus ein geschnitztes Bild und ein gegossenes Bild; und es war im Hause Michas. Und der Mann Micha hatte ein Gotteshaus; und er machte ein Efod und Teraphim und weihte einen von seinen Söhnen, und er wurde sein Priester.«

Der Mann aus dem Gebirge Ephraim war offensichtlich aus reicher Familie. Sein Name, Micha, bedeutet: »Wer ist wie der Herr?«; doch in Michas Fall entsprach der Name nicht seinem Charakter. Er hatte seiner Mutter 1 100 Sekel Silber gestohlen. Der Wert dieser Menge Silber wird in Vers 10 klar, wo der Levit einwilligt, für 10 Sekel Silber im Jahr Priesterdienst zu tun.

Dazu kam, dass Micha sehr abergläubisch war. Er hörte, dass seine Mutter den Dieb verfluchte und bekam Angst. Deshalb gab er schnell das Geld zurück, und seine Mutter reagierte darauf, indem sie ihn segnete. Wahrscheinlich tat sie das, um ihren vorhergehenden Fluch unwirksam zu machen; jedoch tadelte sie ihren Sohn nie wegen des Diebstahls. Wie konnte sie auch, da sie ja selbst unrechtes Gut nahm. Lesen wir noch einmal, was sie in Vers 3 sagt: »Das Silber hatte ich ... dem Herrn geheiligt.« Dann in Vers 4 ist auf einmal nur von 200 Sekel Silber die Rede. Was geschah mit den restlichen 900, die auch dem Herrn geweiht waren?

Es ist eine traurige Erscheinung unserer Tage, dass viele Eltern ihren Kindern keine echten Wertvorstellungen vermitteln können. Die Kinder wachsen ohne Disziplin und Korrektur auf. Oft hört man die Klage von Lehrern, dass Kinder keine häusliche Autorität und Disziplin erfahren, und Disziplinarmaßnahmen der Schule sogar auf Opposition und Unverständnis bei den Eltern treffen.

Dass Michas Mutter nicht korrigierend auf ihren Sohn einwirkte, war nicht ihr einziger Fehler. Viel schlimmer war, dass sie ihn zur Götzendienerei verführte. Unter ihrer Mitwirkung richtete er ein vollständiges Heiligtum in seinem Haus ein, mit einem Priestergewand, einem geschnitzten und einem gegossenen Bild und einer Anzahl von Hausgötzen, genannt Teraphim. Nicht genug damit, er ging noch einen Schritt weiter und ernannte einen seiner Söhne zum Priester. An diesem Punkt kommt Gottes Kommentar zu Michas Handeln, das die Haltung des gesamten Israel repräsentiert: »Ein jeder tat, was recht war in seinen Augen« (V. 6).

Um uns den vollen Umfang von Michas Ungehorsam vor Augen zu führen, wollen wir die Liste seiner Vergehen noch einmal aufzählen: Er hatte gestohlen. Danach hatte er sich Bilder gemacht in direktem Ungehorsam gegenüber dem zweiten Gebot. Darüber hinaus hatte er ein Heiligtum errichtet im Widerspruch zu Gottes Gebot, dass nur in der Stiftshütte angebetet werden sollte (5. Mose 12,4 u. 14;16,1-7). Schließlich hatte Micha einen falschen Priester eingesetzt. Bestimmt war Michas heiliger Schrein sehr schön. Vielleicht wurde er sogar zu einer Art von Wallfahrtsort. Doch das darf nicht von der Tatsache ablenken, dass er ein Produkt groben Ungehorsams war, und dass Gott ihn hasste.

Warum will Gott nicht, dass man sich Bilder von ihm macht? Immerhin ist doch wichtig, dass Micha kein Baalsbild oder einen anderen falschen Gott anbetete. Mit seinen (Götzen)-Bildern wollte er den wahren Gott und Herrn verehren. Das geht aus Vers 13 klar hervor: »Nun weiß ich, dass der Herr mir wohl tun wird.« Wenn Gott den Götzendienst verbietet, ist in das Verbot die Anbetung von Darstellungen seiner selbst eingeschlossen. Der Gläubige soll sein »Gottesbild« im Herzen haben und nicht vor Augen. Die Anbetung von Gottesbildnissen beraubt Gott der Fülle seiner Ehre und Herrlichkeit.

Niemand mag schlechte Fotografien von sich selbst, und in diesem Zusammenhang ist »schlecht« alles, was nicht zumindest schmeichelhaft ist. Wir haben zu Hause an sehr auffälligem Ort unser Hochzeitsfoto hängen, so dass jeder es sehen kann. Das ist ein Einfall meiner Frau. Ich stehe da, ein eleganter, etwas steifer Bräutigam und muss mir immer wieder Bemerkungen anhören, wie: »Schau dir nur mal seine Frisur an.« Deshalb mag ich das Bild nicht besonders.

Gott misst natürlich nicht mit solch beschränkten, menschlichen Maßstäben. Doch kein Künstler, so begabt er auch sein mag, kann ein Bild schaffen, das die Natur Gottes in all ihrer Fülle wiedergibt. Solche Werke verbergen und verunstalten die Majestät und Größe unseres Gottes. Schon Calvin bemerkt dazu: »Man kann auf der ganzen Welt kein wahrheitsgetreues Bildnis Gottes finden, und deshalb wird seine Ehre beschmutzt, seine Wahrheit verdreht, wenn er in bildlicher Form vor unsere Augen gestellt wird. Ein Bildnis Gottes zu schaffen, ist deshalb gottlos, weil durch diese Entstellung seine Majestät gemindert wird und nicht in seiner wahren Natur dargestellt ist.«[21]

Es ist schlimm genug, wenn andere ein wenig schmeichelhaftes Bild von mir sehen. Schlimmer noch ist, wenn überall Plakate hängen, die zwar meinen Namen tragen, aber jemand anderen darstellen. Ganz unvorstellbar wäre es, wenn z. B. mein Name völlig ohne Grund auf Fahndungsplakaten erschiene.

Das ist der Grund, warum Gott Bildnisse von sich hasst. Sie führen Menschen in die Irre. Sie schaffen einen falschen Eindruck von Gott, und nichts ist gefährlicher als das.

Unser Problem heute ist jedoch nicht, dass wir geschnitzte Bilder haben, sondern geistige. Wir machen uns selbst Vorstellungen. »Ich stelle mir Gott als einen großen Vater vor. Ich mag ihn mir gar nicht als den Richter vorstellen.« Bei all diesen Vorstellungen ist der Wunsch der Vater des Gedankens, und deshalb gehen sie weit an der Wahrheit vorbei. Manchmal überläuft es mich kalt, wenn ich Menschen von Gott sprechen höre. Welche Bedeutung hat eigentlich meine persönliche Vorstellung von Gott? Überhaupt keine. Gott ist, der er ist, und deshalb verbietet er jedes falsche Bild von sich. Alle Versuche des Menschen, Gott in eine gewisse Schablone zu pressen, sind zum Scheitern verurteilt. Gott hat sich offenbart. Er verlangt von uns, dass wir unser Verständnis seiner Gottheit aus seinem Wort beziehen.

Micha hatte sich selbst eine Religion, einen Gott gemacht. Zumindest war er sich dessen bewusst, dass er selbst der Schöpfer dieser Dinge war, denn in Kapitel 18,24 sagt er: »Meine Götter, die ich gemacht hatte, habt ihr genommen.« Welch ein Narr war er doch, um einen Gott zu kämpfen, den man selbst machen, den man stehlen kann! Ich muss an Jesajas herrlichen Sarkasmus in Jesaja 44,9-20 denken, wo er über die Torheit des Götzendienstes spricht.

Unsere Gesellschaft dient zwar keinem gegossenen Götzen, aber sie dient doch einem von Menschen gemachten Gott. Unsere Generation weiß kaum etwas von dem lebendigen Gott, der in der Schrift zu uns spricht. Wir Christen sehen uns in der großen Gefahr, dieser Tendenz nachzugeben und ebenso falschen Göttern zu dienen. Gerade deshalb ist es ungeheuer wichtig für jeden Gläubigen, die Bibel, die Offenbarung Gottes über sich selbst, zu studieren, um so weit wie möglich die Fülle Gottes kennen zulernen.

Noch ein Letztes sollte über Micha und sein Heiligtum angemerkt werden. In Richter 18,31 heißt es: »Und sie stellten sich das

---

21. Zitiert von James Packer, Knowing God, Downers Grove, Illinois, 1973, S. 40.

geschnitzte Bild Michas auf, das er gemacht hatte, alle die Tage, die das Haus Gottes in Silo war.« Ein kurzer Blick auf die Landkarte zeigt uns, dass Silo im Gebirge Ephraim war, nicht weit von Michas Haus. Michas Götzendienerei war also nicht entstanden, weil das Haus Gottes so weit entfernt war, sondern war eine ganz einfache Weigerung, dem Wort Gottes zu gehorchen.

Martin Luther sagte einmal: »Jede Weise, sich Gott vorzustellen, als in der Weise, in der er sich in Christus geoffenbart hat, ist nutzlos und eitler Götzendienst.« Wir können dem hinzufügen, dass alle die Dinge in unserem Leben, denen wir den Wert und die Bedeutung beimessen, die nur Gott gebührt, für uns Götzen darstellen.

Götzendienst ist tatsächlich kein Überbleibsel aus der Vergangenheit; es ist für jeden Gläubigen ein ständiges Problem.

Religion ohne Offenbarung, religiöse Praktiken ohne Gottes Wahrheit sind große Gefahrenquellen in einer Zeit geistlicher Anarchie. Wie stark bist du an die Wahrheit der Bibel gebunden? Ist dein Gottesbild biblisch fundiert? Oder hast du einen Götzen des 20. Jahrhunderts, der von den Philosophien unserer Zeit geformt wurde?

Die Gefahr des Opportunismus
(Richter 17,7-13)

»Und es war ein Jüngling aus Bethlehem-Juda, vom Geschlecht Juda; der war ein Levit und hielt sich daselbst auf. Und der Mann zog aus der Stadt, aus Bethlehem-Juda, um sich aufzuhalten, wo er es treffen würde. Und indem er seines Weges zog, kam er in das Gebirge Ephraim bis zum Hause Michas. Und Micha sprach zu ihm: Woher kommst du? Und er sprach zu ihm: Ich bin ein Levit aus Bethlehem-Juda; und ich gehe hin, mich aufzuhalten, wo ich es treffen werde. Da sprach Micha zu ihm: Bleibe bei mir, und sei mir ein Vater und ein Priester, so werde ich dir jährlich zehn Sekel Silber geben und Ausrüstung an Kleidern und deinen Lebensunterhalt. Und der Levit ging hinein. Und der Levit willigte ein, bei dem Manne zu bleiben; und der Jüngling ward ihm wie einer seiner Söhne. Und Micha weihte den Leviten; und der Jüngling wurde sein Priester und war im Hause Michas. Und Micha sprach: Nun weiß ich, dass der HERR mir wohl tun wird, denn ich habe einen Leviten zum Priester.«

Ein Satz, der zweimal in diesem Abschnitt vorkommt, gibt uns Aufschluss über den wandernden Leviten: »Und der Mann zog aus der Stadt, aus Bethlehem-Juda, um sich aufzuhalten, wo er es treffen würde« (Verse 8 u. 9). In anderen Worten, er wollte sich beruflich verbessern. Das ist ein vollkommen natürlicher Wunsch, und es wäre nichts dagegen einzuwenden gewesen, wenn in diesem Fall der Wunsch nicht gegen den Willen Gottes gewesen wäre. Der Jüngling war ein Levit, und Leviten lebten unter einer Berufung Gottes. Leviten sollten nicht aus opportunistischen Beweggründen umherwandern und nach besseren Jobs suchen. Ihnen waren bestimmte Städte zugewiesen worden, wo sie leben und Gott dienen sollten. Dieser junge Mann hätte wahrscheinlich schon gar nicht in Bethlehem leben dürfen, da Bethlehem keine levitische Stadt war.

Dieser Mann war mit Gottes Plan für sein Leben nicht einverstanden. Gott hatte ihm einen Aufgabenbereich zugewiesen, und wäre er treu seiner Pflicht nachgekommen, hätte Gott seine Verantwortung erweitert. Doch er hatte Größeres mit sich vor; ihm ging es um materielle Verbesserung seiner Lebensumstände.

Dieser Bereich bietet Satan viele Angriffsmöglichkeiten. Wer denkt nicht schon einmal: »Es wäre gut, wenn ich bekannter wäre«; »ich hätte eigentlich ein besseres Gehalt verdient«; »meine Arbeit müsste besser anerkannt werden«? Sehr häufig übernehmen Christen nicht gern eine Aufgabe, weil sie meinen, sie seien zu gut dafür; oder sie suchen sich eine andere Gemeinde, weil man sie in ihrer alten nicht ernst genug nimmt; oder sie ärgern sich, weil andere »wichtigere« Aufgaben haben.

Der junge Levit erreicht die erste Stufe der sozialen Verbesserung, als er Micha kennenlernt. Was geschah, als zwei Menschen ohne Prinzipien aufeinander trafen? Micha wollte einen echten Priester haben, der Levit suchte einen guten Job. Die beiden hatten sich gesucht und gefunden und plötzlich war der Levit ein Priester. Natürlich kein Priester Gottes, sondern durch Menschen ernannt. Aber was machte ihm das aus? Auch diese Handlungsweise war eine Verleugnung des göttlichen Gebotes. In 4. Mose 16 erfahren wir, wie Gott eingriff, als ein Mann namens Korach nach der Priesterwürde griff: Die Erde tat sich auf und verschlang Korach mit seinen Anhängern.

Nach dieser plötzlichen Stabilisierung seiner Einkommensverhältnisse war der Levit für eine Weile befriedigt. Aber nur für eine Weile. Dann in Kapitel 18 besteigt er die nächste soziale Stufe. Eines

Tages kamen fünf Kundschafter des Stammes Dan zu Michas Haus. Sie hörten den Leviten sprechen und merkten, dass er aus dem Süden kam. Als sie erfuhren, dass er ein Levit war, baten sie ihn um seinen Segen. Kurze Zeit später zog der Stamm Dan nach Norden. Unterwegs entschloss man sich, auf Anraten der fünf Kundschafter, Michas Heiligtum zu rauben. Zuerst wollte der Levit den Raub verhindern; aber der Stamm Dan machte ihm ein solch verlockendes finanzielles Angebot, dass er seine Loyalität gegenüber seinem Arbeitgeber aufgab und zum Komplizen wurde (Kapitel 18,19-20). Wenn die Episode nicht so traurig wäre, könnte man über die Bauernschläue des Leviten lachen. Sein Drang nach finanzieller Verbesserung entfernte den Leviten immer weiter von Gott und drängte ihn tiefer in die Sünde. Er hatte als unzufriedener Levit begonnen, nun war er der abtrünnige, gotteslästerliche Priester eines ganzen Stammes. Er trug die Verantwortung dafür, dass der ganze Stamm Dan Götzendienst betrieb. Sein Leben war eine Parodie des Wortes Gottes. Gottlosigkeit ist ein Mittel für großen, weltlichen Gewinn, könnte man in Abwandlung des Verses aus 1. Timotheus 6,6 sagen.

Noch bestürzender wird die Geschichte, wenn wir die volle Identität des jungen Mannes erfahren. In Richter 18,30 wird er »Jonatan, der Sohn Gerschoms, des Sohnes Moses« genannt. Gottseligkeit ist nicht vererbbar. Selbst ein so großer Mann Gottes wie Mose hatte einen so nichtsnutzigen Nachfahren. Jeder muss selbst sein Verhältnis zu Gott bereinigen. Jonatan ist ein extremes Beispiel für eine opportunistische, egoistische Verhaltensweise; aber keiner von uns ist davor gefeit. Wie ist deine Dienstauffassung für Jesus Christus? Suchst du soziale Verbesserung oder willst du etwas für Jesus tun? Bist du mit Gottes Plan für dein Leben einverstanden oder bist du ein Jonatan, der die christliche Erfolgsleiter besteigen will, um Anerkennung, Ansehen und Lob zu sammeln? Wem dienst du? Dir selbst? – Deiner Gemeinde? – Einer Organisation? – Oder dienst du dem Herrn Jesus Christus? Es ist gleichgültig, ob du im vollzeitlichen Dienst stehst oder neben deinem Beruf für Gott arbeiten willst, du musst den Dienst in völliger Übereinstimmung mit Gottes Plan tun. Das ist die Lektion, die wir aus Jonatans Leben lernen können. Jonatans weltlicher Gewinn brachte Verlust für die Ewigkeit. »Die Gottseligkeit mit Genügsamkeit aber ist ein großer Gewinn« (1. Timotheus 6,6).

Die Gefahr des Wohllebens
(Richter 18,1-10 u. 27-31)

»In jenen Tagen war kein König in Israel. Und in jenen Tagen suchte sich der Stamm der Daniter ein Erbteil zum Wohnen, denn bis auf jenen Tag war ihm inmitten der Stämme Israels nichts als Erbteil zugefallen. Und die Kinder Dan sandten fünf Männer aus ihrem Geschlecht, aus ihrer Gesamtheit, tapfere Männer, aus Zora und aus Eschtaol, um das Land auszukundschaften und es zu erforschen; und sie sprachen zu ihnen: Geht hin, erforscht das Land. Und sie kamen in das Gebirge Ephraim bis zum Hause Michas, und sie übernachteten daselbst. Als sie beim Haus Michas waren, erkannten sie die Stimme des Jünglings, des Leviten, und sie wandten sich dahin und sprachen zu ihm: Wer hat dich hier hergebracht, und was tust du hier, und was hast du hier? Und er sprach zu ihnen: So und so hat Micha mir getan; und er hat mich gedungen, und ich bin sein Priester geworden. Und sie sprachen zu ihm: Befrage doch Gott, dass wir wissen, ob unser Weg, auf dem wir ziehen, gelingen wird. Und der Priester sprach zu ihnen: Ziehet hin in Frieden! Vor dem HERRN ist euer Weg, auf dem ihr ziehet. Und die fünf Männer gingen hin und kamen nach Lajisch; und sie sahen das Volk, das darin war, in Sicherheit wohnen, nach Art der Sidonier, ruhig und sicher; und niemand, der die Herrschaft besessen hätte im Lande, tat ihnen irgend etwas zuleide; und sie waren fern von den Sidoniern und hatten mit Menschen nichts zu schaffen. Und sie kamen zu ihren Brüdern nach Zora und Eschtaol. Und ihre Brüder sprachen zu ihnen: Was bringet ihr? Und sie sprachen: Machet euch auf, und lasst uns wider sie hinaufziehen; denn wir haben das Land besehen, und siehe, es ist sehr gut. Und ihr bleibt stille? Seid nicht träge, hinzugeben, um hineinzukommen, das Land in Besitz zu nehmen (wenn ihr kommet, werdet ihr zu einem sicheren Volke kommen, und das Land ist geräumig nach allen Seiten); denn Gott hat es in eure Hand gegeben; es ist ein Ort, wo es an nichts mangelt von allem, was auf Erden ist« (Richter 18,1-10).

»Und so nahmen sie, was Micha gemacht hatte, und den Priester, den er besaß. Und sie überfielen Lajisch, ein ruhiges und sicheres Volk, und schlugen es mit der Schärfe des Schwertes; und die Stadt verbrannten sie mit Feuer. Und kein Erretter war da; denn die Stadt war fern von Sidon, und sie hatten nichts mit Menschen zu schaffen; und sie lag in dem Tale, das nach Bet-Rehob hin

sich erstreckt. Und sie bauten die Stadt wieder auf und wohnten darin; und sie gaben der Stadt den Namen Dan, nach dem Namen Dans, ihres Vaters, welcher dem Israel geboren wurde; dagegen war im Anfang Lajisch der Name der Stadt. – Und die Kinder Dan richteten sich das geschnitzte Bild auf; und Jonatan, der Sohn Gersoms, des Sohnes Moses, er und seine Söhne waren Priester für den Stamm der Daniter bis auf den Tag, da das Land in Gefangenschaft geführt wurde. Und sie stellten sich das geschnitzte Bild Michas auf, das er gemacht hatte, alle die Tage, da das Haus Gottes in Silo war« (Richter 18,27-31).

Richter 18,1 berichtet, dass der Stamm Dan »ein Erbteil zum Wohnen (suchte); denn bis auf jenen Tage war ihm inmitten der Stämme Israels nichts als Erbteil zugefallen.«

Wir dürfen nicht annehmen, dass Dan übergangen worden war, als Josua das Land an die Stämme verteilte. In Josua 19 heißt es ganz klar, dass das Gebiet des Stammes Dan der Landstreifen zwischen Ephraim und Juda und dem Mittelmeer sein sollte. Dan hatte sich geweigert, Gott zu vertrauen und mit seiner Hilfe die Amoriter zu vertreiben. Das Ergebnis war, so lesen wir in Richter 1,34, dass Dan gezwungen war, in zwei Städten im Gebirge zu leben.

Dan hatte zwei Alternativen: Der Stamm konnte wegen seines Unglaubens Buße tun und im Gottvertrauen den Kampf mit den Feinden aufnehmen, wie es Gottes Wille war. Oder man konnte sich ein neues Gebiet suchen, das nicht so dicht besiedelt aber kultiviert war, wo die Einwohner nicht auf einen Angriff vorbereitet waren. Die Leute von Dan wählten diese bequemere, zweite Möglichkeit. Weit im Norden, in Lajisch, fanden sie ein ruhiges Gebiet, das von wenigen Phöniziern bewohnt war, die ohne irgendwelche Bundesgenossen dort lebten. Gott hatte Israel zum Kampf aufgerufen. Dan hatte sich geweigert zu kämpfen, nicht etwa aus Friedfertigkeit, sondern weil den Danitern das ruhige Leben mehr zusagte. Warum sollte man gegen die Philister kämpfen, wenn es gegen Lajisch mit viel weniger Aufwand ging?

Die Vorliebe Dans zum Wohlleben ging Hand in Hand mit seiner Hinwendung zum Götzendienst. Die fünf Kundschafter gingen nicht nach Silo, um den Willen Gottes zu erfahren. Sie gingen zu Michas Heiligtum und verschafften sich einen Priester. Der Stamm Dan wusste, was Gott wollte. Aber er zog einen von Menschenhand gemachten

Gott vor, der sich seinem Lebensstil anpasste und keine Forderungen stellte. Deshalb raubte man Michas Götzen und setzte Jonatan als Priester ein, bevor Lajisch angegriffen wurde.

Das Wohlleben ist für die Christen der westlichen Welt eine der größten Gefahren überhaupt. Es ist so verführerisch, sich sein eigenes kleines Lajisch einzurichten – eine Insel der Ruhe und Beschaulichkeit, wo man in Wohlstand leben kann, ohne an die Bedürfnisse der Welt um uns her zu denken. Was gehen uns die Feinde des Evangeliums an, was kümmern mich die Ansprüche, die Jesus an mein Leben hat! Warum soll ich kämpfen, wenn ich schlafen kann? Warum soll ich Opfer bringen, wenn alles so wunderbar läuft? Du musst dir eins klarmachen. Wenn du in Lajisch wohnen willst, musst du ein Götzendiener werden. Kein Christ kann ein ruhiges Leben führen. Keiner, der das Kreuz liebt, kann sich Gottes Missionsauftrag an der Welt entziehen.

Wenn du als Christ ein bequemes Leben führen willst, unbekümmert um die Not anderer Menschen, und der Ruf Gottes dich nicht berührt, dann wirst du einem Götzen dienen müssen.

Doch wollen wir zunächst einmal verfolgen, wie es dem Stamm Dan weiter erging. Anfänglich waren sie sehr erfolgreich. In den Versen 27-31 sehen wir, dass sie die Einwohner von Lajisch besiegen, die Stadt niederbrennen und neu aufbauen. Dann führten sie ein Leben in Ruhe und Wohlstand mit eigenem Priestertum und Götzenheiligtum.

Es sah so aus, als ob sich alles zum Besten entwickelt hätte. Die Frucht der Sünde erntet man nicht immer sofort. Im 1. Buch Chronika, wo die Namen der Stämme in Israel aufgezählt werden, ist Dan der einzige Stamm, der überhaupt nicht genannt wird.[22] Dan war in Vergessenheit geraten, hatte vermutlich durch Vermischung mit den Philistern seine Identität verloren und existierte nicht mehr.[23] Dan ergriff nicht, was Gott ihm geben wollte, und nahm sich, was ihm nicht gehörte. Deshalb verlor er alles.

Wir können noch einen Schritt weitergehen. In Offenbarung 7 lesen wir von den 144 000 jüdischen Gläubigen, die in der Zeit der Drangsal nach der Entrückung der Gemeinde eine besondere Aufgabe von Gott haben. Auch hier wird Dan nicht erwähnt. Sie weigerten sich, die Aufgabe zu erledigen, die Gott ihnen im Land Kanaan gegeben hatte, und

---

22. Die Genealogie von Sebulon wird auch nicht genannt, wird aber an anderer Stelle erwähnt (1. Chronik 6,63 u. 77; 12,33 u. 40). Dan erscheint nur als geographischer Name, nicht als Stamm.
23. Vgl. 2. Chronik 2,14.

wählten statt dessen das bequeme Leben. Deshalb enthielt Gott ihnen ihren Teil an dem zukünftigen Segensdienst vor.

Wir haben hier in Richter 17 und 18 drei verschiedene ungeistliche Haltungen erlebt. Oberflächlich betrachtet erschienen sie als recht harmlos, erwiesen sich dann jedoch als Wege, die letztlich ins Verderben führten, wie Gottes Wort in Sprüche 14,12 sagt: »Da ist ein Weg, der einem Menschen gerade erscheint, aber sein Ende sind Wege des Todes.« Es spielt keine Rolle, wie gut solches Naschwerk schmeckt, es ist und bleibt wertlos. Und wenn es uns wertvoller wird als das reine Brot des Wortes Gottes, wird es uns zerstören.

Hast du solche gefährlichen Naschereien in deinem Speiseplan? Es kann Michas hausgemachte Religion sein, ein selbstgemachter, angepasster, bequemer Gott – vielleicht suchst du, wie Jonatan, nach materiellem Erfolg. Vielleicht ist dein Geschmack schon vom Wohlleben verdorben, wie das bei Dan der Fall war. Es könnte sogar eine Mischung von allen dreien sein. Sei wachsam – du bist, was du isst!

22

Der Weg durch den Nebel

B*is zum 3. April 1977 hatten nur sehr wenige Menschen etwas von Teneriffa gehört* und noch weniger Leute wussten, wo die kanarischen Inseln überhaupt lagen. Doch an jenem Tag stießen auf der Start- und Landebahn eines kleinen Flughafens zwei Boeing 747 (Jumbo-Jet) zusammen. 575 Menschen waren tot. Tausende trauerten um ihre Angehörigen und die kleine Insel Teneriffa stand im Blickpunkt der Weltöffentlichkeit. Einige Fragen zur Ursache dieser Tragödie werden wohl nie beantwortet werden, obwohl die wichtigsten Tatsachen geklärt werden konnten.

Der kleine Flughafen hatte an diesem Apriltag wesentlich mehr Starts und Landungen zu bewältigen, weil der Hauptflughafen in Las Palmas wegen eines Bombenanschlags geschlossen war. Es gab nur eine einzige befestigte Rollbahn. Das bedeutete, dass die Flugzeuge auf dieser einen Bahn sowohl starten und landen, als auch vom und zum Abfertigungsgebäude rollen mussten. Es war neblig und die zwei Piloten konnten einander nicht sehen. Aus irgendeinem unerklärlichen Grund begann der holländische Pilot seinen Start ohne Genehmigung des Kontrollturmes. Offensichtlich glaubte er, richtig zu handeln, doch er irrte sich. Eine zweite Boeing 747 war im Weg und die Kollision unvermeidlich.

Jeder Pilot muss am Anfang seiner Ausbildung lernen, dass er nicht tun darf, was er für richtig hält, sondern dass er sich ausschließlich nach den Angaben der Fluglotsen im Kontrollturm zu richten hat. Das gilt natürlich ganz besonders bei schlechter Sicht. Der Grund dafür ist leicht verständlich. Der Fluglotse hat Informationen, die dem Piloten nicht zugänglich sind. Er hat die Übersicht über seinen Kontrollabschnitt, während der Pilot nicht mehr weiß, als die Angaben seiner

Instrumente im Cockpit. Nur der Fluglotse kann aufgrund seiner umfassenden Informationen ein Flugzeug sicher leiten. Selbstständiges Handeln des Piloten führt zur Katastrophe.

Dieser selbstverständliche Grundsatz der Luftfahrt ist auch ein wichtiges Lebensprinzip. Wir leben in einer Zeit, in der dichter Nebel die Moral unserer Gesellschaft einhüllt. Die bewährten Orientierungspunkte der Moral sind verschwommen und niemand scheint den Unterschied zwischen Recht und Unrecht zu kennen. Auf ethischem wie auf moralischem Gebiet ist die Sichtweite gleich Null und die Menschen tasten wie blind umher, um irgendeine Richtung zu finden. Unter solchen Umständen ist die Versuchung groß, frei nach eigener Vorstellung zu fliegen, nach eigenen Maßstäben zu leben, das zu tun, was in den eigenen Augen recht ist. Die Schriftstelle, die wir studieren wollen, gibt uns einen lebendigen Eindruck von dem, was passiert, wenn wir nach dieser Methode leben.

Die Alternative ist natürlich, sich von dem Herrn führen zu lassen, der sieht, was wir nicht sehen können, und der weiß, was wir nicht wissen können. Gottes Wort hat verheißen, dass wir sicher durch den Nebel der Unmoral geführt werden, wenn wir nur Gottes Willen folgen und das tun, was in seinen Augen recht ist. Der Herr ist kein Fluglotse, der selbst Fehler machen kann. Er ist der allwissende, liebende Vater, der nur das Beste für seine Kinder will.

Auf manche Art ist der letzte Teil des Buches der Richter der dunkelste Teil der Bibel. Es hat den zweifelhaften Ruhm, die widerlichste Geschichte der Bibel zu enthalten. Kein bewundernswerter Charakter, keine edle Tat schwächen diesen Eindruck ab. Wer diese Kapitel liest, wird von ihnen abgestoßen; man fühlt sich fast selbst schmutzig. Es ist fast so schlimm wie die Lektüre einer heutigen Tageszeitung. Ich übertreibe nicht, denn das, was Israel in jener Zeit so fürchterlich erniedrigte, ist heute ein alltägliches Ereignis.

Vielleicht war das der Grund, warum Gott diese Geschichte erhalten hat. Immerhin wurde die Bibel vom Heiligen Geist inspiriert. (Es wäre gut, wenn du eine Bibel zur Hand nähmest und die drei letzten Kapitel [19, 20 21] vollständig läsest, denn die folgenden Verse sind eine Auswahl, die nur den Hauptgang der Handlung wiedergibt.)

»Und alle Kinder Israel zogen aus, und die Gemeinde, von Dan bis Beerscheba, und das Land Gilead versammelte sich wie ein Mann vor dem HERRN nach Mizpa. Und die Häupter des ganzen Volkes,

aller Stämme Israel, stellten sich in der Versammlung des Volkes Gottes: vierhunderttausend Mann Fußvolk, die das Schwert zogen. – Und die Kinder Benjamin hörten, dass die Kinder Israel nach Mizpa hinaufzogen. – Und die Kinder Israel sprachen: Redet, wie ist diese Übeltat geschehen? Da antwortete der levitische Mann, der Mann der ermordeten Frau, und sprach: Ich war nach Gibea gekommen, das Benjamin gehört, ich und meine Nebenfrau, um dort zu übernachten. Da machten sich die Bürger von Gibea wider mich auf und umringten meinetwegen des Nachts das Haus. Mich gedachten sie umzubringen, und meine Nebenfrau haben sie geschwächt, dass sie starb. Da ergriff ich meine Nebenfrau und zerstückelte sie und sandte sie in das ganze Gefilde des Erbteils Israels; denn sie haben ein Verbrechen und eine Schandtat begangen in Israel. Siehe, hier seid ihr allesamt, Kinder Israel: gebet eure Meinung und euren Rat allhier! Und das ganze Volk stand auf wie ein Mann und sprach: Wir wollen nicht gehen, ein jeder nach seinem Zelte, und nicht kehren, ein jeder in sein Haus; sondern dies ist die Sache, die wir jetzt an Gibea tun wollen: ziehen wir wider dasselbe nach dem Lose; und nehmen wir zehn Männer von hundert, von allen Stämmen Israels, und hundert von tausend und tausend von zehntausend, um Zehrung für das Volk zu holen, damit, wenn sie nach Gibea-Benjamin kommen, man an ihm tue nach all der Schandtat, die es in Israel begangen hat. Und alle Männer von Israel versammelten sich gegen die Stadt, wie ein Mann verbündet.

Und die Stämme Israels sandten Männer in alle Geschlechter Benjamins und sprachen: Was ist das für eine Übeltat, die unter euch geschehen ist! So gebet nun die Männer, die Söhne Belials, heraus, die in Gibea sind, dass wir sie töten und das Böse aus Israel hinwegschaffen! Aber die Kinder Benjamin wollten nicht auf die Stimme ihrer Brüder, der Kinder Israel, hören; und die Kinder Benjamin versammelten sich aus den Städten nach Gibea, um auszuziehen zum Streit mit den Kindern Israel« (Richter 20,1-14).

»Die Männer von Israel hatten aber zu Mizpa geschworen und gesagt: Niemand von uns soll seine Tochter den Benjaminitern zur Frau geben! Und das Volk kam nach Bethel, und sie blieben daselbst bis an den Abend vor Gott; und sie erhoben ihre Stimme und weinten sehr und sprachen: Warum, HERR, Gott Israels, ist dieses in Israel geschehen, dass heute ein Stamm aus Israel vermisst wird? Und es geschah am anderen Tage, da machte sich das

Volk früh auf, und sie bauten daselbst einen Altar und opferten Brandopfer und Friedensopfer. Und die Kinder Israel sprachen: Wer von allen Stämmen Israels ist nicht in die Versammlung zu dem HERRN heraufgekommen? Denn ein großer Schwur war geschehen betreffs dessen, der nicht zu dem HERRN nach Mizpa heraufkäme, indem man sprach: Er soll gewisslich getötet werden! Und die Kinder Israel ließen sich's gereuen über Benjamin, ihren Bruder, und sie sprachen: Heute ist ein Stamm von Israel abgehauen! Was sollen wir ihnen, den Übriggebliebenen, tun betreffs der Frauen? Wir haben ja bei dem HERRN geschworen, ihnen keine von unseren Töchtern als Frauen zu geben. Und sie sprachen: Gibt es irgendeinen von den Stämmen Israels, der nicht zu dem HERRN nach Mizpa heraufgekommen ist? Und siehe, kein Mann von Jabesch-Gilead war ins Lager, in die Versammlung gekommen. Und das Volk wurde gemustert, und siehe, kein Mann war da von den Bewohnern von Jabesch-Gilead. Da sandte die Gemeinde zwölftausend Mann von den tapferen Männern dorthin, und sie geboten ihnen und sprachen: Gehet hin und schlaget die Bewohner von Jabesch-Gilead mit der Schärfe des Schwertes, auch die Weiber und die Kinder! Und dies ist es, was ihr tun sollt: alle Männlichen und alle Frauen, die den Beischlaf eines Mannes gekannt haben, sollt ihr verbannen. Und sie fanden unter den Bewohnern von Jabesch-Gilead vierhundert Mädchen, Jungfrauen, die keinen Mann im Beischlaf erkannt hatten; und sie brachten sie ins Lager nach Silo, das im Lande Kanaan ist. Und die ganze Gemeinde sandte hin und redete zu den Kindern Benjamin, die am Felsen Rimmon waren, und entbot ihnen Frieden. Und Benjamin kehrte in selbiger Zeit zurück; und sie gaben ihnen die Frauen, welche sie hatten leben lassen von den Frauen von Jabesch-Gilead; aber sie fanden so nicht genug für sie. Und das Volk ließ sich's gereuen, weil der HERR einen Riss gemacht hatte in den Stämmen Israels« (Richter 21,1-15).

»Und die Kinder Benjamin taten also und nahmen sich Frauen, nach ihrer Zahl, von den Tänzerinnen, die sie raubten. Und sie zogen fort und kehrten in ihr Erbteil zurück; und sie bauten die Städte wieder auf und wohnten darin. Und die Kinder Israel zogen in selbiger Zeit von dannen, ein jeder zu seinem Stamme und zu seinem Geschlecht; und sie zogen von dannen hinweg, ein jeder in sein Erbteil.

In jenen Tagen war kein König in Israel; ein jeder tat, was recht war in seinen Augen« (Richter 21,23-25)

Nachdem das My Lai Massaker[24] aufgedeckt und Leutnant William Calley wegen seiner Beteiligung zu einer langjährigen Haftstrafe verurteilt worden war, zeigte ihn eine Karikatur in seiner Zelle. Der Karikaturist legte ihm folgende Worte in den Mund: »Es kann nicht falsch gewesen sein, sonst hätte ich doch Gewissensbisse!«

Man kann sich kaum vorstellen, dass ein Mann, der an einem derart brutalen Verbrechen beteiligt war, nicht seine Schuld einzusehen vermag. Doch im Buch der Richter gibt es Parallelen auch zu dieser Erscheinung. Die letzten fünf Kapitel des Buches sind geprägt von geistlicher und moralischer Anarchie und charakterisiert durch die wiederholten Worte: »In jenen Tagen war kein König in Israel; ein jeder tat, was recht war in seinen Augen.« Die Menschen waren tief in der Sünde verstrickt und glaubten, sie handelten richtig.

Sehen wir das gleiche nicht um uns her? Unsere Gesellschaft lebt in tiefer Unmoral, die sogar öffentlich von angesehenen, attraktiven Menschen wortgewandt verteidigt wird. Man findet kaum eine Perversion, die nicht von irgendjemandem als notwendig für die menschliche Freiheit angesehen wird. Ich muss an einen Mann denken, der sein Leben in den folgenden Worten zusammenfasste: »Ich habe die besten Jahre meines Lebens damit verbracht, den Menschen Vergnügen und Entspannung zu bereiten. Alles, was ich davon habe, ist, dass ich beschimpft und verfolgt werde.« Wer war dieser arme, verfolgte, unverstandene Menschenfreund? Es war Al Capone, einer der gefährlichsten amerikanischen Gangster zwischen 1925 und 1931.

Wenn Gott uns verlässt, dann sind wir wirklich verlassen. Das können wir aus der Bibel und aus der Geschichte lernen. Außerdem wird es hier im Buch der Richter im bedruckenden Detail dargestellt.

24. Anmerk. d. Übers.: Durch das Massaker von My Lai während des Vietnam-Krieges im März 1968 wurde die amerikanische Öffentlichkeit zum ersten Mal auf amerikanische Kriegsverbrechen aufmerksam gemacht. Bis dahin hatte man Kriegsverbrechen nur im Zusammenhang mit dem Nazi-Deutschland gesehen.

Die Vergewaltigung der Nebenfrau
(Kapitel 19)

Die Geschichte beginnt mit einem Leviten – sein Name wird nicht erwähnt -, der mit seiner Nebenfrau im Gebirge Ephraim lebte. Eine Nebenfrau war sozusagen eine Frau zweiter Klasse, die entweder eine Sklavin war oder keine Mitgift in die Ehe gebracht hatte. Die Nebenfrau dieses Leviten betrog ihren Mann, verließ ihn und ging zurück zu ihrem Vater nach Bethlehem. Nach vier Monaten merkte der Mann, dass seine Frau wohl nicht mehr aus freien Stücken zu ihm zurückkehren würde, und machte sich auf nach Bethlehem, um mit ihr zu sprechen und sie dazu zu bewegen, wieder mit ihm zu leben. Der Vater der Frau war froh über die Bemühungen des Leviten; denn seine Tochter hatte mit ihrem Lebenswandel Schande über die Familie gebracht. Deshalb bereitete er ein großes Fest, welches mehrere Tage dauerte. Endlich machte sich der Levit mit seiner Nebenfrau und einem Diener auf den Heimweg. Als es dunkel wurde, waren sie in der Nähe von Jerusalem, doch der Levit wollte nicht dort übernachten, weil Jerusalem eine heidnische Stadt war. Deshalb wanderten sie weiter bis nach Gibea im Gebiet des Stammes Benjamin. Es gab keine Herberge dort. In solchen Fällen war es Sitte, dass die Reisenden sich auf den Marktplatz begaben und warteten, bis ein Einwohner ihnen seine Gastfreundschaft anbot. Das geschah jedoch nicht, was ein schlimmes Vergehen gegen das Gesetz der Gastfreundschaft war. Schließlich kam ein alter Mann, ein Bauer aus Ephraim, und bot ihnen sein Haus an.

Hier wird die Geschichte nun erst recht widerlich. Im Verlauf des Gastmahls im Haus des alten Mannes klopfte es auf einmal an die Tür. Die Männer der Stadt verlangten die Herausgabe des Leviten, um ihn homosexuell missbrauchen zu können. Der alte Mann war schockiert und voller Furcht. »Tut doch nicht übel«... sagte er, »... siehe meine Tochter, die Jungfrau, und seine Nebenfrau, lasset mich doch sie herausführen ... und tut mit ihnen, was gut ist in euren Augen.« Doch die Männer fuhren fort, an die Türe zu hämmern, bis der Levit in verachtungswürdiger Feigheit seine Nebenfrau ergriff und sie vor die Tür schickte. Die Benjaminiter missbrauchten sie eine Nacht lang und ließen sie dann vor der Haustüre liegen. Bei Tagesanbruch wollte der Levit weiterreisen und fand seine Frau an der Türschwelle liegen. »Stehe auf und lass uns gehen«, sagte er ohne jedes Mitgefühl. Doch sie war tot. Er nahm sie auf seinen Esel und brachte sie nach Hause, wo er ihren Leichnam in 12 Stücke schnitt, die er in alle Teile Israels sandte, um die furchtbare Tat bekanntzumachen.

Die Rache Israels

(Richter 20)

Als die Israeliten die blutigen Beweisstücke des widerlichen Verbrechens sahen, schrieen sie nach grausamer Rache.

Zu keiner Zeit brauchte Israel Gottes Führung mehr als jetzt. Die 400 000 Männer von Mizpa waren entschlossen, die Ungerechtigkeit von Gibea zu bestrafen. Israel stand am Rand eines Bürgerkrieges, und doch war keiner da, der auf den Gedanken kam, Gott um Rat zu bitten. Statt dessen taten sie, was in ihren Augen recht war, und schworen drei Eide:

1. Niemand wird nach Hause gehen, bis Gibea zerstört ist.
2. Jeder, der nicht an dem Kampf gegen Gibea teilnimmt, wird getötet.
3. Niemand darf seiner Tochter erlauben, einen Benjaminiter zu heiraten.

Dann wurde ein Bote nach Benjamin geschickt, mit der Forderung, die Männer von Gibea auszuliefern. Benjamin wies diese Forderung zurück und war sogar bereit, die Männer von Gibea zu verteidigen und stellte deshalb eine Armee von 26 000 Mann auf.

Die Kräfteverhältnisse waren ungleich verteilt: 26 000 Männer des Stammes Benjamin gegen 400 000 Israeliten. Trotzdem konnten die Benjaminiter ihren Gegnern anfänglich schwere Verluste zufügen, wie wir in den Versen 18-25 lesen; denn das Gebiet war gebirgig und gut zu verteidigen. Erst als 40 000 ihrer Krieger erschlagen waren, wandten sich die Israeliten an Gott und baten um Führung und Hilfe. Endlich, in der letzten Schlacht wurden alle Benjaminiter getötet bis auf 600, die sich am Felsen Rimmon versteckten.

Die Frucht der Sünde
(Richter 21)

Wir kommen nun zum dritten Teil der Geschichte. Ganz plötzlich erwachte Israel aus seinem Racherausch und erkannte, was es getan hatte. Sie hatten fast einen ganzen Stamm ihres Volkes ausgelöscht und hätten damit eine dauernde Lücke geschaffen. Es ist typisch, dass sie nun nicht die Schuld bei sich selbst suchten, sondern sich umwendeten und sprachen: »Warum, Herr, Gott Israels, ist dieses in Israel geschehen?« (Vers 3).

Dieser Aufschrei darf auf keinen Fall als Zeichen der Reue verstanden werden; vielmehr beweist er uns, wie wenig Israel bereit war, aus seinen Fehlern zu lernen. Das sehen wir am Fortgang des Geschehens.

Die Frage erhob sich nun, wie konnte der Stamm Benjamin mit 600 Männern fortbestehen ohne Frauen. Der Schwur, Benjamin keine Töchter zu geben, besaß ja noch Gültigkeit. Auch hier fand sich nach einigem Überlegen eine »gute« Lösung, die das Problem elegant umging. Statt zuzugeben, dass man einen Fehler gemacht hatte, fand man einen sehr grausamen Ausweg: Es fiel den Israeliten plötzlich auf, dass aus der im Norden gelegenen Region von Jabesch-Gilead keine Soldaten zum Kampf gegen Benjamin geschickt worden waren. Die Gründe dafür interessierten nicht. Kurzerhand wurde ein Strafkorps von 12 000 Mann aufgestellt, die nach Jabesch-Gilead zogen und alle Einwohner töteten, mit Ausnahme der unverheirateten Mädchen. Das Unternehmen war nur ein Teilerfolg, denn man fand nur 400 heiratsfähige Mädchen. Nun war guter Rat teuer, aber nicht für lange Zeit. Dann überlegte man noch einmal die Formulierung des Schwurs und fand heraus: »Wir haben geschworen, den Benjaminitern keine unserer Töchter zu geben! Wenn sie sich Mädchen von uns rauben, sind zwei Fliegen mit einer Klappe geschlagen: Wir haben unseren Schwur gehalten, und sie haben Frauen.« Gesagt, getan, sie eröffneten den Benjaminitern ihren Plan, und diese gingen freudig darauf ein.

Ein Film, der vor einigen Jahren etliche »Oscars«[25] gewann, wurde mit folgendem Satz dem Kinopublikum angekündigt: »Filmbesucher! Wenn Ihnen Gewalt, Tollheit, Vergewaltigung, Diebstahl und Blutvergießen Vergnügen bereiten, dann ist dieser Film das richtige für Sie!«

---

25. Begehrtester amerikanischer Filmpreis, der jährlich vergeben wird.

Millionen kamen und sahen den Film. Das ist symptomatisch für die Verderbtheit unserer Gesellschaft.

Israel praktizierte solche Perversionen. Wir gehen noch einen Schritt weiter. Nicht genug damit, dass bei uns die gleichen und noch schlimmere Perversionen an der Tagesordnung sind, nein, wir feiern sie auch noch zu Tausenden in Filmen und Shows und haben unser Vergnügen im Zuschauen. Wir lassen uns von Unmoral unterhalten und Gottlosigkeit vermittelt uns einen Nervenkitzel. Der Grund für das abscheuerregende Geschehen in den drei letzten Kapiteln des Buches der Richter ist, dass die Menschen zu jeder Zeit auf der Basis ihres eigenen Rechtsempfindens handelten.

Für die Männer von Gibea waren homosexuelle Praktiken nichts Unrechtes. Der Levit und der alte Bauer hielten homosexuelle Handlungen für Sünde, hatten aber nichts gegen die Vergewaltigung einer Frau einzuwenden. Die Männer von Benjamin waren bereit, die Sünde ihrer Stammesbrüder zu akzeptieren. Ganz Israel glaubte, Rache sei eine legitime Bestrafung, und sah Mord und Menschenraub als Möglichkeiten der Problemlösung an.

Dabei ist interessant, dass kein Teil dieser Verirrungen in direktem Zusammenhang mit Baalsdienst oder anderer Götzenanbetung stand. Der eigentliche Grund lag darin, dass jeder einzelne das Gesetz Gottes ignorierte, das tat, was in seinen Augen recht war, und so die ganze Nation in einen moralischen Zusammenbruch geführt wurde.

Die Natur der Sünde

In der Geschichte, die wir oben gelesen haben, bekommen wir einen interessanten Einblick in die Natur der Sünde. In unserer Einfalt denken wir oft an Sünden, einzelne Akte des Ungehorsams, die nichts miteinander zu tun haben.

Die Bibel sieht Sünde jedoch organisch, als eine ungeheure Kette von Ursache und Wirkung, die eine ganze Gesellschaft in moralischen Verfall treiben kann, wenn man nicht rechtzeitig Einhalt gebietet. Noch nie wurde eine Sünde ohne Folgen begangen. Es gibt keine Sünde ohne Opfer. Jede Sünde wirkt sich auch auf die Gesellschaft als Gesamtheit aus. Eine alte Geschichte erzählt von einem Segelschiff, auf dem ein Passagier ein Loch in die Bordwand machte. Als die Seeleute ihn zur Rede stellten, sagte er: »Was kümmert euch das denn? Das Loch ist doch in meiner Kabine!«

Wenn du verstanden hast, wie absurd jener Passagier handelte, dann hast du einen tiefen Einblick in die Haltung der Bibel zur Sünde bekommen. Die Menschen verlangen immer mehr sogenannte Freiheit und wollen tun und lassen, was sie wollen, und wundern sich, wenn das Schiff sich mit Wasser füllt und zu sinken anfängt. Wir leben nicht nur für uns selbst, und wir sündigen nicht nur uns selbst.

Die innere Abhängigkeit der Sünde ist hier lebendig illustriert. An welcher Stelle kam Israel vom richtigen Weg ab? Wo fing das Problem an? Die Antwort auf diese Fragen ist nicht ganz leicht. Aber lesen wir noch einmal Richter 20,27-28: »... Denn die Lade des Bundes Gottes war dort (in Bethel) in jenen Tagen.« Verstehen wir die Bedeutung dieser Bemerkung? Wir wissen aus den Büchern Josua, Richter und 1. Samuel, dass die Stiftshütte in Silo war und die Bundeslade in das Allerheiligste der Stiftshütte gehörte. Die Lade war so heilig, dass kein Mensch sie anblicken durfte, außer dem Hohenpriester einmal im Jahr. Jedoch die Heiligkeit Gottes war so gering geachtet, dass der Hohepriester zugelassen hatte, dass die Bundeslade aus dem Heiligtum genommen und nach Bethel gebracht worden war. Das war krasser Ungehorsam gegenüber dem erklärten Willen Gottes.

Diese geistliche Sünde, die Unterschätzung der Heiligkeit Gottes, führt direkten Weges zur nächsten, der sexuellen Sünde in ihren verschiedenen Formen: der Ehebruch der Nebenfrau, Homosexualität und Vergewaltigung in Gibea.

Oberflächlich betrachtet hat man den Eindruck, dass sexuelle Verfehlung die privateste aller Sünde sei. Hört man nicht immer wieder: »Es geht keinen etwas an, was zwei Erwachsene miteinander treiben. Es schadet doch keinem anderen?«

Das ist ganz einfach Unsinn. Fast immer sind andere Menschen von der Sünde mit betroffen. Darüber hinaus steht fest, dass unsere Einstellung zur Geschlechtlichkeit einer der bestimmendsten Faktoren in unserem Leben ist. Sexuelle Verfehlungen mindern unsere Achtung vor den Mitmenschen und vor dem Leben überhaupt. Sexuelle Unmoral brutalisiert und entmenschlicht uns. Deshalb ist unser »Ich«, unser Wesen, viel mehr betroffen als bei irgendeiner anderen Sünde.

Wir erinnern uns, dass homosexuelle Lust der Kern der Sünde in Gibea war. In Römer 1 sagt Paulus, dass die Verbreitung von Homosexualität ein Anzeichen dafür sei, dass die Menschen die Wahrheit Gottes abgelehnt hätten und deshalb auch von ihm »dahingegeben (seien) in schändliche Leidenschaften.« Sodom und Gibea sind Symbole dafür, und es wirft ein bezeichnendes Licht auf unsere Gesellschaft, dass eine Sache, die die Bibel »unnatürlich« und »schädlich« nennt (Römer 1,26-27), heute allgemein akzeptiert wird.

Ich habe bereits angedeutet, dass sexuelle Sünde oft zu Missachtung menschlichen Lebens, zur Verachtung der Menschenwürde führt. Hier drückt sich das aus in der Schändung der Frau in Gibea, in der – fast völligen – Vernichtung des Stammes Benjamin, in dem Massaker in Jabesch-Gilead und dem Menschenraub in Silo.

Hast du dieses Abgleiten in immer tiefere Sünde verfolgen können? Sünde macht korrupt und stumpft ab. So verliert man den Sinn für die Heiligkeit und die Größe Gottes und findet sich plötzlich in der sexuellen Sünde, von der Paulus sagt, dass sie die Sünde gegen den eigenen Leib sei.

Sie führt zum Verlust der Selbstachtung und zur Verachtung der Mitmenschen. Sie verleitet uns, Menschen wie Dinge, wie bewegliche Güter zu behandeln. Die Sünde verwüstet unseren Geist, unser Verhältnis zu Gott wird gestört, sie zerbricht unsere Seele und zieht uns auf den animalischen Bereich herab, so dass wir nur mehr als Leib leben und unsere menschlichen Züge fast verblasst sind.

Das ist die Entwicklung sowohl in Richter 19,20-21 wie auch im 20. Jahrhundert.

Einige grundsätzliche Gedanken

So hässlich das ist, was wir in Richter 19-21 erlebt haben, können wir doch einige Grundregeln daraus entnehmen, die auch für uns relevant sind. In dem besprochenen Text gibt es so viele Parallelen zu unserer Zeit, dass es sich fast wie ein Drehbuch zu einem modernen Film liest. Versuchen wir deshalb, uns einige grundsätzliche Verhaltensregeln anzueignen, damit wir in dieser haltlosen Gesellschaft moralisch und geistlich überleben können.

1. *Die Basis der moralischen Verhaltensweise hat große Bedeutung.* Die Frage, warum man etwas tut, ist genauso wichtig, wie die Frage, was man tut. Vielleicht sollte ich an einem Beispiel erklären, was ich meine. Viele Jahre lang wurde vorehelicher Geschlechtsverkehr deshalb abgelehnt, weil stets die Gefahr der Empfängnis bestand. Heute haben zwei Dinge dieses Argument entkräftet. Es gibt verlässliche Methoden der Empfängnisverhütung, und gleich-

zeitig entwickelte sich eine sogenannte liberale Haltung zu gelegentlichen geschlechtlichen Beziehungen.

Wenn Furcht vor ungewollter Schwangerschaft der einzige Grund für sexuelle Reinheit ist, dann ist die heutige unmoralische Einstellung die natürliche Folge. Unsere moderne Technologie hat das Problem gelöst.

Wenn natürlich unser Verhalten sich nicht auf die absoluten Moralwerte Gottes gründet, wird jeder letztlich das tun, was er für gut hält. Sicher, man mag gewisse ethische Grundsätze haben und z. B. von der Erziehung oder religiöser Tradition beeinflusst sein oder sich am Lebensstil von Rock-Musikern oder Hollywoodstars orientieren. Jede Lebenstheorie aber, die nicht auf Gottes Wort fußt, ist nur eine hohle Schale.

2. *Der ethische Relativismus*[26] *erniedrigt uns und macht uns weniger menschlich.* Man braucht kein Genie zu sein, um zu erkennen, dass unsere Gesellschaft ethisch und moralisch in erschreckender Verwirrung ist. Wir haben die Fähigkeit verloren, zwischen Gut und Böse zu entscheiden. Die vorherrschende Tendenz ist, nach eigenen, egoistischen Maßstäben zu leben. Moderne Musik, Filme und Literatur machen vereinte Anstrengungen, um zu beweisen, dass frühere Werte keine Bedeutung mehr haben.

   Ich muss dabei unwillkürlich an 2. Petrus 2,19 denken. Petrus spricht an dieser Stelle von Menschen, die diese Philosophie propagieren, und sagt: »Sie versprechen ihnen Freiheit, während sie selbst Sklaven des Verderbens sind; denn von wem jemand überwältigt ist, dem ist er auch als Sklave unterworfen.« Diese neue Moral zieht eine tragische Kette enttäuschter Träume und zerbrochenen Lebens nach sich, und diejenigen, die am lautesten »Freiheit« rufen, sind am tiefsten versklavt. Eine Sache wird nicht dadurch richtig, dass man sie für richtig hält. Wir sehen an Richter 19-21, was die Folgen moralischer Anarchie sind. Die sogenannte »neue Moral« ist nichts weiter als eine verfeinerte Form der hier beschriebenen alten Unmoral. Sie ist noch mehr: sie ist ein Krebsgeschwür, das sich schnell ausbreitet und letztlich zur Zerstörung führt.

---

26. Ethischer Relativismus: Die Ansicht, dass Gut oder Böse, Richtig oder Falsch nicht absolut ist, sondern variabel, relativ, abhängig von Person, Umständen und sozialen Bedingungen.

3. *Theologie und Moral können nicht voneinander getrennt werden.* Die einzig sichere Basis für Moral ist der Charakter und das Wort Gottes. Recht und Unrecht zu beurteilen ist nicht Menschensache. Gleichgültig ist daher, welche Ansichten Psychologen, Soziologen, Verleger, Filmproduzenten und Musiker, d. h. alle unsere modernen »Propheten«, über Recht und Unrecht haben. Ein Wort von Gott trägt mehr Autorität in sich, als Millionen Worte von ihnen. Sie können genau sowenig entscheiden, was Moral ist, wie sie keinen Einfluss auf die Erdumdrehung haben. Diese Entscheidungen sind einem heiligen und gerechten Gott vorbehalten.
   Erinnern wir uns an das Beispiel am Anfang dieses Kapitels. Alle im Cockpit der Boeing 747 glaubten, dass sie richtig handelten. Alle irrten sich. Die folgenden drei Punkte können jedem Gläubigen als Wegweiser durch den Nebel der Unmoral dienen.
   - Unser Gott ist ein heiliger Gott. Er allein entscheidet, was gut und böse ist. Er ist unser Vater, der seine Kinder liebt und nur das Beste für sie will.
   - Gott hat sich in Jesus Christus geoffenbart. Nur durch ihn haben wir Leben und ewiges Leben. Er ist der Weg, die Wahrheit und das Leben. Ohne ihn hat nichts einen Sinn.
   - Gott hat in seinem Wort gesprochen. Die Schrift ist absolut und bedingungslos verlässlich. Wenn wir unser Leben nach ihr ausrichten, sind wir für alle Fälle des Lebens gerüstet.

   Über diese drei Punkte hinaus gibt es keine andere Moral.
4. *Die Alternative zu dem Umhertasten im Nebel der Unmoral ist* also nicht etwa Gesetzlichkeit oder Askese, sondern *ein persönlicher, dynamischer Glaube an den Herrn Jesus.* Viele Gläubige erwecken den Eindruck, als sei der Glaube ein Leben ohne jede Freude. Genau das Gegenteil ist der Fall. Nach dem Willen Gottes zu leben, bringt Freude, führt zur Lebensbejahung. Niemand warf dem Herrn Jesus je vor, er sei ein sich selbstkasteiender Mönch oder ein Asket gewesen. Er führt uns einen sicheren, guten, freudevollen Weg durchs Leben. Wer ihm nachfolgt, findet das Leben.
5. *Es ist wichtig,* nicht nur Gottes Antworten zu wissen, sondern sie uns so zu verinnerlichen, dass sie ein Teil von uns selbst werden. Wenn dann die Sicht schlecht wird und der Weg unsicher erscheint, dann müssen wir nicht erst lange suchen und fragen, sondern können, fast instinktiv, den richtigen Weg gehen, weil wir Jesu Gesinnung im Herzen tragen.

Deshalb ist die Umgebung, in der wir leben, von so großer Bedeutung. Wir lernen am Beispiel der anderen Gläubigen. Die Gemeinschaft der Kinder Gottes hat eine bewahrende, beschützende Wirkung. Wenn wir ständig mit falschen Wertvorstellungen bombardiert werden, ist es schwer, sich deren Einfluss zu entziehen. Die Möglichkeit, mit anderen Gläubigen unsere Schwierigkeiten und Anfechtungen zu besprechen, ist deshalb von solch unschätzbarem Wert.

Wir müssen tief in das Wort Gottes eindringen. Die einzige Realität ist Leben, so wie Gott es sieht. Wenn wir sein Wort lesen, dann vertreibt es den Nebel, der uns den Horizont verdeckt. Über die Belehrung hinaus ist es wichtig, zur Anwendung des neu Gelernten zu kommen. Es ist sicher wichtig, unsere Kinder zu fragen: »Was habt ihr heute in der Sonntagschule gelernt?« Doch dann sollte sich die Frage anschließen: »Wie hilft euch das nun in der kommenden Woche?« – Die gleiche Frage sollten wir uns selbst auch immer wieder stellen.

Der Weg, den die Welt geht, führt unausweichlich ins Verderben. Millionen Menschen leben nur nach ihrem eigenen Willen. Gott hat uns aufgerufen, nach seinem Willen zu leben. Der sichere Weg ist nicht, wie in Richter 21,25: »ein jeder tat, was recht war in seinen Augen«, sondern beachte die kleine aber bedeutsame Änderung: »Ein jeder tat, was recht war in Seinen Augen.« Wenn Menschen zur Zeit der Richter diesen kleinen Unterschied in ihrem Leben verwirklichten, konnte Gott sie gebrauchen und seinem Volk Frieden und Freiheit bringen.

Wir wollen versuchen, Hebräer 12,1-2 auszuleben: »Deshalb lasst nun auch uns ... jede Bürde und die leicht umstrickende Sünde ablegen und mit Ausharren laufen den vor uns liegenden Wettlauf, indem wir hinschauen auf Jesus, den Anfänger und Vollender des Glaubens.«

Die Sünde, die uns immer wieder zum Fallen bringt, ist die Sünde des Unglaubens. Die ständige Gefahr liegt in mangelnder Ausdauer und ungenügender Hingabe an den Herrn. In einer Zeit wie der unseren ist es schwer, die Ausdauer zu bewahren, besonders, wenn wir auf uns selbst oder unsere Umstände sehen. Deshalb müssen unsere Herzen auf Jesus ausgerichtet sein.

Wenn ich das Leben bedeutender Christen studiere, werde ich angeregt und ermutigt, aber gewöhnlich auch enttäuscht. Wenn ich dann jedoch den Blick auf Jesus richte, werde ich nicht nur ermutigt, sondern auch gestärkt und befähigt. Das ist der einzige Weg!

Schlusswort

Wir sind durch eine Kluft von 3 000 Jahren von der Zeit der Richter getrennt. Unsere moderne Technologie lässt diesen Abstand noch größer erscheinen, und wir fragen uns, wie wir in jener Zeit etwas finden können, was für uns in irgendeiner Weise von Bedeutung ist. Doch wenn wir genauer hinsehen, wird diese Kluft immer enger. Wir sehen das Volk Gottes in einem tödlichen Konflikt von geistlichen Erkenntnissen und den Übeln der Zeit, Relativismus, sexuelle »Befreiung« und religiöser Anarchie. Das Motto ist: »Jeder tat, was recht war in seinen Augen.« Im Buch der Richter haben wir ein Porträt der Auswirkungen solcher Lebensweise.

Wir können die Worte des Apostels Paulus über das Buch setzen: »Diese Dinge aber sind als Vorbilder für uns geschehen, damit uns nicht nach bösen Dingen gelüstet, wie es jene gelüstete ... Auch lasst uns nicht Unzucht treiben ... Lasst uns auch den Herrn nicht versuchen ... Murret auch nicht ... Alles dies aber widerfuhr jenen als Vorbild und ist geschrieben worden zur Ermahnung für uns, über die das Ende der Zeitalter gekommen ist« (1. Korinther 10,6-11).

Eines der Hauptanliegen des Buches der Richter ist, auf die Gefahr der Sünde hinzuweisen. Es ist unerheblich, wie viel wir in der Vergangenheit für den Herrn getan haben. Wenn wir die Augen nicht mehr auf den Herrn Jesus richten, fallen wir in Sünde. Jeder Gläubige hat »tönerne Füße« und wenn er versucht, in einer Gesellschaft ohne Maßstäbe auf eigenen Füßen zu stehen, so wird seine Standfestigkeit bald zerbröckeln, er wird versagen. Das können wir von einem Gideon, Jeftah oder Simson lernen. »Daher, wer zu stehen meint, sehe zu, dass er nicht falle« (1. Korinther 10,12).

Aber das Buch der Richter wurde auch »zu unserer Belehrung geschrieben, damit wir durch das Ausharren und durch die Ermunterung der Schriften die Hoffnung haben« (Römer 15,4). Genauso, wie wir von starken Männern lesen, die durch Eigenwillen und Selbstvertrauen schwach wurden, hören wir im Buch der Richter von schwachen Männern, die durch ihren Glauben an Gott und sein Wirken in ihrem Leben stark wurden. Gerade hier wird die umgestaltende Kraft des Heiligen Geistes im Leben der Diener Gottes im Alten Bund beschrieben. Wir sehen, wie der Herr schwachen Männern »eherne Herzen« gab. Deshalb haben wir die herrliche Gewissheit, dass der Heilige Geist heute noch größere Dinge mit uns tun kann, als das bei den Gläubigen des Alten Bundes möglich war. Wir dienen einem gekreuzigten, auferstandenen Heiland. Wir leben durch die Kraft seines uns innewohnenden Geistes. Wir besitzen das vollständige, unfehlbare Wort Gottes. Deshalb können wir auf ungleich reichere Reserven zurückgreifen, als das den Richtern möglich war.

Im Kern jedoch bleibt die Sache dieselbe. Wir können keinen Sieg erleben, es sei denn, wir haben eine dynamische, auf Gehorsam und Liebe gegründete Gemeinschaft mit dem Herrn Jesus. Ein eindeutig positives Leben in einer durch und durch weltlich gesinnten Zeit ist nicht das Resultat einer bestimmten Technik, sondern beruht auf dem täglichen Wandel mit dem Herrn Jesus.

Der Apostel Paulus war ein Mann, der aufgrund seiner geistlichen Erkenntnisse weit über der Masse der Gläubigen stand. Der Herr kannte die Gefahr, in der Paulus sich deshalb befand, und um Selbstvertrauen und Selbsterhöhung von vornherein auszuschließen, gab er Paulus ein physisches Leiden, damit er diese Wahrheit geistlichen Lebens lerne. »Denn wenn ich schwach bin, dann bin ich stark« (2. Korinther 12,10). Gottes Kraft nimmt die menschliche Schwäche nicht weg, sie formt sie um. So bekommen Menschen mit furchtsamen Herzen und tönernen Füßen Herzen aus Eisen, um ihrem Gott dienen zu können.

Hudson Taylor drückte einst aus, was der Herr ihn über ein Leben im Glauben gelehrt hatte:

> »Mangel an Vertrauen ist die Wurzel fast jeder Sünde und Schwachheit; wie anders können wir hier Abhilfe schaffen, als dass wir zu ihm aufschauen und seine Treue bemerken. Der Mensch, der mit Gottes Treue rechnet, wird nie töricht oder nachlässig, sondern wird auf jeden Notfall vorbereitet sein. Der Mensch, der mit Gottes Treue rechnet, wird es wagen, ihm zu gehorchen, allen Hindernissen zum Trotz. Abraham rechnete mit Gottes Treue und opferte Isaak, ›indem er urteilte, dass Gott auch aus den Toten erwecken

> könne‹ (Hebräer 11,19). Mose rechnete mit Gottes Treue und führte das Volk Israel in die Wildnis. ›Und was soll ich noch sagen? Denn die Zeit würde mir fehlen, wenn ich erzählen wollte‹ von denen, die im Vertrauen auf Gott ›durch Glauben Königreiche bezwangen, Gerechtigkeit wirkten, Verheißungen erlangten ... aus der Schwachheit Kraft gewannen, im Kampf stark wurden, der Fremden Heere zurücktrieben‹ (Hebräer 11,32-34).
>
> Auch Satan hat sein Glaubensbekenntnis: ›Zweifle an Gottes Treue. – Sollte Gott gesagt haben? – Siehst du seine Befehle nicht falsch? – Er kann das nicht so gemeint haben! Du siehst das zu extrem! – Du nimmst das zu wörtlich!‹ Wie beständig und wie erfolgreich sind diese Argumente, die der Teufel benutzt, um ganzherziges Vertrauen auf Gott und völlige Heiligung zu verhindern. Wie viele Gläubige sehen Schwierigkeiten im Licht ihrer eigenen Möglichkeiten und versagen anschließend. Alle großen Kämpfer Gottes waren zuerst schwache Männer, die große Dinge für Gott taten, weil sie darauf bauten, dass er bei ihnen war.«[27]

Die Aussage des Buches der Richter könnte nicht besser zusammengefasst werden.

27. Dr. und Mrs. Howard Taylor, Biography of James Taylor, London 1965, Seiten 348-349.

Buchempfehlungen

Kevin Logan

Kraft zum Sieg

Das packende Leben Josuas

Paperback
192 Seiten
Best.-Nr. 273263
EUR 10,90

Josua, Nachfolger von Mose und Anführer der Israeliten, war der Spion in Sachen »Land der Verheißung«. Er bekam Riesen zu Gesicht und sah Dinge in der kanaanitischen Kultur, die ihm das Blut in den Adern gefrieren ließen. Aber ihm war auch klar, was es bedeutete, durch das Vertrauen auf den Gott, der ihm voranging, alle Furcht zu überwinden.

Als Christen stehen wir mitten in einer Gesellschaft, in der viele zerstörerische Kräfte am Werk sind. Aber wir wollen andererseits auch dem wachsenden geistlichen Hunger unserer Freunde und Nachbarn begegnen. Lassen wir uns von Josua zeigen, wie wir das am besten anstellen können!

Kevin Logan ist ein packender und herausfordernder Erzähler. Geschickt zeigt er, wie verwandt unsere Zeit der des Josua ist. Auf einfache Weise bezieht er alle wichtigen Fakten des damaligen Geschehens ein. So kann man sich ein umfassendes Bild von einem der beeindruckendsten Helden des Alten Testaments machen und für sein eigenes Leben eine Mut machende Perspektive gewinnen.

Benedikt Peters

Das Buch Prediger

»Sphinx« der hebräischen Literatur

Hardcover
160 Seiten
Best.-Nr. 273264
EUR 10,90

Das Buch Prediger hat der Gemeinde Gottes viel zu denken aufgegeben. Viele Gelehrte haben nicht gezögert, es unter die schwierigsten Bücher des Kanons zu zählen. Aber bei allen Schwierigkeiten ist das Buch voll von praktischem Nutzen. Es lehrt uns Lektionen, die wir zwar nur zögernd lernen, aber zu unserem persönlichen Wohl und Glück dennoch lernen müssen. Sie tragen entscheidend dazu bei, dass wir den wahren Wert des Evangeliums richtig verstehen und schätzen.

Benedikt Peters, ein bewährter Bibellehrer, gibt mit seiner detaillierten Betrachtung den Schlüssel zum Verständnis dieses rätselhaften Buches aus dem Kanon der Bibel. Eine gelungene Analyse mit vielen praktischen und lebensnahen Anwendungen. Zahlreiche Stimmen aus dem Forum der Denker, Philosophen und Schriftsteller von der Antike bis zur Neuzeit kommen zu Wort und bilden einen interessanten Kontrast zu den Aussagen des Predigers.

Arno C. Gaebelein

Kommentar zum Alten Testament

Band 1
1. Mose - 2. Chronik
Hardcover
631 Seiten
Best.-Nr. 273151
EUR 19,90

Band 2
Esra - Maleachi
Hardcover
702 Seiten
Best.-Nr. 273152
EUR 19,90

Dr. A. C. Gaebelein, Mitherausgeber der bekannten Scofield-Bibel, arbeitete über 10 Jahre an seinem Kommentar zur gesamten Bibel. In den zwei Bänden zum Alten Testament erklärt er nicht nur die niedergeschriebenen Ereignisse, sondern es gelingt ihm auch, immer wieder Parallelen zu unserer Zeit und unserem Leben zu ziehen. Ein leicht lesbarer und erfrischender Kommentar zu einem Teil der Bibel, der oft vernachlässigt wurde.